国家社会科学基金重点项目（11AZX009）阶段性成果
联大学术文库

道德·价值·文化丛书

对现代规范伦理学的"颠破"

伯纳德·威廉姆斯伦理思想研究

方 熹 / 著

科学出版社
北 京

图书在版编目(CIP)数据

对现代规范伦理学的“颠破”：伯纳德·威廉姆斯伦理思想研究/方熹著.—北京：科学出版社，2014
（道德·价值·文化丛书）
ISBN 978-7-03-041023-8

Ⅰ.①对… Ⅱ.①方… Ⅲ.①伦理学-研究
Ⅳ.①B82

中国版本图书馆CIP数据核字（2014）第125395号

丛书策划：侯俊琳　樊　飞
责任编辑：樊　飞　张春贺　/责任校对：赵桂芬
责任印制：李　彤　/封面设计：无极书装

编辑部电话：010-6403 5853
E-mail：houjunlin@mail.sciencep.com

科学出版社出版
北京东黄城根北街16号
邮政编码：100717
http://www.sciencep.com
北京凌奇印刷有限责任公司 印刷
科学出版社发行　各地新华书店经销
*
2014年10月第一版　开本：720×1000　1/16
2023年1月第四次印刷　印张：11 3/4
字数：300 000
定价：59.00元
（如有印装质量问题，我社负责调换）

“道德·价值·文化丛书”

编 委 会

序言

伯纳德·威廉姆斯是20世纪哲学伦理学领域颇具建树的人物。他以“我应该如何生活”的古老传统命题为切入点，质疑理性主义的道德哲学，主张伦理学的不可法典性，“颠破”现代规范伦理学中的见解，对西方当代德性伦理学的复兴起到了很大的影响作用。威廉姆斯的伦理学思想充满了时代精神，凝聚了当代诸多热点、难点问题，研究威廉姆斯的伦理学思想相当于引介一部“当代伦理学史”。方熹博士的著作《对现代规范伦理学的“颠破”——伯纳德·威廉姆斯伦理思想研究》是分析和研究伯纳德·威廉姆斯这位当代英国伟大哲学家的一部力作。作者以威廉姆斯对现代规范伦理学的质疑为主线，深入论析威廉姆斯对伦理生活的阐释，指出威廉姆斯对西方当代德性伦理学复兴的影响，考察威廉姆斯给伦理学运思带来的启发。这一研究成果有助于为威廉姆斯“正名”，有助于伦理学界深化对威廉姆斯思想的研究，有助于正确理解现代规范伦理学的缺失，以及当代西方德性伦理学复兴的原因和过程。

该书具有如下两个方面的特色。一方面是选题的特色。

近年来，国内威廉姆斯伦理思想研究虽然出现了一些较有深度的论文，但对威廉姆斯伦理思想作出全面系统的解读和历史考察，尚属阙如。相对于已有的研究成果，作者尝试从对现代规范伦理学的“颠破”这个视角（为主线）来陈述和分析威廉姆斯的伦理思想，尤其突出了威廉姆斯伦理思想的重心和关键，开创性地把威廉姆斯的《哲学与伦理学的限度》、《道德：伦理学导论》、《道德运气》、《个人问题》等相关代表论著的伦理思想进行了全面、系统、深入、彻底的译介和评析，资料运用丰富翔实，解读视角新颖，见解独到。另一方面是研究和立论视野的特色。作者通过威廉姆斯对功利主义和康德主义这两种规范伦理学的价值困惑和缺陷的批判阐述他的伦理批判思想，突显他的伦理思想的重大争论问题（如道德运气问题），将他所做的工作与当代西方德性伦理学的复兴过程进行了某种“衔接”解读，以此为根据为他正名，指出其意义在于将当代西方德性伦理学的复兴推向了一个更为明晰化的理论高度，对现代规范伦理学的正确发展之路探寻提供了有益的启发。

作者在2010年4月还未正式入学攻读博士学位之前就写邮件向我求教论文研究方向问题，记得当时我综合考虑到他的硕士研究生专业和实际工作情况，建议他关注和思考“伦理学教育”问题，同年9月份入学之后他在课外时间又多次当面和我讨论论文选题事宜，本来最初我还是打算让他选一个诸如“大学生道德教育”等方面的应用研究，因为伦理学基础理论研究对于跨专业的他来说显然是个比较艰巨的工程，而鉴于当时他对学习的那种主动、积极、热忱和向上的态度，我就从我所主持的国家社会科学基金重点项目“西方德性伦理思想研究”（11AZX009）课题中，选取了“对义务论和功利主义的批判之重要代表人物伯纳德·威廉姆斯”的相关材料给他，以便他尝试性地开展这一重要思想家伦理思想的研究工作。随后，他在我的指导之下坚持开展这一课题研究，大约经过半年时间的刻苦钻研，写出了第一篇研究威廉姆斯伦理思想的学术论文，同时发表在《伦理学研究》期刊并已被人大复印报刊资料全文转载。经过这近几年坚持不懈的努力和付出，他以“威廉姆斯伦理思想的研究”为题较好地完成了博士学位论文，同时完成了《道德：伦理学导论》和《哲学与伦理学的限度》这两本威廉姆斯的扛鼎之作的翻译工作并计划成书面世。作为他的导师，我感到十分高兴和欣慰。呈现于读者面前的这本书，是方熹脱产在武汉读博和回到云南师范大学在紧张地从事教学、行政工作之余花费大量的心血完成的。目前，方熹又积极主动参与了我主持的国家社会科学基金重大项目“构建我国主流价值文化研究”（11&ZD021）的研究工作。

方熹来自湖北的一个小乡村，以专科为起点，出身于理科背景，辗转于中原和高原两地求学，现工作、生活在春城昆明，走上了哲学的研究之路，其中的艰辛可想而知。这部著作的出版，标志着他在学术上迈上了一个新的台阶，进入了一个新的起点。作为导师，我希望方熹今后继续发扬读博期间的锐意进取、无所畏惧、求真务实的可贵精神，在为人为学为事上不断攀登新高峰，追求新境界，取得更大的学术成就，创造更加美好的人生。是为序。

江　畅

2013年秋于江城武汉

前言

作为两大主要类型的现代规范伦理学理论，康德主义和功利主义一直备受争议，特别是自20世纪50年代以来，西方伦理学界掀起了一场德性伦理学复兴运动，引发了批判主流规范伦理学的热潮。在声势浩大的反主流规范伦理学阵营中，就当前的学术名望声誉和广义的道德哲学贡献力来说，或者与安斯库姆、麦金泰尔、赫斯特豪斯和斯洛特等（德性）伦理学（复兴）大腕相比，伯纳德·威廉姆斯并非是一位一流的道德哲学家，学界对他的伦理学思想也缺乏足够的重视。但是，就狭义的伦理学成就而言，威廉姆斯当之无愧就是这个批判热潮中的领军人物，可谓当代西方社会一位著名的、杰出的、成功的哲学伦理学家。换而言之，威廉姆斯是20世纪哲学伦理学领域颇具建树的人物，他以"我应该如何生活"的古老传统命题为切入点，质疑理性主义的道德哲学，主张伦理学的不可法典性，"颠破"康德主义和功利主义这两大主要类型的现代规范伦理学中的见解，对西方当代德性伦理学的复兴起到了很大的影响作用，对规范伦理学的正确发展之路探寻提供了有益的启发。本书以威廉姆斯的伦理学思想作为主要研究对象，尝试从如下六个部分展开论述。

其一，系统梳理威廉姆斯伦理思想产生的背景和基本理路，综述国内外研究现状及其存在问题。这对于理解威廉姆斯伦理学的基本思想，理解威廉姆斯这样一位把哲学思考和对时代、对人类生活的关注结合起来的哲学家来说，无疑是必要和必需的。其二，全面辨析威廉姆斯对康德主义的批判，包括威廉姆斯对康德主义的道德至上思想、道德义务特性、道德法则普遍性、实践理性观点和追求道德纯粹性等多方面批判。其三，深入论述威廉姆斯对功利主义的批判，包括威廉姆斯对功利主义的幸福概念、后果论特征、消极责任原则和个人分离性及道德规则化等多方面批判。其四，仔细探究威廉姆斯对"道德运气"这一伦理学新概念的首倡，包括对运气的相关基本解析和康德式运气观的述及，以及威廉姆斯式运气观的洞见。其五，客观评价威廉姆斯的伦理思想，包括对威廉姆斯伦理思想进行一种批判性的评价，将他所做的工作与当代西方德性伦理学的复兴过程进行某种"衔接"解读，并重申他对伦理生活本质和复杂性的启示和价值。其六，基于以上五部分的考察和论述，尝试着就当代西方德性伦理学的复兴和规范伦理学的正确发展之路提出些许观点。

总的来说，威廉姆斯的伦理学思想多是通过对其他不同伦理学思想的批判阐述的，尤其以对康德主义和功利主义这两大主要规范伦理学思想的批判为主，对“人应该如何生活”这个问题却没有进行正面的回答。或者说，威廉姆斯很少给出一个宏观的概括，而是将自己的想法整个地渗透在大量的细节论证中。威廉姆斯认为，一个人究竟应该如何理性地生活，这个问题的答案最终取决于行为人根据自己的语境自己思考、自己回答，其中包括他对自己个人生活的认识和规定等。威廉姆斯对康德主义和功利主义的批判视角独特，分析深刻，首倡和洞见了“道德运气”这一伦理学新概念，这些都是他道德哲学的最大成就之一。威廉姆斯始终把自己的哲学思考和现实生活联系起来，强调在具体的语境中思考问题、解决问题；威廉姆斯坚持从日常生活中的具体问题出发，反对不进入具体的问题语境的抽象讨论，反对由一套既定的理论出发解释生活的思想和做法；威廉姆斯坚持从实际生活出发到哲学思考，而不是坚持以一些前提、一套预先的理论以抽象思辨进入具体的生活情景、解释生活。这是威廉姆斯哲学的基本思想，也是他思想的主要特征。

当然，本书的论证在许多方面还有待完善，留下来的问题也还不少。比如，笔者在最后结语中所要表达的意思是：规则之于我们的伦理生活意义重大，但我们不难看到，一套固定的、与现实生活越来越相抵触的行为规则，会阻碍社会和个人的发展，而规则亦不是亘古不变的，我们的道德规则在不同的社会环境和历史时期会有不同的表现。因此，在既批判规则又为规则进行辩护的同时，我们始终不能忽略对规则本身的考察。只有这样，规则才能真正为人类所用，而不是成为人类的负担。笔者希望在下一步的研究中，能够对这些问题进行更为深入的考究。概言之，本书以对现代规范伦理学的“颠破”这个视角（为主线）来陈述和分析威廉姆斯的伦理思想，开创性地把威廉姆斯伦理思想的局部研究统一和整合起来，尤其在突出威廉姆斯伦理思想的重心和关键，影响我们对威廉姆斯伦理思想的一些基本命题和基本预设的准确把握等方面见解独创。比如，威廉姆斯不是真正意义上的“反理论”主义者，威廉姆斯不是德性伦理学家，只能算是德性论者，威廉姆斯所表达的“限度”主旨，也即人性的限度、众人的限度、社会的限度等。本书中的思考很多都得益于威廉姆斯那些精彩的见解，但是笔者认为他的研究过早地停住了脚步。这些都是本书所要阐明的要点。

方　熹

2012 年 12 月 28 日于湖北大学

目录

第一章　导　论

> 一言以蔽之：做个圣徒。一切人生要义尽在于此。德性是至善的链条，是一切快乐和幸福的中心。它能使人谨慎、明辨、机敏、通达、明智、勇敢、慎重、诚实、可敬、真实……总而言之，使你成为一个功德圆满的人。有三件事使人获得幸福：圣洁、智慧及明慎。德性是尘世的太阳，这个太阳有一半是由良心构成的。德性是如此让人喜爱，既赢得了上帝的恩爱，又获得了人类的善意。没有什么比德性更可爱，比邪恶更可恨的了。只有德性是真实的，其余的东西都是虚伪的。个人的才华和伟大依存于德性，而非取决于财势。只有德性是自满自足的。它使我们爱惜生者，记住逝者。①
>
> ——巴尔塔沙·葛拉西安

当前，我们所生活的世界被道德要求和道德约束紧紧包围。在我们看来，假如没有禁止偷盗、禁止诈骗、禁止抢劫和禁止杀害等一些最为基本的道德规则，那么我们就很有可能提心吊胆而处处危险地生活着，从而追求和实现我们自己所向往的那种美好生活和理想也就无从谈起。总的来说，我们中大部分人的生活和选择都离不开某种道德观念的指引和向导，可随着现实社会结构的不断变迁，留给我们的只是一个道德概念体系的碎片。我们表面上似乎都在很认真地使用道德语言展开思索、评价和批判等，但是我们实际上并不清楚自己究竟在做些什么。我们所生活的世界不再具有一个统一的价值观，伴随着现代化的快速进程，一种深刻的危机时刻环绕着我们的道德生活，即我们的日常生活在当前的时代背景下不可避免地面临着混乱的道德秩序，面临着复杂、多元、矛盾和冲突的道德价值。如何从焦虑的精神世界和污染的生存世界内外交困的苦恼中摆脱出来，就成了我们在道德生活危机的情况下所面对的一个迫切问题。而人类的生活和幸福正是道德所关注的，即道德是一种生活态度和生活方式；另外，人类以集体或个体的方式怎样生活得更好则是伦理学所关注的。那么，人类到底如何实现一种好的生活和幸福呢？就这一问题而言，人们基于不同的意蕴把握道德、基于不同的特征突出道德和基于不同的视角理解道德，所谓仁者见仁，智者见智，主要构建了义务论、功利论和德性论等多种不同的道德理论方案。

然而，对道德现实问题的理论反映的康德主义（义务论）和功利主义伦理学

---

① 巴尔塔沙·葛拉西安．智慧书．李汉昭译．哈尔滨：哈尔滨出版社，2004：300.

知识，因为严重忽视人的内在品性和过度的技术化而存在的理论片面性缺失，使得德性伦理学[①]很自然地受到了一些思想家的重视。其实，基于正当行为的最终标准这一角度切入的现代规范伦理学[②]，其主要形态就是康德主义和功利主义这两大代表性类型理论。具体来说，康德主义和功利主义自近代以来一直占据着伦理学的主导地位，以至于众多思想家一致评说，伦理理论的选择是我们经常面临的一个难题，抑或目的论的，抑或结果主义的，这就使得要么通过道德规则找到错误或正确的行为之路，要么按照后果的计算以否定或肯定的形式来指导我们行动。[③]但“这就是拿着中世纪的地图来行现代之旅了”[④]。换句话说，康德主义因责任（规则）而活，功利主义因功效（事态）而活，由此我们在不断的道德选择过程中，以及我们的人性、个体与类、价值体现的再追求在现代社会转型进程中都被忽视了，具体的人生体验被疏离了，个体道德价值的内在困境也严重被漠视，从而引发了人们对主流规范伦理学的日益不满。如何从理论上另辟蹊径以冲破这一困境，再一次发出对人生意义的“追问”，诸多哲学人正在或已经展开了不懈的努力，其中回归古典德性伦理学——作为伦理学这门学科的最初形式，便成为伦理学界最高的呼声。这也就是关于现代西方伦理困境与德性伦理学的一个问题，由于具有实践和学理的双重原因，近年来一直是伦理学领域的一个重要话题。

古典德性伦理学就是在人与人之间密切相处、人与自然之间习性相通的历史语境下形成的，因此它描述和展现了那种源自人内在的品质德性在人际交往中，以及人与自然和谐相处中的基础性地位。德性，是人类在长期的社会实践中积淀下来的良好心理品质和行为动因，是人的自然习性历经“大浪淘沙”后的“品质结晶”，由此构成了人类不可抛却的人际基石，也是被“实践证明了的”人类最可靠的行动航标之一。而如果正如麦金泰尔所预言的，人类步入了一个类似中世纪

---

① 需要补充的一点是，德性伦理学在国内伦理学界也称作美德伦理学（virtue ethics），二者不过是翻译上的差异。具体来说，“德性”一词相对应的英语词汇是“excellence”而不是“virtue”，因为它所相对应的希腊词汇是“arête”。其实这已是一个老生常谈的问题了，即如果采用英译汉的方法直接翻译，那么“virtue ethics”毫无疑问就被译为“美德伦理学”。可是，“德性”一词基于古希腊语境出发就不只是（道德上的）美德的含义，而是一般的功能意义上的卓越，因此更为妥当的译法似乎还是“德性”。如此翻译，也就预设了我们研究当代美德伦理学是建基于古希腊背景之下的，但事实上又并不是这样。因为基于对“道德规则”等现代道德概念来构建伦理学理论的不满，同时要求对道德主体自身的道德美德及作为一个整体的道德生活的关注，这才是当代美德伦理学的复兴的主要原因，而且这种复兴也不是简单地回归古希腊伦理学。所以，其中不乏非常明确的道德意蕴，在这种背景下更符合当代伦理学研究事实的则是译为“美德伦理学”。或许这就是当代英美伦理学不称之为“excellence virtue”而称之为“virtue ethics”的原因吧。当代西方美德伦理学的复兴主要发生在英美哲学而不是欧陆哲学界，绝大多数当代美德伦理学研究者都是英美两国及其他一些英语国家的学者。所以“当代西方美德伦理学”这一称谓是不够准确的，因此本书不采用这一称谓。

② 本书把康德主义和功利主义这类以“规则”为中心（rule-centred）的伦理学称作“规范伦理学”（rule ethics），关于德性伦理学与规范伦理学的交锋与互动将在后文详谈。

③ 高国希．道德理论形态：视角与会通．哲学动态，2007，(8)：10-16.

④ Annas J. The Morality of Happiness. Oxford：Oxford University Press，1993：1.

的新的黑暗时代，人类的生存观念面临着新的巨大的命运式的转折，那么此时，人类自觉地选择复兴古典德性伦理学，就应该是一种“明智”之举了。但是，当代西方德性伦理学的复兴何以实现？或者说，在经过基督教洗礼后的西方人的道德心理如何严格地复兴古典德性伦理精神呢？这是一个巨大的疑问。由此，我们首先需要冷静地分析和对待西方当代德性伦理学复兴的起步阶段，需要明确它对现代规范伦理学的有力批判，最鲜明地体现德性伦理学和规范伦理学这两者之间的区别，体现德性伦理学作为一种回应当代问题的当代知识的特点。在这个意义上，当代德性伦理学的兴起，不是对规范伦理学的局部修正，而是当代学人借助古典资源对道德生活的重新解释、对道德哲学的重新丈量和陈述。概言之，以当代德性伦理学复兴的重要德性论者的伦理思想研究作为本书的选题，将有助于我们对这一重要伦理学现象的认识，也有助于对伦理学整体脉络及其发展趋势的把握。这无疑不是一件无意义的事情。

第一节　众望所归的德性伦理学复兴运动

伦理学人皆知，现代西方伦理学①，或者说广义上的道德哲学的发展，假若基于伦理类型这一角度出发展开探索，主要来说大概由元伦理学开始，进而经历了规范伦理学和德性伦理学这两个阶段，即从语言到规则再到德性。当代德性伦理学的复兴运动则属于其系列中的一个环节。而威廉姆斯的伦理思想客观来说属于德性伦理学阶段，但不可分割地关联着前两个阶段的理论发展。因此，为了更加全面地分析和解读威廉姆斯的伦理思想，我们首先有必要对现代西方伦理学这一发展过程加以统揽，阐明它的基本线索。换言之，一定的理论背景是历史上所有思想家的学术活动得以展开的一个必备前提，威廉姆斯自然也在其中，即威廉姆斯是在现代性伦理的衰落和德性伦理的复兴大潮中脱颖而出的著名伦理学家。

一般而言，现代西方伦理学开端于1903年摩尔发表的《伦理学原理》。这本著作虽然分量不大，但是意义重大，它标志着建立在传统形而上学基础上的传统伦理学开始接受解构的命运。伦理学人皆知，在传统哲学向现代哲学转变的过程中，独立探讨人的意义的价值哲学的兴起在其中起到了重要的过渡作用。价值哲学倡导价值与事实分属于不同的研究领域，其一系列方法和视角也进入到伦理学当中，由此产生了基于价值论的伦理学。摩尔的伦理学就诞生于这样一个背景之下。在摩尔看来，传统道德哲学的论证都犯了“自然主义谬误”，在没有弄清楚伦理学的研究对象到底是什么之前，他们就讨论起了各种道德规范，而这些规范并

① 这里的“现代”语境特指自摩尔开启的现代伦理学语境，和启蒙时期的“现代”语境是不同的，后者在国内一般称之为“近代”语境。这是需要区别的一点。

没有指导我们在行为上变得更好。所以，他要把这些建立在传统形而上学体系之上的道德规范的论证理路和概念都“悬隔”起来，回避传统伦理学的形而上学本体论问题，以便为伦理学“独立门户”。这就是被我们称为科学的元伦理学（meta-ethics）。进而，作为科学姿态出现的元伦理学，摩尔为它限定了独立的研究对象。这个对象就是像“善”和“恶”等一些最纯粹的、最单一的伦理学概念。不过，由这些概念所对应的价值属性只能凭借人的直觉才能把握，不能认识（实证），这就带有很强的神秘主义色彩[①]。客观地说，摩尔的立论动机是好的，即他要雄心勃勃地推翻传统伦理学的抽象推理方法，试图把伦理学的基本问题（即善或恶）还原到人的生命体验之中来，以扭转社会中的道德衰败气象。就这一点来说，它与价值哲学及由此派生的价值论伦理学的根本宗旨也是一致的。但是，由于“剑走偏锋”，摩尔只是关注于语言学地构建伦理学和语言学地回到人本身，这就淡化了伦理学这门学科所应有的规范和指导实践的重要意义[②]。

自摩尔发起元伦理学开始，现代西方伦理学在回避了传统纵深的形而上学本体论讨论之后，开始横向全面铺开，思潮迭起。一方面，在形式上表现为元伦理学的道德语言分析特质的流行；另一方面，与其相对立的是在内容上表现为道德发展心理学的兴起。前者，如摩尔、罗素、维特根斯坦、黑尔、斯蒂文森等为其不同时期的代表人物。他们倡导的是道德语言或价值判断与科学语言或事实判断之间的截然不同，认为前者没有实证性质，只反映主体的价值取向和情感要求。因此，道德命题或道德判断都是些伪命题，不在（实证）科学探讨的范围之内，属于“不可言说”的领域。后者，如皮亚杰和科尔伯格等为其不同时期的代表人物。他们回避形式化的道德语言分析，只从发生学的角度讨论道德问题。他们认为人的道德特质是从人的生理、心理和生长环境中逐渐发展出来的，不是什么先验的道德心理的应用，而是教育环境的引导使然。此外，除了这两大接近对立的思潮和领域外，现代西方道德哲学还在政治哲学、生态伦理学等领域兴盛开来。以罗尔斯、诺齐克等为代表的政治哲学家则侧重于从人的社会交往属性来探讨道德问题，认为社会道德是建立某种公正的规则体系。与之相对立的还有以桑德尔、麦金泰尔等为代表的共同体主义 / 社群主义政治哲学，他们强调的是人际结构的共同体的本质属性，与康德、罗尔斯为模式的分权性的契约人际结

① 顾名思义，元伦理学（meta-ethics）也试图单独追问伦理学（ethics）的形而上（meta-）本体对象，但它只是根据一种语义学上的道德的真假判断来“揭示”某种道德本体的，与传统伦理学的“形而上”本体不一样。前者是在自然科学与人文科学独立分属、分裂的背景下坚持贯彻科学实证主义方法，使这种作为独立形态出现的伦理学本体最终成为一种“不可言说”的对象领域（在摩尔那里还是一种神秘的直觉对象），进而导致伦理学失去规范实践行为的作用，使“知”与“行”发生严重分离；后者是在人与自然“同一”的一个大的认识论系统中，把认识论上的形而上（客体）本体作为实践科学（道德哲学）的追求对象（即伦理学仍然隶属于一般物理学的实践学科），坚持的是“知”（认识）与“行”（意志）的合一路径。

② 关于元伦理学的学科性质、特征、研究对象和地位及作用在此不一一展开，详见：陆春花．冲突与融合——元伦理学与规范伦理学的关系．文史博览（理论），2012，（8）：42-49.

构截然不同。在探讨人际道德之外，生态环境伦理学推崇自然的价值，而不再仅仅局限于人的价值。例如，罗尔斯顿三世（Holmes Rolston Ⅲ）、皮特·辛格（Peter Singer）等通过呼吁和尊重自然生态权利和动物解放权利，为人的道德属性走向与自然界的内在一致性启动了阀门；而另外一个方面就是德性伦理学的复兴运动。

从某种意义上来说，德性伦理学似乎成了现代西方道德哲学发展的众望所归。在以上的道德思潮和研究领域当中，除了环境生态伦理学外，都不同程度地指向和流向了德性伦理学。例如，在元伦理学发展过程中，作为道德语言分析思潮的重要代表——维特根斯坦，其学生安斯库姆作为德性伦理学复兴的开山鼻祖，就是通过道德语言的分析才得出现代道德语言（判断）带有强硬的律法气息的。在她看来，现代道德语言 / 评价不关心行为者的内在素质状态，即不关心人的德性品质和内在动机，而只强调人的行为是否符合某种既定的规则，所以她提倡要回到亚里士多德那里，寄希望于通过哲学（道德）心理学的建立，以从人的内心品质中重建道德，丢掉传统的道德评价术语。与此同时，安斯库姆的呼吁得到了麦金泰尔的回应。在《追寻美德》一书中，他系统地批判了现代启蒙道德筹划的失败。以此为基础，他还批判了以罗尔斯、诺齐克为代表的现代自由主义的政治哲学。这直接催生了共同体主义对德性伦理复兴的亚里士多德主义的引导作用（甚至麦金泰尔也被我们泛称为一般意义上的德性伦理学家）。例如，作为当代德性伦理学家的重要代表人物的菲利普·福特及作为其学生的罗萨琳·赫斯特豪斯都是师承安斯库姆 - 麦金泰尔式的亚里士多德主义路线。除此之外，从道德发展心理中也派生出女性关怀伦理学这个分支。作为道德发展心理学大师科尔伯格的学生，卡罗尔·吉利根是直接从批判其老师的男性主义分立性的道德观点出发而提出了女性主义关联性的道德观点的，为女性关怀伦理学提供了一种道德心理基础，而女性关怀伦理学（其首倡者为尼尔·劳丁斯）又直接催生了道德情感主义德性伦理学的兴起①。

唯一没有与德性伦理学“挂钩”的就是生态环境伦理学。当然，生态环境伦理学没有“直接”走向德性伦理学②，是事出有因的。一般而言，生态环境伦理学旨在研究人的生活生态环境，不直接与人的实践性品质特性相关，由此往往被降为应用伦理学的领域。另外，生态环境伦理学没有与属人的道德哲学发生联系，还与现代道德哲学拒斥传统形而上学本体论问题这个整体背景相关。因为，如果

---

① 例如，麦金泰尔后期直接受到女性关怀伦理学的影响，从“人是依赖性的理性动物”这个视角重新讨论人际道德的关联性特征。迈克尔·斯洛特后期也是因为直接受当代女性关怀伦理学的影响，他才离开了早期的新亚里士多德主义阵营，回到了近代英国道德情感主义和中国传统儒家思想中来重构德性伦理学的。这不是本书研究的重点，所以不加以展开论述。

② 西方当代一些伦理学家的确也从德性伦理学的视角讨论环境问题，也形成了环境德性伦理学，但是后者是对德性规范伦理学的一种具体应用，而不是从环境伦理学走向德性伦理学。

要把关于人的伦理学与关于物的自然生态环境伦理学连接起来的话，就会涉及人与物的关系，以及人与自然宇宙的关系，这就又要涉及传统伦理学的形而上学本体论问题。这就又与现代伦理学之父——摩尔的回避伦理学的形而上学本体论问题以重建元伦理学的初衷是相违背的。当然，我们知道，古典德性伦理学的成立与人的生存生活的自然环境密切相关，因此，它是以形而上学性的"自然"作为本体论根据的。例如，亚里士多德的德性伦理学就是从带有形而上学性的生态学或者说生物学中发展出来的。通过本体对象的追问和"设定"，它把自然生态环境的潜在因素预设在人的灵魂之中，由此把人之德性的呈明看作是呈明自然的同一过程。其中，亚里士多德的关于人的灵魂结构中就说明了这一点。人的灵魂包括植物灵魂、动物灵魂、理性灵魂，那么人要认识到人与自然的同一性，就要反思灵魂，就要提升生命境界。在生命的最高境界，我们就会发现人与植物、与动物是"朋友"关系，是"同类"关系。这就是亚氏德性伦理学所讲的"灵魂的合逻各斯的实现活动"的要义所在。

由此可知，我们肯定不是突发奇想地偏离主题书写伦理学史，而是基于伦理类型的视角对现代西方伦理学的发展以主流伦理学为主线加以统观，从而揭示威廉姆斯思想的产生背景，即无论是元伦理学，还是政治哲学，以及道德发展心理学甚至环境伦理学等，都不同程度地在德性伦理学的复兴之中得到了某种汇聚。西方当代德性伦理学的复兴运动就是在这样一个更迭相继的现代道德哲学系列中发展出来的，它上至摩尔开启的元伦理学，下起德性伦理学与环境生态伦理学的衔接之际，其自身的历史演变和发展任务仍在继续向前推进①。换言之，现代道德的危机②预示着近代以来以功利主义和康德主义为代表的规范伦理学走入了死胡同，规则已不再是伦理学的终极追求，复兴亚里士多德的德性传统迫在眉睫，伦理学必须从目的论出发，从人自身的全面发展出发来关注道德问题。正是在这样的背景之下，出现了诸多伦理学人重返传统，倾向于追溯传统德性论并从中吸取有益思想，这便是浩浩荡荡的西方当代德性伦理学的复兴运动，而威廉姆斯首先"颠破"了现代规范伦理学。

---

① 论及西方当代德性伦理学复兴运动的发展路径，则主要是沿着两个方向来推进的：一个是伦理学的自然主义（ethical naturalism），一个是伦理学的情感主义（ethical sentimentalism）。这已超出本书的讨论范围，所以不予展开论述。

② 这种危机主要体现在三个方面：一是人们的道德立场、道德原则和道德价值的选择失去了客观普遍的依据，变成了个人意志的一种主观产物，因而也不存在绝对合理的道德权威；二是情感主义盛行，认为人们的道德言辞、道德判断的运用主要是个人情感和个人好恶的表达；三是传统意义的德性已经发生了变化，由外在的功利和规则代替德性而占据了社会生活的中心位置，德性则退居到生活的边缘，表现为人们对道德的冷淡。详见：麦金太尔．德性之后．龚群，等译．北京：中国社会科学出版社，1995：2.

第二节 “生活”的威廉姆斯伦理思想理路

伯纳德·威廉姆斯是20世纪最杰出的英国哲学家之一，尤其在道德哲学方面享有盛誉。他反对像编纂法典那样对待伦理学，认为我们的伦理生活太凌乱，不可能被任何一种系列化的道德理论完全掌握。功利主义和康德道德哲学这两个常常被当作相互对立的道德理论，为道德主张了一个可计算的原则，而这恰恰是威廉姆斯拒绝接受的。另外，他对道德哲学的其他领域，如道德心理学、人格统一性、平等、道德及情感等方面，也有很深造诣，在维特根斯坦、尼采、笛卡儿、亚里士多德和柏拉图思想的研究上也卓有建树。

——Timothy Chappell

一、威廉姆斯的生平简介

1929年9月21日，伯纳德·阿瑟·欧文·威廉姆斯（Bernard Arthur Owen Williams）[①] 出生于英国西南方艾塞克斯郡（Essex）靠近海边的一个叫做“西崖”（Westcliff）的城镇，他的父亲欧文从事建筑业，他的母亲希尔达是个秘书。少年时代的威廉姆斯便已非常优秀，出类拔萃，中学就读于英国著名的奇格威尔学校（Chigwell School）[②]。也就是从这个时期开始，威廉姆斯就已经对哲学产生了兴趣——他回忆说：“我们对古代文本做很多语法分析，而那种分析必定已经引起了我的兴趣。那就是说，我在学校的时候常常和我的朋友争论一些问题，而这些问题被结果证明就是某种哲学问题。其中的一些问题关系到道德和艺术、道德价值和美学价值、艺术的社会目的等，这是我所清楚记得的。我们有很多争论，因为那个时候我很‘左’，我们对1941年的选举也有政治争论。我们通常争论苏联和布尔什维克主义。”

1949年，威廉姆斯以优异成绩考入牛津大学最古老的学院贝利奥尔学院

① 对于普通中国人来说，威廉姆斯这个名字可能还很陌生，即使在中国的学术界和哲学界，提及这个名字也不多。但他是当代西方非常有名气的英国哲学家，在整个英美及欧洲大陆哲学界都是“大师级”的人物：德里达曾与他交过手，罗蒂专门为他写过书评，就连哈贝马斯对他也敬畏三分；虽然他身居英美，但却对当代欧洲大陆哲学推崇有加，特别是对尼采、德里达和福柯的思想最为重视。对威廉姆斯生平的介绍主要是根据如下文章：Jeffries S.2002.“The quest for truth”，guardian unlimited. [2002-11-30]; Pearson R.2003. Philosopher Bernard Williams dies；weighed question of moral identity.The Washington Post，[2003-6-18]; 江怡 . 诚实是一种可爱的品质——当代英国哲学家威廉姆斯的一生 .http://www.frchina.net/data/personArticle.php?id=5707；玛莎·纳斯鲍姆 . 悲剧与正义——纪念伯纳德·威廉姆斯 . 唐文明译 . 世界哲学，2007，(4)。其中，第一篇文章是 Stuart Jeffries 借威廉姆斯的《真理和真实性》一书出版之机对他及他的前妻的一个采访，本书中所引用的一些话语就来自这篇文章。

② 奇格威尔学校建于1629年，以其高学术水平和丰富的课外活动著称，该学校同英国的很多中学一样，主要是传统意义上的语法学校，即主要传授语言、历史和文学的学校。

（Balliol College）时，攻读古典学（那时被设想为包括拉丁语、希腊语、文学、历史和古代哲学），而哲学成为他今后热恋并为之献身的方向。20 世纪 40 年代末 50 年代初，牛津哲学正处于一个动荡转型的时期：艾耶尔的逻辑实证主义遭到了批驳，但仍然流行着对传统哲学问题的批判；构成维特根斯坦后期哲学的那些非正式出版的手稿正在流传；奥斯汀的语言哲学在哲学圈内占据着主导地位；人们正在热情地讨论赖尔的那本革命性的著作《心的概念》。正是在这种哲学氛围中，威廉姆斯接受了哲学史的洗礼。也正是在这段日子里，威廉姆斯认真系统地学习了古典学，为后来的哲学研究打下了深厚的学术功底。除了哲学，历史也是威廉姆斯终生着迷的一门学问，因为在威廉姆斯看来，具有历史穿透力的哲学思想才可能更加具有深度。当时涉猎内容宽泛的牛津学士学位考试（称为 Greats），囊括了从荷马到塔西佗等一系列古希腊思想家的哲学思想精髓，同时还含有现代和当代的一些哲学思想。有了学习古典哲学的这种厚实基础，从而激发了威廉姆斯对古希腊思想家探究哲学方法的志趣，对他整个学术人生的影响都极其深远。同时，威廉姆斯的导师理查德·黑尔（Richard Hare）在课程教学中传授的哲学研究方法也对他有着重要的影响，只是这个影响的积极面很少，很多内容他并没有接受。比如，在贝利奥尔学院与威廉姆斯一起就读的约翰·卢卡斯，频繁地提到同学们曾经在黑尔的课堂中使过的捣蛋式的“合同战术”。

威廉姆斯最初对分析哲学的理想感到非常兴奋，他说：“一旦你把哲学问题放到一边，你就会发现，许多传统的哲学问题其实并没有得到解决，而是消失了。”当时，受到分析哲学目标的鼓舞，的确有人预言，整个哲学都将会在 50 年内消失。然而，分析哲学的非历史性及对清晰性的追求，在威廉姆斯读书期间已经开始遭到反对。他承认自己过于敏感，特别是对新的事物比较容易作出较快的反应，这在他看来并不一定是好事。他的导师是赖尔，他从导师那里学到的不是分析的方法，而是对哲学上拉帮结派的极度反感。他后来说，他在这方面受到赖尔的极大影响，所以，他坚决反对把他的哲学思想划归到任何一种哲学流派或运动中。这也是很难把威廉姆斯的哲学放到某个哲学流派的主要原因，但也是人们给他的哲学起了许多名称的原因，如“自然主义”、“亚里士多德主义”、“平等主义”、“伊壁鸠鲁主义”甚至是“反理论主义”等。

1951 年，威廉姆斯以优异的成绩获得学士学位，同年成为牛津万灵（All Souls）学院的研究员，并攻读硕士学位。万灵学院是牛津最早的学院之一，是专门为有才华的学者提供研究条件的机构，它本身没有学生，所以，威廉姆斯的硕士学位仍然由巴利奥尔学院颁发。但他能够进入万灵学院，完全是由于他聪明过人的才智和在古典文献研究方面的成就。他在牛津学习的那些年里，许多当时已经非常著名的牛津哲学家，如汉普夏尔（Stuart Hampshire）、赖尔、艾耶尔等，都对他的才智感到惊讶。他的前妻谢里（Shirley Williams）曾这样回忆道：“他的反应简直是太快了，快得惊人，这就使他在当时的牛津游刃有余。在很大程度上，这种说法应当是给弗雷迪（即艾耶尔）的，因为弗雷迪的性情就是热情奔放，威廉姆斯也是这样。弗雷迪真正把威廉姆斯看作是他的儿子，极为赞扬他，视他为自己自然而然的继承人，但他实际上并不是。”赖尔也特别赞赏威廉姆斯，有一次，他这样谈论威廉姆斯：“他能够比你自己所理解的更能理解你要说的东西，在你还没有说完自己的话的时候，他就可以明白对它的所有可能的反对意见，以及对这些可能的反对意见的所有可能的回答。”威廉姆斯本人则把这种哲学技巧归功于他在中学时学习的古文经典。当时，他饶有兴趣地学习分析古代文献的语法，并经常与同学和朋友就某些哲学问题展开辩论。他们讨论的主要问题有艺术与道德、美学价值和道德价值、艺术的社会目的等。由于他当时倾向左翼，所以他时常与同学就政治问题展开讨论，如 1945 年的选举、苏联问题及布尔什维克等问题。

在毕业之后不久，威廉姆斯响应为国家服务一年的号召，去加拿大接受皇家空军的训练，成为一名出色的战斗机飞行员，据说他有相当好的飞机技能。在一年的服务期满之后，就在他 22 岁的那一年，他赢得了万灵学院的一份奖学金，成为新学院的临时研究员，并在新学院一直待到 1954 年。从 1954 年开始，他被正式遴选为新学院的研究员。他的才华早在牛津学习和工作期间就已经展示出来，他的杰出表现使他赢得了“天才”的称号。万灵学院和新学院的哲学家，如斯图亚特·汉普舍尔、吉尔伯特·赖尔及阿尔弗里德·艾耶尔，都很欣赏和佩服他的才华和智慧，艾耶尔甚至把他当作自己的儿子来看待，认为他是自己“天然的”继承者。

1953 年，威廉姆斯退役回到牛津大学，开始进一步深造。两年之后，威廉姆斯从牛津大学毕业到伦敦大学做讲师。1962 年，威廉姆斯写了一篇题为《平等的观念》的文章，在这篇文章中，这位工党成员用“其他正常都是不合理的”为论据对一种平等主义的财富分配观点提出论证。在“个人同一性”这个现在变得时髦的哲学问题上，他也开创了先河，把一个年轻人的新鲜观点引入这些传统的问题中。1967 年，即威廉姆斯在 38 岁的时候从伦敦大学离去，成为剑桥大学奈特布里奇（Knight Bridge）哲学讲习教授[①]和国王学院的研究员。在剑桥期间，威廉姆斯涉足政治，曾经一度就职于多个公共事务委员会并致力于处理赌博、吸毒和堕胎等一些社会上存在的不良现象，同时提出了一些富有建设性的议案并被正式采纳，为社会贡献了一份力量。1979 年，威廉姆斯担任英国国会中于 1977 年针对展览、出版和工业及娱乐等出现的淫秽及暴力内容管制修订法律所成立的特别委员会主席一职。众人皆知的“威廉姆斯报告”，就是“威廉姆斯委员会”以穆

① 在英国和美国，这种冠有名头的教授是由某个人（或某个家庭）出钱捐赠或者用某个名人来命名的职位，一般授予被公认为具有重要成就或重大影响的学者。

勒的“伤害原则”[①]为中心所提出的，该报告指出，一个实质上对其他人并不造成威胁或伤害的而仅仅因为被大多数看作邪僻或不道德的行为，并不应该被严行禁止。就色情资讯是否推动性罪行事件的发生而言，当时委员会确实无从依据和证明，由此对展览、娱乐表演或出版物等推行的所谓的审查制度，在威廉姆斯委员会确定看来其对社会进步并没有多大的帮助，同时这类限制不利于言论自由，这显然是不合时宜的。从 1978 年开始，威廉姆斯在英国皇家歌剧院担任艺术指导长达 8 年有余，他对古典音乐尤其是歌剧有着非凡的造诣，音乐评论写得很好。1979 ~ 1987 年，威廉姆斯在剑桥皇家学院担任院长，继而应邀担任美国加利福尼亚大学伯克利分校哲学教授。1990 年，出于情感上的原因，威廉姆斯认为在美国没有家的感觉，随后便回到牛津任道德哲学教授，接任了他老师黑尔的职位。1996 年威廉姆斯退休，3 年之后受封英国爵士，不幸的是在同一年，也就是 1999 年，威廉姆斯被诊断患有癌症，2003 年 6 月 10 日下午，威廉姆斯在罗马逝世，享年 74 岁。

二、威廉姆斯的学术之路

伦理学、政治哲学和心灵哲学及知识论等方面是威廉姆斯的主要研究领域，同时他在早期希腊思想、笛卡儿、尼采和维特根斯坦等方面的研究上也颇有造诣，写了很多出色的解读文章。具体来说，除了未被收录的大量论文[②]，威廉姆斯一生出版著作共计 14 部[③]，《个人问题》、《道德运气》、《了解人文学科的意义》、《一开始就是契约：政治争论中的现实主义和道德主义》、《过去的意义：散文在哲学中的历史》、《作为一门人文科学领域的哲学》这 6 部文集中的后 3 部是在他去世之后由其他人编辑而成，《功利主义：赞成和反对》是与他人合著，《论歌剧》是有关戏剧方面的著作，其余的《道德：伦理学导伦》、《笛卡儿：纯粹探索工程》、《哲学与伦理学的限度》、《羞耻与必然性》、《伟大的哲学家：柏拉图》及《真理和真实性》这 6 部都是独立的哲学著作。[④]在威廉姆斯所撰写的著作中，除了《功利主义：赞成与反对》和《道德运气》两书，以及《哲学与伦理学的限

---

① 伤害原则（harm principle）的精义为：社会之所以有权干涉其成员的行动自由，唯一的目的是要防止对他人的危害。由此可引申为：国家不应该禁止一个仅因被普遍视为不道德或邪僻但实质上对他人却全然不造成伤害的行为。

② 威廉姆斯生前一共发表 161 篇（相关）论文和大量书评。关于威廉姆斯发表的所有论文的统计，亦可以参见《过去的意义：散文在哲学中的历史》和《作为一门人文科学领域的哲学》两书的附录，以及《道德运气》的中译本（2007 版）的附录。经笔者对照，中文版中的附录遗漏了 4 篇论文。

③ 主要伦理学著作有：《道德：伦理学导论》、《功利主义：赞成和反对》、《道德运气》、《哲学与伦理学的限度》、《羞耻与必然性》等。在其他方面的著作有：《自我的问题》、《笛卡儿：纯粹探索工程》、《了解人文学科的意义》、《真理和真实性》、《“过去”的一种意义》、《泰初有为》、《作为一门人文学科领域的哲学》。

④ 关于威廉姆斯著作出版的详细信息，可参见《过去的意义：散文在哲学中的历史》和《作为一门人文科学领域的哲学》两书的附录，《道德运气》的中译本在获得授权的情况下也附加了这份附录。

度》一书的第一章，其他著作目前还没有被完整翻译成中文的。具体来说，最早的翻译作品是1992年由中国社会科学出版社出版的《功利主义：赞成与反对》，由牟斌译成中文。2007年由上海译文出版社出版的《道德运气》，由徐向东译成中文。而《哲学与伦理学的限度》一书的第一章由卢风翻译并收录在万俊人主编的《20世纪西方伦理经典Ⅳ》一书中，该书则由中国人民大学出版社于2005年出版。[①]而在威廉姆斯所公开发表的学术论文当中，至今共有6篇被译成中文。具体来说，2010年发表于《云南大学学报》（社会科学版）第九卷第一期的是《柏拉图〈理想国〉中城邦和灵魂的类比》一文；收录在由新星出版社2006年出版的《以赛亚·伯林的遗产》一书中的是《自由主义与损失》一文；收录在由东方出版社2006年出版的《第三种自由》一书中的是《从自由到自由权：一种政治价值的建构》和《圣茹斯特的幻觉》两篇文章；收录在1998年第2期《第欧根尼（中文版）》中的是《宽容是政治问题还是道德问题？》一文；收录在1996年第1期《第欧根尼》（中文版）中的是《哲学与对不知的理解》一文[②]。下面将以威廉姆斯的主要论著为线索，简单地介绍一下他的思想进程。

作为威廉姆斯的第一部专著，《道德：伦理学导论》（1972年）一书的出版不拘一格，引起了伦理学界的广泛关注。具体来说，这本书的写作受到日常语言学派分析哲学的较大影响，英国哲学家对于那个时期的道德哲学只是偏执和热衷于元伦理问题的研究，但对饥荒、堕胎、女性主义这些已经变得很现实的伦理问题毫不关心。由此，威廉姆斯在这本书中对英国道德哲学中的这种倾向发起了一个煽动性的批评。可以说，从这本书中我们不难得知威廉姆斯的哲学伦理思想已经初步形成。威廉姆斯在这本书中简晰地概述了他对道德哲学中大量关键问题的看法，而其中的论题也都接近于他的核心观点。比如，在威廉姆斯看来，绝大部分道德哲学味同嚼蜡，说的几乎没有一句是实话，甚或对于道德的本身问题完全视而不见，从而效果上也适得其反。在这本书中，威廉姆斯的嘲讽很尖刻，“大多数时代的大多数道德哲学都是空洞乏味的”，“当代道德哲学已经找到了保持乏味的极具独创性的方法”，那就是：“根本不讨论道德问题。”威廉姆斯在聊起这本书的时候说：“我非常不能接受这种似乎把道德完全当作是一种抽象的东西而加以讨论的方式——毫无意义而让人厌烦的方式！当我撰写这本书之时也表明了我非常地讨厌功利主义这种道德理论。曾经一度我对功利主义是非常虔诚的态度，但我不

---

① 刊载在《理论建设》2007年第6期的《威廉姆斯道德哲学的“反理论”视角》一文，在参考文献中标注了《哲学与伦理学的限度》一书的中译本，并注明是由上海三联书店于1993年出版，但未注明译者。通过对中国国家图书馆、上海图书馆、北京大学图书馆、复旦大学图书馆、华东师范大学图书馆、上海三联书店1993年的出版统计及网络资源的搜索，均未发现有该译文的存在。

② 另外，威廉姆斯对阿玛蒂亚·森（Amartya Sen）和克里斯蒂娜·科尔斯戈德（Christine Korsgaard）相关讲座的回应文章，也随《生活水平》（徐大建译，上海财经大学出版社，2007年）和《规范性的来源》（杨顺利译，上海译文出版社，2010年）两书的中译本一同在中国出版。

断发现后果主义的推理只能把你一次一次地引向完全错误的方向。”另外，威廉姆斯在这本书结束之际还用一种赞成的态度引用了 D.H. 劳伦斯的观点：“发现你自己的最深冲动，然后遵循它吧。”概言之，威廉姆斯对所有道德哲学理论的质疑态度，和他对伦理学中的绝对真理观持有的那份警觉，以及他对功利主义和康德主义等其他一些类似的道德理论的不满和敌意，这些理论的共同特征是以系统化的道德生活和建立在这种绝对真理基础上的经验为目标。①

1973 年，《功利主义：赞成和反对》一书出版，该书由威廉姆斯与澳大利亚哲学家斯马特（J.J.Smart）合作撰写。威廉姆斯作为批评的一方，主要从功利主义的后果论特征、消极责任原则、分裂个人道德完整性等多个方面对功利主义进行了彻底地批判。可以说，论述清楚威廉姆斯的这一批评，也是本书的主要目标之一。此外，威廉姆斯在 1978 年出版的《笛卡儿：纯粹探索工程》一书，主要立足于他在哈佛大学和普林斯顿大学担任访问教授期间开设的笛卡儿知识论的课程，其主题则在于表明笛卡儿的雄心壮志不可能实现。我们可以把它描述为威廉姆斯在伦理学领域之外的认识论领域所做出的一项最为坚实的工作，或者说，该书可以被视为威廉姆斯在哲学伦理学领域之外最为重要的学术成果。不过，对于威廉姆斯来说，这部著作同样具有深刻的伦理含义，因为他在这部著作中尝试阐释：笛卡儿几乎不可能实现那种试图用第一人称的观点来为世界的“绝对概念”提供一个基础的壮志雄心，由此说来，我们甚至也不可能在认识论的领域中提出“绝对客观”的表达世界。实际上，回过头来再看威廉姆斯的第一本著作，从中我们可以看出，这个主题对于威廉姆斯而言，实际上并不在伦理学之外，而是尤为切近的，也是非常重要的。概言之，威廉姆斯在这部著作中提出的核心观念主要地引向了他对伦理学中客观性问题的思考。

接下来在 1981 年，威廉姆斯出版的一部著作就是《道德运气》文集，该书收录了他在 1973 ~ 1980 年所撰写的哲学论文。在该书中，威廉姆斯更为彻底地批判了那种以功利主义和康德主义为核心的不偏不倚的道德理论，同时试图利用“内在理由”、“行为者遗憾”和“实践必然性”等概念来阐明伦理生活的本质和复杂性。具体来说，该书所要表达的主要内容是康德主义和功利主义。这两种现代规范理论实际上都是典型代表着一种特定形式的伦理思维，实际上，当代社会的这种形式的伦理思维是特别有害的。现代规范伦理学经常把“道德”术语仅仅控制于这种思维方式内，而这种思维又以责任、责备和罪孽等观念为特点，认为这些观念并没有受到和纯粹自愿不相关联的东西的影响。威廉姆斯始终明确地批判以这种方式纯粹化道德观念的观点。鉴于这个考察，威廉姆斯首创了一个崭新的伦理学术语——道德运气。简单来说，在行为主体不能控制的情况下，或者当行为

---

① 与此同时，威廉姆斯在电台里深入浅出地解说道德哲学其实是哲学的一支，像任何其他知识一样只是理论而不是命令。

主体以上述那种思维方式考察时感到困惑的情况之下会用上这个伦理学新术语。而实际上，若要说威廉姆斯所要表达的意思在于宣称“道德运气”这个概念的确存在着，那还不如说威廉姆斯在于希望我们不要以这种思维方式考察问题。一句话，威廉姆斯的理论意图除了想要清除传统的道德责任概念外，同时还想要以此为切入点从而进一步分化现代道德的“家底”。

如果说《道德运气》一书是威廉姆斯全方位地考察我们为什么不能接受现代规范伦理学的话，那么他撰写的《哲学与伦理学的限度》一书则从整体上向我们图解了古希腊人所提出的那个古老的“一个人究竟应该怎样生活”的问题——这是伦理学实质上所关注的核心问题。准确地说，《哲学与伦理学的限度》是威廉姆斯所有著作中最为全面、系统的一本，威廉姆斯的伦理学观点集中而鲜明地体现在其中，该书被视为威廉姆斯的创世之作。具体来说，1985 年，被称为威廉姆斯扛鼎之作的《哲学与伦理学的限度》的出版，详尽地展示了他是如何对功利主义和康德主义这两种互相对立的理论进行批判的。其中一个很重要的观点是，“现实世界所指导的”（world-guided）是类似于事实的“厚”的伦理观念，并且也是“行为的指导”，它和“知识碎片”一样，都是传统社会世界图景中的一个部分，和当代社会的观念有着截然的区别。当理论与慎思竭尽全力表明自身是在科学事实的基础之上建立之时，两者便已经削弱了曾经一度推进其自身如此做的“信心”（confidence）。所以，“知识不可以被忘却，而只能丢掉”。在历史渊源和文化内涵差异甚大的现实社会里，共享知识是不可以的。而威廉姆斯认为，我们即使显然不可以共享其他社会的知识，但我们是可以在某种程度上理解的，同时可以进行学习和探索，从而增强对自己的认识和理解，这应该是我们对待古希腊思想的一种应有的和正确的态度和看法。

怀着对古希腊哲学一辈子的兴趣，在威廉姆斯 1993 年出版的《羞耻和必然性》一书中，他在这本研究古希腊伦理学思想的代表专著中表达的主旨在于，把我们对伦理学的考察和“我们怎样看待自己的看法”（What we think that we think）这两者之间的差异区别开来，即在威廉姆斯看来，该书的一个主要的目的在于“尝试探寻某种方式方法，其中的方式方法可以，也必须把那些总是被看作属于康德、柏拉图和笛卡儿等主义的暗示中的自我、品格和个人计划等概念从中释放而来”。总的来说，威廉姆斯认为古希腊的伦理学思维通常和我们内心最深处的信念更加切近，而现代规范伦理学的思维往往和我们内心深处的信念是背道而驰的。威廉姆斯确凿不移地向我们阐释了一些观点，即我们必须向古希腊时期学习大量的东西。尤其重要的一点是，我们能够学到的是个体人类生命世俗意义的或然性，威廉姆斯强烈地确信这种或然性，他不但确信这种或然性是实实在在的，就是在现代社会也是这么回事，同时他还确信这种或然性具有很大的意义和价值。

1995 年，威廉姆斯的《理解人性》出版，这也是一本非常重要的著作。一方面，该书对伦理学和道德心理学的内在本质展开了详尽的论述；另一方面，威廉姆斯对他之前所述及的很多重要概念进行了深层次的解释和澄清。随后，威廉姆斯于 1996 年退休，1999 年《柏拉图》出版，这是威廉姆斯基于对现实问题的考察从而对柏拉图的主要思想展开透彻分析的一部导论性专著。非常不幸的是，威廉姆斯在同一年被确诊患上了癌症——一种多发性骨髓瘤，将不久于人世。然而，威廉姆斯并没有因此而悲观和消极，相反他倍加珍惜他人生的最后一段宝贵时光，并努力撰写完成了《真理和真实性》(2002 年）一书，该书是他生前的最后一部著作，书中把那种不肯定客观真理的可能性或重要性的观点作为主要对象加以研究，同时在无形中有力地反击了把威廉姆斯视为相对主义者的那些人。在威廉姆斯看来，尊重真实和真理的价值是任何社会形态的人类社会都无法规避的需要，对于任何人类社会来说，把真理和真实视为美德是必然的结果，而并不需要任何“形而上”的东西作为前提。该书思想深刻，语言锋利刺激，幽默而情深感人，很多地方时而令读者捧腹大笑，时而又让人欷歔不已、潸然泪下……显然，一部哲学著作能够达到这种效果是非常难得的。他的一个朋友曾经评论，同威廉姆斯交谈会不由自主地被感动，并坚定和他一样激情地生活且保持一份警觉。威廉姆斯本人就是一股超越了善恶的生命力。①

威廉姆斯因心脏病忽然发作于 2003 年 6 月 10 日下午在罗马的短期度假中去世，享年 74 岁。在他去世后的 2006 年，他的《过去的意义：散文在哲学中的历史》、《一开始就是契约：政治争论中的现实意义和道德主义》和《作为一门人文科学领域的哲学》三本文集也一并得以出版。总的来说，威廉姆斯的学术工作是在分析哲学的传统之下展开的，尽管他明显不是这一传统的辩护者，但他始终坚守分析哲学严谨的标准和信守的清晰。威廉姆斯的作品尽显智慧、透彻并颇富想象力，而且整个行文论证非常严密，不易找到漏洞。同时，威廉姆斯的作品还有包容大度、宽广博学和富有深厚人文关怀的一面，这些使得他区别于典型的分析哲学传统。概言之，威廉姆斯的理论旨向在于：把哲学伦理学从一个被过度规则化、理论化、以道德责任为最大特性的迷念拓展进入到希腊式的伦理维度之中——过一种好的生活。从他最早的《道德：伦理学导论》，到系统明朗并体现他哲学观点的《哲学与伦理学的限度》，再到后来的《羞耻和必然性》等，都不难看出他在这个方向上所作的付出和努力。在人们看来，威廉姆斯为道德哲学提供了一种令人耳目一新的研究方法。因为在他最先开始涉足这一领域时，针对道德律的地位所展开的枯燥无味的争论纠缠于道德哲学已经有很长的时间了。威廉姆斯祈求和给予我们日常伦理经验的真正关切保持联系，而不是忽略它并与之陌生。威廉姆斯的目标是针对这一伦理经验展开论述的，为达到这一目标，他可谓颇费心力，从而圆满地向我们阐释了哲学与伦理学所能够企及的程度。显然，威廉姆

---

① O’Grady J.Professor sir Bernard Williams.http：//www.guardian.co.uk/obituaries/story/0, 3604, 976477, 00.html.

斯的这种表达方式带有些许嘲笑、促狭，因为他最为卓著的论点之一是说哲学与伦理学能够企及的是如何的少，而不是说哲学与伦理学能够企及的是如何的多，人们祈求一个道德理论能够引向个人的伦理推理，引人向善，但在威廉姆斯看来，我们是难以在哲学与伦理学方面寄予厚望的。

第三节　国内外对威廉姆斯伦理思想的研究

一、国内研究情况简介

就国内来看，对威廉姆斯的伦理思想[①]进行专门系统的研究暂时还没有。研究和介绍西方当代德性伦理学复兴的中国学者一般都会在相关的文献综述中引介威廉姆斯的某些局部思想（如道德运气），但没有涉及什么实质性的内容。目前，出现的一系列关于威廉姆斯伦理思想的研究成果大致可以分为以下几个相关方面。

1. 关于威廉姆斯对康德主义的批判

关于威廉姆斯对康德主义的批判，除了在一些相关论著中穿插着他的思想和立场外，其他的主要集中在《道德运气》与《哲学与伦理学的限度》这两书中。在闫婧看来，威廉姆斯被誉为“他那个时代最有才华、最重要的英国哲学家”。威廉姆斯对康德主义和功利主义的质疑，以及对道德要求的本质的研究，在某种程度上可以说主导了近30年来西方伦理理论的思维。威廉姆斯认为，当今世界与任何一个人类以往生活过的世界截然不同，当今世界空前地需求伦理思想，然而以康德主义和功利主义为代表的理性主义道德哲学理论，无从保证满足时代对伦理思想的需求。威廉姆斯阐明，“道德”已成为伦理的一个分支，显然有着一些特殊的前提，“道德”概念与古典时期相比已经有了较大的变化，同时他还对以这样的道德概念为核心的道德体系概括出了几个类似特点，诸如义务被道德体系所曲解，实践必然性被道德体系视为伦理所特有的，伦理实践必然性被道德体系视为义务所特有的，以及道德体系追求纯粹性等。另外，威廉姆斯对他所认为举足轻重的哲学家康德的道德体系展开了多个方面的严厉批评和质疑。具体来说，闫婧全面地展开了威廉姆斯对康德道德体系的一些关键概念和特征批判的论述，其中主要包括威廉姆斯对于道德体系、实践必然性概念、道德义务的不可冲突特性、道德体系的纯粹性和实践理性概念及道德概念的特征等各个方面的批判，并把国外一些伦理学人对威廉姆斯质疑的回应也进行了介绍，同时基于对威廉姆斯哲学思想的解读，进一步评价了这些质疑的回应，最后客观澄清了一些对威廉姆斯哲学思

① 王旭凤在《世界哲学》2008年第3期发表了《个人生活计划与道德和理性》，对威廉姆斯主要思想进行了梳理和评论。徐向东在《道德运气》中译本的译者序，即《伯纳德·威廉姆斯与当代道德哲学》一文也对威廉姆斯的思想进行了概括，此文比前述更为翔实、深入。

想的错误解读。概言之，闫婧的主要观点是："威廉姆斯质疑康德主义忽略我们人类伦理生活的本质和复杂性，简单而抽象地规则化、专业化和科学化我们对伦理生活方面的解读是可行的，他的哲学思想主旨并非彻底否定康德，从而使我们重返那种'自然主义'的生活……"①

2. 关于威廉姆斯对功利主义的质疑

关于威廉姆斯对功利主义的质疑的研究略显丰富一些。就威廉姆斯对功利主义的质疑，朱华华将其梳理和归纳为三个主要方面：首先，质疑功利主义的理论基础，即质疑"幸福"这个中心概念；其次，就功利主义的后果论缺失进行探究，指出后果论分离个人完整性的缺陷，以及后果论衍生出的所谓消极责任原则对个人道德完整性的影响；再者，对规则功利主义进行了比较深入的论证，指出规则功利主义终究还是属于后果论，这一道路是不可行的；最后，朱华华评论认为，"威廉姆斯对功利主义的质疑总体上算是比较成功的。那种以人为出发点，基于批评者自身具有比较浓厚的人道主义精神奉上的深入行动实质的批判策略，既和威廉姆斯视哲学为一门人文主义学科的观点是一致的，又紧密关联着威廉姆斯特别关注人和人性的伦理学思想，其魅力是显然的"。此外，朱华华指出，"自从现代功利主义复兴开始，质疑余音绕梁，征剿接连不断，诸如，以威廉姆斯为代表的'以行动者为中心伦理学'和以麦金泰尔为代表的德性伦理学，还有以罗尔斯为代表的契约理论以及德沃金和诺齐克为代表的权利理论，都是与功用主义相对立的著名理论"②。但遗憾的一点是，朱华华指出，对于那些"有共同敌人却成不了朋友"的相关理论，威廉姆斯却没有展开比较分析和研究。毛兴贵则阐明威廉姆斯基于个人完整性不可分离的考虑，指出功利主义是一种严重分离个人完整性的学说，并列举了其他学者对威廉姆斯的回应和批判，但始终认为"多数回应要么自身根基不牢，要么不能够击中要害地批判威廉姆斯的观点，所以对于功利主义或者普通的后果论都不能够起到很好的辩护作用"③。潘红霞进一步认为,"伯纳德·威廉姆斯在论述功利主义后果论的框架研究中提出其责任原则的突出毛病是麻木与低迷，对功效最大化的向往促使功利主义把价值寄予事态而分裂个人道德的完整性，而超标的道德义务标准让个体和自身道德情感及行为相脱离，促成了个人的分离性。尽管威廉姆斯的功利主义质疑受到各方批判，但是他对个人生活意义的重视和对人性、品质的关注，一针见血击中了功利主义的症结，颠破现代规范伦理学步入另外一条崭新的路径"④。

---

① 闫婧．论威廉姆斯对康德道德体系的批判．复旦大学硕士学位论文．2009.

② 朱华华．论威廉姆斯对功用主义的批判．华东师范大学硕士学位论文．2007.

③ 毛兴贵．伯纳德·威廉姆斯对功利主义的批判．中国人民大学学报，2010，(3)：38-45.

④ 潘红霞．论伯纳德·威廉姆斯的功利主义批判．湖南大学学报（社会科学版），2012，(3)：101-105.

3. 关于威廉姆斯对道德运气的论述

国内学界“道德运气”日益成为一个热门话题。郑宇健认为，“最根本性的哲学问题是：一种根本的人类规范性在我们的科学理论所予以的自然主义的世界图景中是怎样可能崛起的？①依托于这种规范性的背景，我们才能更好地看清道德事业或理性充其量就是一种盘根错节的冒险：‘盘根错节’是由于人类状态是从根源上非人的宇宙状态中突生的，而规范性推动的人类实践促进这一突生的实现，同时规范性的挑动及其考究化使得我们人类逐渐进步。规范与冒险最初好像是矛盾重重的，但又命中注定般地合团了。好比道德和运气这两个面上冲突的术语，实际上就从未分开过”②。段素革指出，“‘道德运气’这一新伦理学概念具有非常重要的意义和价值，这一概念在很大程度上左右着我们对人的自主性以及道德责任所寄予的合适前提的认识，并且左右着我们如何判断相关的道德体系。目前就道德运气这一问题的研究，威廉姆斯无疑算是首创者、先锋者，这并不是由于他是第一个提出道德运气这一新概念，而是由于他就这个问题的研究中对现代规范伦理学所展开的深刻质疑。比如，威廉姆斯区分了所谓的内在运气和外在运气，并借助于这两个概念指出了道德运气问题的关键症结，并不在于道德运气与控制条件的冲突，而是将道德要求视为无个体的、没有条件的，以及无与伦比的”。段素革主要尝试阐释的是，“虽然道德运气这一概念目前被我们大多数人所接受，但是运气对于道德判断的制约也不是毫无条件的，真正能够成为那种对我们具有根本意义和价值并且我们可以对其担负责任的运气，是那些正儿八经被列为我们的认真选择以及人生规划的制定、权衡范畴以内的所谓的运气因素”③。唐文明指出，“威廉姆斯将‘道德’与‘运气’并置，构成‘道德运气’这个在他本人认为似乎相互冲突的修辞，其主旨在于表明道德离开运气的尝试是无法成功的。而对于内格尔来说，其主旨则在威廉姆斯的启发之下努力研究运气对道德的重大影响，将‘道德运气’解读为能够阐明道德评价所存在的矛盾形成的一个新概念。换言之，若是说内格尔在于使用运气对道德的实在影响之解读，从而给我们展现了道德行为完全被运气包围左右的一幅活泼图集，那么，威廉姆斯则在于客观凸显运气在我们现实伦理生活中的重要意义，从而真正地震撼道德的根基”④。

在王旭凤看来，“威廉姆斯和内格尔在 20 世纪 70 年代末首创道德运气这一新

---

① Dennett 的前引之书可以说是朝着追问这一问题的方向作出了可贵的努力。另外，在 Gibbard A. Wise Choices，Apt Feelings. Cambridge: Harvard University Press，1990. 和 Brandom R. Articulating Reasons. Cambridge: Harvard University Press，2000. 这两部著作都对澄清这一问题的诸多意义关联贡献良多。

② 郑宇健 . 道德运气与规范性 . 世界哲学，2004，(6)：66-72.

③ 段素革 . 内在运气，自主性，以及道德责任的恰当性——对伯纳德 • 威廉姆斯《道德运气》的一个解读 . 云南大学学报 (社会科学版)，2008，(3) . 以“道德运气”为着眼点的学位论文目前能被找到的有：潘书琴 . 论道德运气 . 华东师范大学硕士学位论文，2004；李凌 . 论运气与道德责任 . 中国人民大学硕士学位论文，2008. 这些学位论文都对“道德运气”的概念进行了梳理，对不同的哲学家的“运气观”进行了比较。

④ 唐文明 . 论道德运气 . 北京大学学报（哲学社会科学版），2010，(3)：74-84.

伦理学概念以来，学界一直争论纷纷。至此，道德运气一下子好像对传统的道德责任概念造成了很大的挑战，因为一直到康德才被明确树立的传统道德责任概念是依照控制能力划分责任的，而控制能力来源于不受到运气左右的无条件的自由意志。在传统的道德责任概念中，运气完全是不被考虑的。而往往我们习惯把康德式的道德责任概念和道德实践中的道德责任概念这两者混为一谈，所以导致道德责任和道德运气矛盾的幻觉。事实上，我们的现实道德生活实践中依据的道德判断观念是以康德式‘应当意味着能够’为要点，同时一并考虑能够区别的运气来展开道德责任划分和鉴定的”①。张继选认为,“一般来说，任何人需要为之承担责任的某个行为，依照康德的传统道德责任概念，只是那种依据自身的直接意志作用力开始直至结束的行为，而抛开自身意志力作用的所有其他行为始终被视为与道德德性的归类是毫无关联的，这在有差异的意义上既悖于而又符合我们的道德直观。可是，假若道德运气是一个具体的道德概念，由于我们需要为那种突破于我们的操控能力（该能力根植于意志）的行为承担责任，那么就必须修正传统的道德责任观念。然而，不同于首倡和洞见道德运气概念的威廉姆斯，我们认为就‘突破’而言应该存在某些限制，所谓的这些限制可总结为‘道德关联’，也即关联于康德式的意愿性行为，行为者的过错即那种意愿性行为的具体表现。由此，道德运气概念保持维系于康德的传统道德责任观念才有理由可言，至少必须和那种意愿性行为维系某种持续性”②。

4. 关于威廉姆斯哲学思想的一些其他问题

除了上述四个方面之外，国内学者还对威廉姆斯哲学思想的一些其他问题进行了研究，这里有必要加以简要梳理，这样有助于我们更好地解读其伦理思想。在陈德中看来，“威廉姆斯以赛亚·伯林的价值多元主义为依据并由此出发，最后步入了一种所谓的政治现实主义——围绕权力竞争。在某种程度上来说，威廉姆斯对当代政治哲学贡献最大的便是参照这一转变而形成的权力竞争的分析套路，也可以说这份思想遗产应该是我们必须加以充分利用的……政治哲学史上崇尚的现实主义传统是威廉姆斯的现实主义所承继的，他对于政治的现实主义观点很多都是从史克拉、伯林、韦伯、尼采、霍布斯和马基雅维里等那里承继，从而把关于自己的一些政治观点建基于权力竞争的框架之上。现实主义的主要思想指出，价值多元化在政治生活中的集中表现便是权力和权力这两者之间的相互竞争。现实主义的权力分析保留了政治哲学分析的权力特性，这个特性最终无法由各种自由主义解释模式来化解。我们可以把政治权力的这种无法化解性称之为现实主义的‘硬核’，而‘政治’不可避免地存在的原因便是由于现实主义‘硬核’的这

① 王旭凤．道德运气与道德责任．广西社会科学，2008，(2)：61-64.

② 张继选．道德运气与道德责任问题．香港社会科学学报，2001，(21)：11-18.

种无法化解性。其他形式的自由主义解释模式没有威廉姆斯的‘基于现实主义的自由主义’所具备的‘政治特性’，威廉姆斯政治哲学的亮点正好体现于此”[①]。在易刚看来，“威廉姆斯关于《理想国》434d2 — 435c8 和 367e6 — 369b4 中个人灵魂正义和城邦正义的两个类比和 435e1 — 436a7 之间内在矛盾的批判说服力不强，其中的理由主要有三点：首先，整体 - 部分规则并不能从 435e1 — 436a7 里得出。其次，柏拉图原文中关于美好城邦中被统治阶层的每个人都有理性，而统治阶层的每个人都有欲望的说法，而称呼手工业者阶层引用‘欲望阶层’这么一个不恰当的名称，其中的某些论证则被间接地误导了，这是威廉姆斯所忽略的。最后，一个正义的灵魂里理性的部分主导欲望的部分，由威廉姆斯阐发这是因为出于理性的论证，其中某个前提未经论证，另外一个前提是基于理性的交往。原因在于《理想国》一书里，是好的教育或交往使得灵魂里的欲望部分服从理性部分”[②]。

最后，关于威廉姆斯对哲学伦理学限度的阐发。诸如，何怀宏尝试建基于威廉姆斯的哲学思想而追求哲学与伦理学的一种限度。其一，对道德概念和道德语句进行澄清；其二，充分论证道德规范或者为道德规范奠定基础；其三，为我们思考和探讨人生价值方面提供一种意义的解释或说明。这是何怀宏梳理的我们对于道德哲学的三点期望。其中论争最大的自然是第二种期望。《道德哲学的可能性与限度》一文刊发于《复旦学报（社会科学版）》2006 年第 4 期，该文作者何怀宏以威廉姆斯的伦理学观为切入点，列举了一个实实在在的事件，借以表达伦理学无论如何始终不乏它自身存在的独有意义和价值，同时其行之有效的指导作用也不会发挥不出来。尽管何怀宏在该文中只是列举了一个事例，但它是建基于威廉姆斯之上为我们提供了一种研究新的伦理理论的立场。“或许知识者要力取那种恰到好处的协调用于一种个人理性的诚实力和一种人间情怀的忧惧这两者之间。或许那种可能侵染到社会基本道德的‘过度反省’是我们所应该加以

① 陈德中．从价值多元主义到政治现实主义——B. 威廉姆斯政治哲学探析．哲学研究，2009，(6)：108-117.

② 易刚．对威廉姆斯关于《理想国》意义类比规则和整体 - 部分规则互相冲突的论证的初步探讨．2011，(2)：97-112. 聂敏里在翻译威廉姆斯的《柏拉图〈理想国〉中城邦和灵魂的类比》一文中认为，“城邦和灵魂的类比关系的论证构成了柏拉图的《理想国》一书中正义论证的一块基石，从某种意义上说，柏拉图的正义论证的成立与否完全取决于其关于城邦和灵魂的类比关系能否成立”。伯纳德 • 威廉姆斯发表于 1973 年的这篇文章即是针对这一类比关系所展开的深入的逻辑分析。在这篇文章中，威廉姆斯指出，正是在城邦和灵魂的类比上，柏拉图的论证存在着基本的逻辑混乱，他交替而不加区别地使用了两种性质截然不同的类比原则，即基于内涵的一致性的类比原则，以及基于整体和部分的一致性的类比原则，结果造成了他在关于城邦的正义和个人的正义的论证上的种种自相矛盾。威廉姆斯细致地分析了柏拉图由于混用这两种不同的类比原则所带来的种种理论上的困难，从而将人们通常在阅读《理想国》时所感到的各类疑难以分析哲学的方式给予了清晰的表达。显然，威廉姆斯的这篇文章不仅有助于我们深入认识柏拉图的《理想国》中的论证，而且也有助于我们了解分析哲学作为一种哲学史研究方法的价值。详见：伯纳德 • 威廉姆斯．柏拉图《理想国》中城邦和灵魂的类比．聂敏里译．云南大学学报（社会科学版），2010，(1)：13-19.

提防的。并且我们应该对‘反省’其本身也必须考虑进行那种‘反省’。”[①]这是需要补充的一点。然而，威廉姆斯的试图似乎不尽合理，但与何怀宏所写的《道德哲学的可能性与限度》一文相比则截然相反，即何怀宏首先并不认为威廉姆斯的反思是过度的，相反他认为威廉姆斯的反思还不够彻底、不够深刻、不够到位。

二、国外研究情况简介

当前国外研究威廉姆斯思想的英文论文集，主要有北佛罗里达大学丹尼尔·库卡特编撰的《阅读伯纳德·威廉姆斯》（*Reading, Bernard Williams*, *Routledge*, 2008年）和肯特大学艾伦·托马斯（Alan Thomas）编撰的《伯纳德·威廉姆斯》（*Bernard Williams*, 2007年），以及剑桥大学J.E.J.奥尔瑟姆（J.E.J.Altham）和罗斯·哈里森（Ross Harrison）编撰的《世界、心灵和伦理》（*World, Mind, and Ethics*, 1995年）等书，书中编撰的文章系统而详尽地论述了威廉姆斯的相关哲学思想。另外，写到威廉姆斯的相关学术论文刊发在一些论文集和期刊上，这里不必要也不能够明细地一一罗列出来。值得强调的一点是，其中玛莎·纳斯鲍姆（Martha Nussbaum）撰写刊发在《波士顿评论》（2003年）上的《悲剧与正义——纪念伯纳德·威廉姆斯》（*Tragedy and Justice*: *Bernard Williams Remembered*）[②]纪念性文章，可以说对威廉姆斯的哲学思想进行了一个最为确切和精粹的追述，同时纳斯鲍姆还对威廉姆斯的一些哲学思想进行了客观的分析并述及了相异的观点。在该文中，纳斯鲍姆论述了威廉姆斯的道德怀疑论：一是对功利主义和康德主义的质疑；二是表明在我们的道德生活中肯定运气的影响，同时根据这一认识“把蕴含于古希腊文学的行为与思维模式在当代伦理学中还原了”。纳斯鲍姆针对这第二点在《善的脆弱性》（1986年）一书中进行了详尽、全面的论述。总而言之，梳理现有的研究成果，国外大多数关于威廉姆斯伦理思想的研究，都是从上述前三个方面展开的，在此将从前面这三个方面集中的主要讨论观点加以梳理和分析。

1. 关于威廉姆斯对康德主义的批判

研究观点集中认为，针对关于道德概念、道德规范的哲学基础这一核心思想可能与否的问题，威廉姆斯进行了明确的否定。展开来说，即威廉姆斯选择苏格拉底提出的“人应该如何生活？”这一命题，进而阐明哲学自柏拉图以来解答这一命题就是选择它的独特的方式。柏拉图比较类似苏格拉底，他希望我们规划和指导自己的生活能够借助于哲学、理性而抽象的反思。如此一来，针对道德规范

---

① 何怀宏．道德哲学的可能性与限度．复旦学报（社会科学版），2006，(4)：60-65.

② 《悲剧与正义——纪念伯纳德·威廉姆斯》刊载在《世界哲学》2007年第4期，唐文明译．

和道德概念提供基础的伟大使命就由哲学承担起来了。而康德的道德哲学主旨也就是这一点。然而，在威廉姆斯看来，康德尝试不把正义行为置放于突发和偶然的因素之内。也就是说，无论你做得对错与否，都无关乎于情感和环境及道德行为的后果等，那都是由你的个人意志所操纵，完全是你的个人自愿所为。威廉姆斯认为，这一完全逍遥的冥想是那种“道德体系”的构成内容之一，这种体系是牵绕于责任与罪疚的思维系统，至今始终影响和支配着我们的思想和行为。对此威廉姆斯着重阐发，我们的行为动机在很大程度上是出于感性而不是完全基于理性，我们不可能纯粹地控制自身的行为动机。①另外，对于康德主义中绝对命令的实践理性哲学，威廉姆斯批判可能论证一个人不接受道德，就绝对是所谓非理性的人。道德是社会的稳定剂，这是威廉姆斯基本上认可的一个说法，但他认为某个人绝对可能不接受道德的语言和行为，而不被看作是非理性之人。诸如，某个人完全能够照常讨论和研究问题，照常继续进行一切活动。或者说，我们往往由于理性而思考，或者归于理性之下的事物，某个人并不由于不接受道德而有所不足。这某个人也许照样理解道德语言，只是不接受或排斥道德语言及其被视作是由它所蕴含的思想能够影响和控制个人的行为选择。由此，在威廉姆斯看来，排斥道德语言并不完全代表就是所谓的不道德之人，而是“自私自利”或“个人主义者”。

在麦金泰尔看来，“威廉姆斯在论述道德生活中指出一种方向感或指导性的缺乏是当前风靡的道德哲学所不足的一点，这种状况出现在历史的代际转换之间，同时还出现在我们个体的生活内部之中。这种方向感或指导性能加以利用某种普遍性和非个体性，也以某种普遍性和非个体性当作向前驱动的目标，这和我们在科学史中发现的一样。但是对于功利主义者和康德主义者来说，某种普遍性和非个体性是所有道德的特性，这种方向感或指导性在他们那里找不到丝毫解释的余地和机会”②。

当然，国外学界关于威廉姆斯对康德主义的批判也有着不同的声音，如英美学者中，就威廉姆斯对康德主义的质疑而言，纳斯鲍姆和罗伯特·B.劳顿（Robert B.Louden）对其阐明了个人的不同见解。例如，纳斯鲍姆很明确地指出过，“在很多方面威廉姆斯对康德主义的批判实际上是牵强附会的，而欠缺同情，明显很不全面”。劳顿在《对道德体系之批判》一文中，比较全面地从各个方面对威廉姆斯展开了尖锐的批判。其一，劳顿认为威廉姆斯批判的那种道德义务概念仅仅只是特别的道德义务概念，并非康德真正意义上所指；其二，威廉姆斯所论述的道德义务概念实际上远远不如康德主义强调的道德义务概念宽泛，或者说相

① 在这一点上，威廉姆斯和休谟的立场是相当接近的，他把道德行为看成源自人的意志和情感的行为，理性在道德领域也有自我限制性，情绪、欲望、情感、激情等不会完全处于人的控制之中，而这些因素对道德行为的影响是不可忽视的。

② Alasdair M. The magic in the pronoum “*my*”. Ethics，1983，94（1）：116.

比之下要肤浅很多；其三，威廉姆斯论述的一个观点实际上与康德主义的观点是没有关联的，即威廉姆斯阐明的没有那种唯一的尺度来核查康德主义所着重的道德义务概念，从而用以约束我们的实际义务。

2. 关于威廉姆斯对功利主义的批判

研究观点集中认为，威廉姆斯同样否定功利主义。比如，在《正义与悲剧》一文中，纳斯鲍姆指出《功利主义及其超越》（1982年）一书的导言特别值得我们关注。该书由威廉姆斯和阿玛蒂亚·森两人一起编辑撰写。纳斯鲍姆指出其中的导言很好地把功利主义拆解为福利论、累加论及效果论三部分。威廉姆斯和阿玛蒂亚·森两人对于“效果论”持有不同见解，但对于福利论和累加论都持有同样的批判。集中体现威廉姆斯否定功利主义立场的则是《功利主义：赞成和反对》一书，同时在《哲学与伦理学的限度》一书中他也坚持了这一立场。具体来说，人会本能性地放弃低级感官快乐和追求高级精神快乐，因此幸福即所谓功利，最高的道德标准便是绝大部分人的最大幸福。在威廉姆斯看来，功利主义最吸引人的地方便是它似乎把握了人们的根本心理，激起了人们的最大兴趣，它最基本的观点便是我们每个人对幸福的向往和整个社会对幸福的追求是可以同步的，这一点不存在问题，因为它看起来似乎满足了每一个人的快乐本能所需，达到了每一个人的最基本要求和欲望向往。而幸福并非如此简单，最大幸福论代表着一小撮人为了一大撮人的“最大幸福”从而不顾自身的权力和幸福，这一小撮人的存在仅仅只是为了创造那个百分比的另一部分。针对不同的个人、地点和时间，幸福也因此并不相同，很多个人想要追逐财物、权力和自由及其他，甚或是超快感而刺激的艺术。而功利主义最可怕的一点便是抹杀个体，盯住全体，从而让社会变成极力生产快乐这种商品的一种机器。但是，我们的社会呈现的是一种多元化的结构，由此有很多理由表明大多数的我们更想要快乐。然而，我们的社会不能够像机器一样制造快乐并像批发商品一样递送到我们每一个人手中，这是绝对肯定的一点。

同时，国外哲学人士一致认为威廉姆斯否定功利主义的另外一个理由，是因为功利主义分裂了精神环境和物质环境。威廉姆斯大力拒斥和反对的是，繁荣的经济背后引发的环境恶化和道德下滑等问题。经济思想史中肯定有作为动因的功利主义的长入，这是威廉姆斯所承认的，可到底是功利主义带来的毁坏大，还是功利主义所带来的建设更大，这个问题该打上一个大问号。否则，功利主义不能够给我们带来真正的幸福，它所谓的价值理念完全不真实、不可靠，它促进经济和科技的繁荣固然不可否认，而它所导致的精神和道德严重下滑也是毋庸置疑的。功利主义只适用于从中得到利益的那些人，它只是一种所谓便利的理性主义，而它对于整个社会来说却只是带来瞬间美梦的一支麻醉剂，这是引用马克思的术语所说。如果说我们追求幸福的基础是环境，那么刨根问底环境又是什么呢？很简单，环境意味着精神环境和物质环境，可作为环境之一半的物质环境也被功利主义者们毁坏得一塌糊涂了，这是威廉姆斯所阐发的。这种毁坏也许是没有意识的，但这是所谓的创造性的毁坏，因为毁坏的人自以为是在建设。在威廉姆斯看来，既在创造又在毁坏，这便是功利主义的创造性。文化即来即走，但这并不是不接受真正富有建设性的思想，真正富有建设性的思想并非强烈的创造欲所引发而导致的反面，即破坏欲，而是旨在把我们的世界如何建设得更加完整和美好的那种目标和心理驱动力。那种真正富有建设性的思想并非功利主义。举例而言，爱国主义并非是某个人构思创造而来，它并非商品和工具，功利主义的前因后果于它也并不存在，但它在我们的任何时代社会中始终是那种最强大、最具有力量的东西。

3. 关于威廉姆斯对哲学的功能的论述

国外哲学人士普遍赞可，威廉姆斯将传统的道德哲学重返到我们的伦理生活，并以完整和幸福的生活作为终极目标，很好地破解了道德哲学晦涩坚深的理论思辨传统的错综复杂，与古希腊伦理言论自由的传统相一致。然而就这一点来说，风马牛不相及并且截然相反的功利主义和康德主义这两者都为道德制订了科学而狂妄的规则，这两者共同主张自身就是那个客观普遍的真理。显然，威廉姆斯是明确批判这一点的。针对哲学的功能的具体论述，威廉姆斯指出哲学并非社会理念之间的裁判者。公正、自由及平等三者之间，无法借用哲学评定是非上下。比如，选取公正舍弃自由和平等，选取自由舍弃公正和平等，或选取平等舍弃自由和公正，这对于哲学来说都是无法批判和最终选择的，尽管哲学对这三者都是有很多话可以说的。另外，社会主义和保守主义这两者，在威廉姆斯看来，社会主义者主张公有制最终将取代私有制，私有观念到最后终究是可以被超越和丢弃的。保守主义者则指出人之所得的原因在于投入自尊，所以它是神圣不可犯的，可社会始终不能缺少一定的储备，以救援那些时运不佳的人们。显然，哲学同样不能够对这两种立场进行裁决，因为它们之间都有着一定的合理性。不过，哲学能够进行很好的分析并清晰地凸显出它们之间的分歧，从而以备世人参考作出选择和判断。一言以蔽之，我们个人的自由意愿将是哲学所最尊重的。无疑，威廉姆斯对环境和生命的热爱更像是始于生命本身，强烈的人道主义精神深深地埋藏于他的内心之中，他亲身体验了他的哲学理念。他是一个优秀的老师、称职的父亲和厚道的朋友，广受学生们的热爱和拥戴。他积极主动参加了 10 余个社会团队，他还喜欢文学和音乐，曾反复地阅读《安娜·卡列尼娜》。或许，这也可以看作是他个人作品的写照，并对此不乏评说和论述，它们恰如音乐和文学，将一个全新的世界带给读者。在国外学界看来，威廉姆斯更多时候把“伦理”奉作探索道德规范的学问，而不把“道德”作为不移至理的哲学基础，他这一生最重要的影响就是对功利主义和康德主义的批判。

此外，需要补充的一点是，西方伦理学界就“道德运气”这一新概念表达了那种并不赞成的立场，其中不乏强烈的批判和否定。[①] 比如，*Moral Responsibility and “Moral Luck”* [②]一文出于布莱恩·罗斯伯里（Brian Rosebury）之手，该文针锋相对地批判了威廉姆斯的“道德运气”概念，文中对这一概念的所持态度截然相反：“道德运气”概念不能够达到摧毁现代道德基础之目的，甚至于根本就不存在“道德运气”这么一个所谓的概念，完全是无中生有。假若能够正确地理解道德责任，那么即使“道德运气”这个概念不存在，或者说即使在没有“道德运气”这个概念的前提之下，一部分需要借用“道德运气”从而得到解释的那些道德现象也是完全能够被解释的，所以说这一概念存有多余之嫌。这是罗斯伯里所尝试阐明的。或者对于“高庚问题”来说，行为者是否表现出意愿性的行为才是问题的关键所在，这是罗斯伯里在考察“道德运气”问题时所持的观点，即假若缺乏意愿性行为，选择和决定可能根本上就不会产生，那么这种道德特性就是通过意愿性行为确认的，而这始终又是和康德主义的基本道德哲学思想相吻合的。难以想象的一点是，缺乏所有积极的行动而完全依靠好的运气的“成功”怎么能够证明最初的选择和决定的合理性。假若高庚尽管由于运气的影响成功了，但他所表现出来的所作的积极努力和付出，这一点在性质上理所当然还是意愿性行为。假若高庚最后的成功证明了他最初的决定和选择是合理的，由此证明在高庚的决定和选择的合理性中起到作用的便是成功所依赖的意愿性行为。不过，当威廉姆斯首倡和洞见“道德运气”问题时，他提出了一系列具有启迪性的问题，他所首倡的这个崭新的概念，以及随之而来引发的很多论争确实拓展了当代道德理论的领域。这是罗斯伯里所肯定的一点。显然，关于“道德运气”这一问题，目前国外学者尚未达成一致的意见，这些问题还需要进一步的讨论。

三、研究述评

综上所述，我们对当前中外学界威廉姆斯思想研究的成果考察完毕，不难得知国内外学者对威廉姆斯哲学伦理学思想的认识总体上来说是一致的，威廉

---

① 收录在威廉姆斯《道德运气》论文集的同名论文《道德运气》，可谓是关于“道德运气”的一篇宣言，也是他在完成对康德伦理学和功利主义批判后寻获的一个久已被人们所遗忘的伦理观念。托马斯·内格尔 (Thomas Nagel) 在《道德上的运气》(后收录于《人的问题》一书中) 一文中，对威廉姆斯的观点进行了回应和进一步的阐发，由此使得“道德运气”成为 30 年来伦理学家反复提起的一个概念。1993 年，丹尼尔·斯塔特曼 (Daniel Statman) 编撰的《道德运气》一书 (非威廉姆斯的同名论文集) 由纽约州立大学出版社出版，其中收录了包括《道德运气》和《道德上的运气》在内的 12 篇论文、1 篇序言和 1 篇附录，其中不乏纳斯鲍姆、迈克尔·J. 奇默曼 (Michael J.Zimmerman) 这样的名家。

② 该文的中译文《道德责任和“道德运气”》收录于《美德伦理与道德要求》，徐向东编，南京：江苏人民出版社，2007。

姆斯的思想虽然复杂但也并非完全无从把握。本书无力也无意解读和研究威廉姆斯的全部学说，而是重点分析国内外学界关于威廉姆斯伦理学思想研究所取得的一些主要成果，即对威廉姆斯论著的译介、对功利主义的批判、对康德主义的质疑、对道德运气的洞见、对哲学与伦理学的限度的论述、对个人生活计划和道德合理性的分析等。总的来说，从近几年的研究成果来看，当前威廉姆斯思想研究在国内的发展势头是好的，越来越多的学者开始对其思想研究感兴趣，研究成果的构成也越来越丰富。这种丰富体现在两个方面：一是成果所涉及的内容或对象越来越丰富，这体现了学者们的研究眼界越来越宽广；二是成果从译介到概述再到进一步相关专题的透彻分析，也体现了形式层面的丰富性。当然，上述两种丰富始终还是存在一定的局限性，目前能够全面系统地审视威廉姆斯伦理思想的还不多，或者说能够整体把握威廉姆斯伦理思想的轮廓并进行较为深入地研究的还很少。所以，上述所谓的丰富还只是由一小部分国内的伦理学者所为，但是学界的大多数伦理学者并没有参与。就目前的状况来看，我们对威廉姆斯伦理学思想的研究尚处于一种“圈地运动”的初始阶段，是一种早期的拓荒行为，大多数人对威廉姆斯思想的大多数领域一无所知。因此，亟需我们伦理学工作者敏锐的问题意识和艰苦细致的工作。

换言之，尽管近年来威廉姆斯已经引起了学界的关注，其伦理思想的研究取得了较大进展，但其中的不足也很突出。概括起来，主要存在以下几个方面的问题。第一，这些研究往往只注重威廉姆斯伦理学思想的局部，因而未能呈现出威廉姆斯伦理学思想的全貌，或者说我们缺乏足够的现代眼光和宽广的知识视角，没有把威廉姆斯伦理学思想的局部研究统一和整合起来，因而我们对本身就复杂的威廉姆斯伦理学思想研究得出的结论就不是那么的全面和合理，广度上的局限，不仅注定约束了深度上的开掘，而且直接影响我们对威廉姆斯伦理学思想的一些基本命题和基本预设的准确把握。第二，在威廉姆斯伦理学思想的重大问题上还没有取得实质的进展，如“道德运气”这一概念地位上的争论还继续存在，达成共识还需要我们的理论工作者不懈的努力。仅仅提出“道德运气”概念是不够的，亟待探究这一概念在伦理学中的地位及其深层意蕴，对这一概念尚需从深度和广度两方面加以拓展并作出合理的解释和论证。第三，这些研究在很大程度上未能将威廉姆斯的伦理学思想放在当代西方德性伦理学复兴的大背景中去考察，没有将视线投入到当代西方德性伦理学这一更为开阔的领域，因而对于威廉姆斯伦理学思想的理解不够完整，与此相关的问题包括“威廉姆斯究竟属于德性论者还是德性伦理学家”，对于这些问题的回答我们不一定就已经彻底弄清楚了。因此，本书对于威廉姆斯伦理学思想的研究试图在这些方面寻求突破。

第四节 本书的研究意义、方法及研究特色

一、研究意义

从20世纪六七十年代到21世纪初，西方德性伦理学研究所涉及的问题林林总总；而当代德性伦理学的兴起原因，与启蒙以来的现代规范伦理学的缺失有关。[①]之所以论及这一问题，很显然是因为德性伦理学对现代规范伦理的批判，最鲜明地体现二者的区别之处，体现德性伦理学作为一种回应当代问题的当代知识的特点，更重要的在于，德性伦理学究竟是如何兴起的，这便是问题的关键，即现代规范伦理学的缺失在哪里？广大学者是如何对其进行批判的？这就是本书研究工作的意义所在。本书以威廉姆斯对现代规范伦理学的质疑为主线，深入论析威廉姆斯对伦理生活的阐释，指出威廉姆斯对德性伦理学复兴的影响，考察威廉姆斯给伦理学运思带来的启发。其重要的理论意义和实践意义不言自明。

从理论意义上来说，威廉姆斯的伦理学思想没有系统、完善之虚誉，但他在伦理学中的见解往往被认为是“颠破性的”或“摧毁性的”。因为对于当前的学术名望、声誉和广义的道德哲学贡献力来说，威廉姆斯并非是一位一流的道德哲学家。但是，就狭义的伦理学成就而言，威廉姆斯当之无愧为当代西方社会一位著名的、杰出的、成功的哲学伦理学家。与安斯库姆、麦金泰尔、赫斯特豪斯和斯洛特等（德性）伦理学（复兴）名家相比，学界对威廉姆斯伦理学思想的研究缺乏足够的重视。这一点实际上在前言当中已经提到过。而本书通过解读威廉姆斯对功利主义和康德主义的批判，以及对道德运气的首倡，展现当代德性伦理学复兴过程的“破”之阶段，梳理和分析威廉姆斯的伦理学思想，考察威廉姆斯对德性伦理学复兴的影响，以及他给伦理学运思带来的启发，对于深刻理解现代规范伦理学的缺失所在，深化学界对德性伦理学复兴的认识，揭示伦理学发展的内在逻辑都有一定的学术意义和价值。概言之，通过这一研究，不仅有助于进一步丰富伦理学界对威廉姆斯思想的研究，为德性伦理学的复兴过程提供翔实的理论依据，更重要的是为威廉姆斯正名，让我们看到和听到道德哲学中的“另一片天地”和“另一种声音”。无疑，从某种程度上来说，它既是当代西方德性伦理学复兴研究过程中的一项理论创新，又填补了威廉姆斯伦理学思想研究的一项空白。

从现实意义上来说，威廉姆斯一生以批判康德主义和功利主义著称，以洞见道德运气闻名，他的伦理学思想充满了时代精神，凝聚了当代诸多热点、难点问题。研究威廉姆斯的伦理学思想相当于引介一部“当代伦理学史”，有助于弥补德性伦理学复兴研究过程中的一些缺失，更加全面地反映当代西方德性伦理学复兴的整体画面。换言之，它能够为我们当前社会的道德建设间接地提供些许理论参

---

① Slote M. Virtue Ethics. New York: Oxford University Press, 1999：325.

照，即当前我国正处在一种由传统计划经济向市场经济转型的重要时期，而威廉姆斯所生活的时代正处于西方资本主义市场经济的初始发展时期，鉴于这种经济形式的历史相似性，我国当前社会的道德建设显然可以跨越时代和地域的限制而参考威廉姆斯的道德理论。虽然威廉姆斯的伦理学思想多是对其他不同的伦理学思想的批判阐释，也并没有介入实践道德哲学的研究内容，但他的工作暗示了道德实践的操作方向，给我们提供了一些新的视角和思路，而并不是给了我们多少道德知识，这是最为关键的。也就是说，我们能够依照我国社会的客观状况，取其精华、弃其糟粕而批判性地借鉴他的道德思想，如道德运气、内在理由、实践必然性和真理观等概念在威廉姆斯的伦理学思想中是如何统一的，其中每一个概念的具体含义又是如何关系着其时代背景等，诸如此类问题都能够为中国社会的道德建设提供一些富有价值和意义的启示、参考。

二、研究方法

研究方法至关重要，没有研究方法的正确选择，理论的研究与创新是不可能的。基于论述对象的特性，本书从伦理学的视角围绕主题综合运用了如下方法。

其一，文本文献法。作为思想史的研究者，我们必须设法使被研究者思想焕发本来的勃勃生机，并设法避免使之成为我们思想的“跑马场”。我们必须铭记，我们不是小说的阅读者，而是思想的研究者。对威廉姆斯伦理思想[①]的研究也不例外。顺着威廉姆斯伦理思想的内在脉络，贴近解读威廉姆斯的思想文本，按照时间的顺序以呈现威廉姆斯伦理思想本身，这是一件费力不讨好的事，尝试这样做的人都能明白。据笔者所见，能够真正达到如同作者理解自己一样理解思想的，

① 干脆地说，解释是思想的唯一方法。我们抵达思想内核只有通过解释穿透文本，这是我们与思想者视域所不同的一点。假若考虑到 20 世纪伟大哲人施特劳斯与伽达默尔就此展开的争论，我们就能明白这比较困难。尽管对于思想者的文本不得不加以严肃对待，可作者的主观意图对于我们来说却无法获得，这是伽达默尔承认的。由于它赋予我们无限的解释自由，所以这并不令人悲伤。我们重构文本意义可以基于前见，甚至于远远超出作者主观意图的意义也可以阐述出来。所以就作者的本意而言，即使不是无关紧要的，也是可有可无的。它的世俗版本是“作者死了”，“一千个观众就有一千个哈姆雷特”。这种对思想者居高临下的解释姿态是施特劳斯所痛恨的。原因在于要能够确切明智地展开研究，唯有对思想者感兴趣，假若从一开始就认为他不甚了了，那么从根本上来说就无法展开研究了，这是从最低的意义上说。而关涉到“古今之争”的哲学立场，这则是从最高意义上说。那些视作者“死亡”的解释者并不相信终极真理的存在，他们不再尝试在思想者的思想上达成一致，从而彻底否定了思想史的客观性。要么他们是进步主义者，相信古代不如现代，从而像康德一样自豪地宣称解释可以胜过哲学家对自己的理解，假若对思想者还足够客气的话，那就顺便看看他的思想对今天究竟作出了什么贡献；要么就是历史主义者，认为那些宣称发现真理的思想家不过是历史的过客，往好了说，他们发现的真理不过是时代精神的体现，往坏了说，随着时代的变迁，它们必将零落成泥、烟消云散，因此他们对思想史的研究不过是满足了人类的收藏癖而已。总之，永恒并不存在，只有相对才是绝对的。这已经触及现代性的命门。伽达默尔的解释哲学不过是现代性的后果而已。因此，要透彻理解思想者，就必须从现代性中挣脱出来，至少应将古今的差异铭记于心。思想者的思想只对对他充满兴趣以至于将之视为真理发现者的探询者敞开。施特劳斯将之称为历史的理解，即“恰如先前作者理解自己那样去理解他”。参见：施特劳斯 . 如何着手研究中世纪哲学 // 刘小枫，陈少明 . 经典与解释的张力 . 上海：上海三联书店，2003：300.

只有最伟大的思想家，至少是与被阐释者立于同一水平的思想家才能做到。这是我们难以企及的，注定我们力有不逮。为了避免更多的偏差，我们只有亦步亦趋跟在威廉姆斯后面，在能引用原文的地方，尽量引用威廉姆斯的言词，能少阐释就少阐释。这难免看起来像威廉姆斯语录，却不能否认我们的智力活动，毕竟是我们使威廉姆斯的言词出现在不同的地方。智性的不同与解释活动难免的偏差，可能使这次冒险之旅成为失败之旅，但无论如何都比指天画地地解读威廉姆斯伦理思想强上千倍。若九泉之下的威廉姆斯先生不责怪笔者的“胡言乱语”，那就谢天谢地了。……威廉姆斯伦理思想散见于威廉姆斯的大部分论著中，要对其进行分析、总结、归纳，必须要仔细阅读威廉姆斯的文本①，同时，还要对国内外学者有关威廉姆斯思想研究的著作和论文进行分析和解读。文本文献研究法是论文写作的首要方法。本书立足于一直以来的威廉姆斯思想的相关研究成果，通过对中国国家图书馆、上海图书馆、北京大学图书馆、复旦大学图书馆、华东师范大学图书馆、上海三联书店的1993年出版统计，以及中国期刊全文数据库等文献工具进行检索和引文追踪等方法，系统收集、分析了有关威廉姆斯思想研究的相关论著及论述，并查找有关的网上信息，了解本研究领域最新的进展情况，细心进行梳理，全面把握威廉姆斯伦理思想中的合理部分，并进行大胆地假设和小心地求证。

其二，逻辑和历史相统一的方法。“历史的”在马克思主义哲学方法论中具有两层含义：一是“历史的方法”，即按照对象的时间发展顺序对其中的对象进行研究的方法；二是“历史的东西”，即研究对象自身的客观历史过程。“逻辑的”也具有两层含义：一是“逻辑的方法”，即通过范畴和概念的推理来体现对象的实实在在的具体方法；二是“逻辑的东西”，即由一系列概念所构成的理论逻辑体系。由此，就前者的含义来考察，逻辑的与历史的相吻合，即历史进程和理论逻辑的一致性，这是在方法论上具体落实和贯彻、存在与思维的统一；就后者的含义来考察，历史与逻辑的相统一，也就是历史方法与逻辑方法结合与统一，是两种理论分析方法的彼此深化。回归主题，就威廉姆斯伦理思想的考察和批判而言，不管是从时间的顺序上来看，还是从空间的维度上来看，我们个体的思维所能够触碰的威廉姆斯，以及那些相关伟大哲人生活和思想的领域，距离我们都是如此的遥远和陌生。所以，要把握威廉姆斯的伦理思想，不仅需要将其还原到思想产生的历史语境中，还要对其思想产生发展的历程进行分析，即要确切地解读和领悟威廉姆斯伦理学思想的智慧和真谛，我们不可抗拒地应该首选逻辑与历史相一致的方法。具体而言，在分析现代规范伦理样态的过程中，我们既对现代规范伦理

① 笔者现已完成威廉姆斯的 *Ethics and the Limits of Philosophy*（《哲学与伦理学的限度》）和 *Morality: an Introduction to Ethics*（《道德：伦理学导论》）这两书的初步翻译工作，经导师指导，计划完成博士论文撰写和答辩之后再对这两书的翻译稿子进行修改和完善，以期进一步提高翻译质量和更好地消化威廉姆斯的伦理思想，下一步将计划翻译《作为一门人文社会科学领域的哲学》（*Philosophy as a Humanistic Discipline*）一书。

理论自身的内在逻辑关系尤其重视，又对现代规范伦理赖以存在的社会结构进行了详尽的分析，这一点鲜明地体现在我们对当代西方德性伦理学复兴的原因，以及威廉姆斯对其影响的讨论上。此外，逻辑与历史相一致的方法还体现威廉姆斯在对伦理生活本质和复杂性的讨论上。如果说，对现代道德危机所体现出来的伦理生活的复杂性的讨论是一种逻辑的态度的话，那么，从伦理生活的本质阐释对重返传统德性的关键原因的追寻则是基于一种历史主义的立场和视角。究其原因，就伦理学的基本理论形态而言，康德主义和功利主义这两种规则化的理论形态都是普遍理性主义的伦理学，既属于启蒙运动后现代社会的产物，也属于传统社会的产物，即亚里士多德主义的德性论。概言之，普遍理性主义和德性伦理究其本质，他们只是其中的社会转型期间两种区别的社会结构和秩序架构方式。由此来说，本书中运用的逻辑与历史相一致的方法是一以贯之的。

其三，批判反思的方法。所谓反思，即所谓“对认识的一种再认识”、“对思想的一种再思想”，换言之，就是把“思想”作为一种对象而展开的一种再思想、再认识的特殊维度的思想过程和活动。作为哲学反思的活动，其最本质特性的一种批判，就是以一种否定性的方式对“思想”进行考察，或者说，就是把“思想”视为“问题”加以探究的一种思考方式。无疑，人类特有的一种活动方式，即“批判”：观念形态的精神批判活动和物质形态的实践批判活动；或者说这种批判方式被涵盖其中了。而哲学反思的直接表现就是对“思想”进行批判，或者说是为了澄清、划分和阐明混淆的思想，凸显有用的思想的一种过程，它是一种观念形态的精神批判活动。由此，我们批判威廉姆斯的伦理学思想则主要是从三个层面和两种意义上进行的。三个层面：一是对威廉姆斯主张伦理生活的本质和复杂性重申的肯定；二是从现代性的角度对威廉姆斯“道德怀疑论”的批判；三是对威廉姆斯所提“道德运气”概念的批判。两种意义：一是对威廉姆斯的德性论中合理成分持肯定的态度；二是对威廉姆斯的德性论中与我们论题相关的不合理成分则持否定态度。事实上，批判态度不仅仅表现在对威廉姆斯伦理思想的肯定和否定态度上，同时，批判反思的精神与逻辑和历史相一致的方法一样，是贯穿于本书研究的一条“红线”。例如，在争论规则和德性的过程中，对于忽视规则背后还有某种相关联的个体德性和社会情感而过分强调规则进行了批评；再例如，对现代社会中德性伦理、规范伦理的理论和实践限度所作的反思批判。基于宏观层面而言，对以“规则”为主导的伦理理论的深入分析和研究，也构成了我们对于替代规范伦理的德性伦理，这两者“都是从各自特殊的视角来理解复杂的现实道德生活，沉迷于各自的‘单极化’霸业中，企图用一种‘独大’的理论样态制领伦理学，力争找到对手的致命弱点从而置之于死地”的批判态度。

三、研究特色

如前所述，近年来国内外哲学学界对威廉姆斯伦理思想研究的形势蓬勃发展。

但就我国来说，虽然也出现了一些有深度的威廉姆斯伦理思想研究的相关论文，而全面系统地解读和历史考察威廉姆斯的伦理思想，尚属阙如。相对于搜集到的现有研究成果，本书从整体上分析和研究威廉姆斯的伦理思想，在学术上作了如下创新。

第一，选题创新。本书以对现代规范伦理学的“颠破”为主线来陈述和分析威廉姆斯的伦理学思想，既突出了威廉姆斯伦理思想的重心，同时也展现了当代德性伦理学复兴过程的首要“破”之阶段。目前，国内学者对西方当代德性伦理学运动的陈述和分析主要集中于最后的“立”之阶段，即建立德性伦理学的具体评价体系，走向以休谟为代表的18世纪英国道德情感主义的亲近。威廉姆斯伦理思想的研究则弥补了西方当代德性伦理学复兴研究中的一些缺失，值得我们重视。总体来说，从“颠破”现代规范伦理学这个视角来陈述和分析威廉姆斯伦理思想，在目前国内来看还是首创的。

第二，研究和立论的视野创新。本书通过威廉姆斯对功利主义和康德主义的批判阐述他的伦理思想，将他所做的工作与当代西方德性伦理学的复兴过程进行了某种“衔接”解读，试图为威廉姆斯的伦理思想研究工作做了一个正名。并以此为根据，通过对威廉姆斯伦理思想的一种批判性地评价和分析，笔者也对当代西方德性伦理学复兴的第一阶段进行了更为彻底的、更为系统的修补性论证分析，以将当代西方德性伦理学的复兴推向了一个更为明晰化的理论高度，对规范伦理学的正确发展之路探寻提供了有益的启发。

研究尚需完善之处，概括起来为如下几个方面。

第一，材料收集有限。受现实条件限制，材料获取有限，致使我们对西方现代规范伦理学，以及德性伦理复兴思潮的相关人物思想和哲学背景缺乏细致的了解。这导致了在相关引证方面存在不足之处。所有这些方面都有待于以后进一步的改进和完善。

第二，写作视角有限。本书立足于对现代规范伦理学的“颠破”来“先入为主”地解读威廉姆斯的伦理思想毕竟有某种“限量取材”的弊端。

第三，理解原著需要深化和扩展。短时间内对于威廉姆斯的伦理学文本的解读也会存在不足之处，需要加以消化，使其细致和完善。

有一点要说明的是，对于威廉姆斯这位著作等身、涉猎甚广的著名学者来说，基于本书的研究主旨与意图及笔者有限的理论水平，笔者并不奢望对威廉姆斯的理论作一个面面俱到的分析和评价。即便如此，就笔者个人而言，尝试去评析威廉姆斯伦理思想，并论述他对现代规范伦理学的批判及对当代西方德性伦理学复兴的影响，无疑都是相当艰巨的理论任务。在这个过程中，如果笔者没有误读威廉姆斯的思想，也没有错误领会现代规范伦理学，笔者个人就足感欣慰了。当然，对于书中的诸多不足，笔者要承担全部责任。

第二章　威廉姆斯对康德主义的质疑

只要人类存在，人类的问题就会存在，人就不会停止思考。只要我们以哲学的方式思考，便需要重读康德。康德作为整个西方哲学史上最杰出的大哲学家①，对于他个人而言，也许怎样的溢美之词都不会过分。正如日本学者安倍能成所说，康德是“在近代哲学上恰似一个处于贮水池地位的人。可以这样说，康德以前的哲学概皆流向康德，而康德以后的哲学又是从康德这里流出的”②。的确，康德的思想体系以博大精深著称于世，他在西方哲学史上的学术地位是无与伦比的，换言之，康德作为一位名副其实的伟人、天才，他深远而持久地影响了后世西方哲学及中国哲学的发展。同样，威廉姆斯也从未否定康德在浩浩荡荡的哲学历史长河中的巨大地位，他认为继亚里士多德的《尼各马可伦理学》之后，最为重要的一部伦理学著作便是康德的《道德形而上学的基本原则》。威廉姆斯在《个人、品德与道德》一文中明确地指出，20 世纪有很多伦理学家都受到了康德的重大影响；当然，威廉姆斯既有充分认可和赞同康德的道德哲学，同时也有着激烈地批评和否定，他认为在某种程度上来说康德道德哲学可算是一种怪异的理论（a peculiar theory），像康德那样试图通过理性抽象构建出一套道德规范的思想是完全无法行得通的。在此，为使我们更好地理解威廉姆斯对康德主义③的批判，有必要首先对康德的道德哲学展开简单的解读。

第一节　康德道德哲学的基本涵义管窥

哲人皆知，康德的学说体系以自由意志为前提、以理性为绝对权威、以自律为形式、以人性为目的，体现的是对人的尊重和对人类的终极关怀，彰显的是理

---

①　哲学界有这样一句话：“说不尽的康德。”的确，康德以其《纯粹理性批判》、《实践理性批判》、《判断力批判》三大名著，奠定了德国古典哲学的基础，使他成为德国古典哲学的创始人。

②　安倍能成．康德的实践哲学．于凤悟，王宏文译．福州：福建人民出版社，1984：3.

③　所谓康德主义，即指由康德创立的哲学体系，还有研究康德著作所衍生的哲学。康德主义包含了研究康德所关心的人类知识的性质和界限，以期把哲学提升至科学层次的各种哲学。康德主义的每个支派都倾向于着重自己对康德众多哲学思想的选择和解读。18 世纪 90 年代，德国出现了一个所谓半康德派，即把他们认为康德体系中不足、不清、甚至错误的部分加以修改，其成员包括席勒、F. 布特韦克（1766 ～ 1828）、J.F. 弗里斯（1773 ～ 1843）。1790 ～ 1835 年是后康德派唯心主义者的时代。康德哲学的重大复兴始于 1860 年。在德国著名“目的法学派”学者鲁道夫・冯・耶林（Rudolf von Jhering）的《为权利而斗争》中将康德主义纳入法理学研究领域。

性的光辉。它要求人类尊重自身的人性，摆脱一切经验因素，用人的理性成分去支配感性成分，控制感性情欲，成为自己的主人。在康德看来，人比其他的任何一种自然物更加伟大，这是因为自然界的其他生命只有感性，没有理性，它们自然而然地完全服从自然法则，没有自由，是一部只知道满足生理需求的有生命的机器，完全的理性存在如上帝因为没有感性情欲，不需服从自然法则，所以只服从理性法则；而人则不一样，人具有两重属性，既是自然感性世界的一员，又是人类自身理性世界的一员。人类既需要服从自然法则，但也可以用意志控制自身的感性情欲，主宰自己的行为，这正是人类有别于动物的伟大之处。可见，康德的道德哲学[①]确定了人的主体地位，突出了人类的理性，确认了人类的尊严和价值，把人置于同天地平等的一极。它响应了苏格拉底“认识你自己”的号召，正视人类自身的光辉之处和丑陋之处，要求人们用自身的理性精神约束感性情欲，成为自己的主人，最终帮助人们成为向善的真正的人。康德在《实践理性批判》中从最具有道德价值的善良意志出发，引出了关于责任的三个命题，指出善良意志即出于责任，责任就是出于对规律的尊重。而道德律则应该是定言命令，因为只有定言命令是无条件的，以自身为目的的，所以也是最具有道德价值的。定言命令有其内涵，这便是三个公式——普遍规律公式、人是目的公式和自律公式。通过自律，我们认识了自由，自由即自律，即自己为自己立法。道德的最高理想是至善，为了实现至善，光有道德律是不够的，还得有道德公设——灵魂不火、上帝存在。康德以严密的逻辑论述了自己的道德律。

康德的道德哲学认为，真正具有道德价值的行为来源于善良意志。这正如康德所说的，“在世界之中，甚至在世界之外，除了善良意志，不可能设想一个无条件善的东西”[②]。在康德看来，通常人们所认为的是善的东西，诸如理智、勇敢、幸福等，从很多方面看是善的并且令人称羡，但并没有持久的、无条件的道德价值，因为在某种情况下，这些所谓的善也可能是极大的恶。比如，沉着冷静作为人们称道的一种品质，一旦被恶人所拥有，会使恶人更加危险，恶人的沉着冷静让人

① 康德构建一套形而上的道德哲学的原因何在？在《道德形而上学的基本原则》的第一部分，康德指出，“在很好地适应生活目的的生物的生理构成中，没有一个用于某一目的的器官不正是最适合、最适应那一目的的器官。我们假定这是基本原则。对于有理性和意志的生物来说，如果自然的真正目的就是保存它，就是其福祉，一句话即其幸福，那么自然选择生物理性来实现这个目的就是做了极坏的安排。因为生物为这一目的而进行的全部活动和行动的全部规则都主要是由本能决定的，因而目的就主要不是由理性达到的。……自然应该注意‘理性应贸然介入实际事务，不应用自己可怜的洞察力自以为是地为自己想出幸福的计划及实现它的手段’。自然应该不仅自己选择目的，而且选择手段，并且在这两方面都依靠本能的远见卓识”。基于此，康德认为，道德行为必须是纯粹的，“所有道德概念都先天地来源于理性并在理性中有自己的位置，无论在最普通的理性还是在最高度的思辨中都是如此；它们决不能从任何经验的、因而偶然的知识中抽象得来；正是这种来源的纯粹性使得它们足以作为我们实践的最高原则，如果在里面掺杂经验，则行为将在同等程度上丧失其真正影响和绝对价值”。——详见：康德，道德形而上学的基本原则 . // 康德 . 康德文集 . 刘克苏，等译 . 北京：改革出版社，1997：75-77.

② 康德 . 道德形而上学原理 . 苗力田译 . 上海：上海人民出版社，2002：36.

可恨。因此，“这样的品质必须以一个善良意志为前提，人们对这些特性往往合理的称颂也应该受到限制，更不应该把它们看作完全善的”[①]。而善良意志则不同，“善良意志，并不因为它所促成的事物而善，并不因为它期望的事物而善，也不因为它善于达到预定的目标而善，而仅是由于意愿而善，它是自在的善”。[②]善良意志的善不是为了满足个人任何的爱好，不受任何限制，摆脱一切经验因素，而只在于善的意愿的本身，以善良自身为目的的意志。因此，它才是唯一无条件的、自在的善。

在康德的学说中，责任实际上就是善良意志的体现。出于责任的行为就是不为了满足个人任何的爱好而作出的行动，并不因为它期望的事物而善，它摆脱了社会的约束力、自然情感及个人好恶等方面的约束，是由于意愿而善，所以是善良意志。于是，“只有出于责任的行为才具有道德价值”，“一个出于责任的行为，其道德价值不取决于它所要实现的意图，而取决于它所被规定的准则”，“责任就是出于尊重规律而产生的行为必要性”[③]。这是康德引出的责任的三个命题，即如果一个行为仅仅其结果合乎责任、与责任的戒律相符合，而以个人好恶或者企图为目的，则道德价值不高。例如，保存自己的生命合乎责任，但一个人只出于保存自己的生命的自然情感则并没有什么道德价值。但如果是仅仅出于责任而维护自己的生命，而不包含其他目的，这种行为就是有道德价值的。再例如，一个人如果天性冷漠从而对他人的祸福漠不关心，或者由于自己生活的不如意早已心灰意冷，无暇顾及他人的命运状况，但他仍能出于责任去关心他人、帮助他人，这就是具有真正道德价值的行为。

在康德看来，对于这样的意志来说，作为实践理性的客观规律的道德法则就体现为一种强制，是一种定言命令。道德命令要求行为的主观原则无条件地与道德法则相符合，即你的行动准则必须能够成为普遍的行动法则，你要按照你同时认为也能称为普通法则的准则去行动，它所涉及的不是行为的质料、内容、效果，而是行为的形式，行为所需要遵循的原则。它关注的是意念、动机，而不管效果。定言命令要求人们为了规律而遵守规律，按规律行动，而不是把规律作为实现其他目的的手段。而人们之所以会遵守定言命令，是出于对规律的尊重。因为尊重，所以有了按照规律行动的行为必然性，有了出于责任的行动。而这样的行动，在康德看来，是具有真正道德价值的。

综上所述，既然道德的行为不只是要合乎责任，而必须是从责任出发，而责任又是出于对法则、规律的尊重，那么，打破沙锅问到底或追根溯源，究竟一个什么样的法则、规律，它的表象能够规定意志，而且不需预先考虑其后果，能够

① 康德 . 道德形而上学原理 . 苗力田译 . 上海：上海人民出版社，2002：66.
② 康德 . 道德形而上学原理 . 苗力田译 . 上海：上海人民出版社，2002：68.
③ 康德 . 道德形而上学原理 . 苗力田译 . 上海：上海人民出版社，2002：96.

毫不犹豫地使意志尊重规律，使意志绝对地、没有限制地称为善，最后成为善良意志呢？既然在康德看来，意志完全不会去尊重某一特殊规律而产生善良意志，不具备由于遵循某一特殊规律而来的动力，那么，所剩下的就只有行为对规律自身的普遍符合性，也就是尊重自己设立的法则、规律。只有这种符合性才应该充当意志的原则，才能够使意志绝对地服从。这就引出了定言命令的三个形式，或者说两个公式。第一个是普遍规律公式：“我应该行动那是有一个前提的，即除非我愿意自己的准则也成为普遍规律。”①就是说，人的行动所要遵循的准则，应该能成为普遍规律。这就是作为实践理性具有客观规律属性的道德法则。

“如若有一种东西，当它本身自在地具有绝对价值，它作为目的能自在地成为一确定规律的根据。在这样东西身上，也只有在这样东西身上，才能找到定言命令的根据，即实践规律的根据。”②而道德律则就是这样一种东西。定言命令的三个公式，即在普遍规律公式、人是目的公式、自律公式中，人是目的公式和自律公式的基础，即普遍规律公式，普遍规律公式是最高的，甚至可以说是唯一的道德律。康德的道德律，就是定言命令的三个公式中上述的普遍规律公式——除非我愿意自己的准则也变为普遍规律，否则我不应该行动。

第二个是自在目的的公式——“你自己个人的行动，要把你自己个人身上的人性，和其他人身上的人性，永远在任何场合、任何时候都要一样当作目的，而不能看作是手段。”③“任何一个人，不论在任何场合、任何时候都不应该把自己本人和他人仅仅当作工具，反之应该永远把自己本人和他人看作就是目的。”④“你要如此行动，仿佛你是目的王国中通过自己的准则而制订规律的一个成员。”⑤

人的意志一方面要遵守普遍的道德法则，是受强迫的，另一方面这种普遍的道德法则来自意志自身的立法，是人自身所指定的，是自己对自己的约束。因此，意志对道德律的服从也就是对自身的服从，是自己命令自己，这就是意志的自律。康德最后一条道德律是自律性的公式——你的行为要使自己的意志能够以为自身通过其准则同时制订普遍规律。康德认为，“意志自律是意志由之独立于一切意愿的对象的性质而成为自己的法则的性质”⑥。它的原则是“在同一意愿中，除非所选择的准则同时也被理解为普遍规律，否则就不要做出选择”。⑦与自律相对的是他律。“他律不是意志给予自身以规律，而是对象通过和意志的关系给予意志以规律。”⑧自律的概念确认了自由的存在，印证了自由的实在性。在纯粹理性批判中，

① 康德．道德形而上学原理．苗力田译．上海：上海人民出版社，2002：106.

② 康德．道德形而上学原理．苗力田译．上海：上海人民出版社，2002：136.

③ 康德．道德形而上学原理．苗力田译．上海：上海人民出版社，2002：166.

④ 同③.

⑤ 康德．道德形而上学原理．苗力田译．上海：上海人民出版社，2002：168.

⑥ 康德．道德形而上学原理．苗力田译．上海：上海人民出版社，2002：188.

⑦ 康德．道德形而上学原理．苗力田译．上海：上海人民出版社，2002：189.

⑧ 康德．道德形而上学原理．苗力田译．上海：上海人民出版社，2002：190.

自由本是一个自在之物，是人的理性无法认识的。但道德律的出现使自由有了认识的条件。“意志自由就只可能是自律性。”[①] 自由是道德律的存在条件，是道德律存在的前提，道德律是自由的认识条件，因为道德律我们才可以确认自由的存在性。道德自律既然是从自由所固有的性质中引申出来的，是在自由的条件下才存在的，那么“自由必须被设定为一切有理性东西的意志所固有的性质”。[②] 每一个有意志、有理性的主体都有自由。道德律正是实践理性运用自由的产物。

在康德看来，建立在经验基础上的道德是片面的、有条件的，不具有太大道德价值。当然，康德认为不能完全否定经验的意义，因为我们能够通过单纯诉诸人类的感性和知性，即诉诸经验而妥当又可靠地完成道德律作为普遍自然规律的正当性证明。我们之所以可以采用这种证明，是因为所有的我们的经验可能进入我们的准则之中从而作为我们的意志决定根据，可以通过愉快的或者是烦恼的情感使人辨认出来，这样善良作为一种情感当然也是由我们的经验刺激激发起欲望从而产生的。不过，纯粹实践理性绝对地将这种情感视作质料导入自己的原则，不想通过经验而作为自己意志决定的根据。因为，只有在理性的推导之下的道德律才是无条件的、绝对的，并且具有普遍性和必然性，成为普遍规律。人们尊重道德律，道德律以定言命令的形式，成为我们判断是非的标准、行为的规范。只有我们恪守这一道德法则，我们才能创造出一个保全了人的尊严的社会，这就是所谓的目的王国。在目的王国中，道德的最高理想是至善，但是如果想要达到至善的道德理想，除了根据绝对命令之外，还需要道德公设作为保证，从而才能够达到至善的道德理想。具体来说，道德公设有如下三个方面的内容。

其一，意志自由。在实践领域当中，道德活动的首要前提条件是自由，自由是道德律的存在条件，因为只有自由人才能自己为自己立法，而非被强制遵循什么法则，所以道德公设的其中之一便是意志自由。

其二，灵魂不朽。人的生命是有限的、短暂的，人很难在有生之年实现至善的理想，而这显然是不能接受的，所以，必须假定灵魂不朽，使人有机会实现至善的理想。

其三，上帝存在。要实现至善，得有一个权威按照每个人应得的报酬来分配幸福。谁有这个权威和能力？理性告诉我们，应该是上帝。只有上帝才有能力这样做。上帝具有绝对的智慧，是全智者；他能够洞察人类，具有人类的道德理想，是全善的；拥有绝对的权力，把幸福按照德性分配，是全能的。上帝的存在是康德道德哲学逻辑的必然结果。

本来，通过纯粹理性的批判，康德把上帝赶出了现象世界，宣布在经验世界，灵魂、上帝、自由意志是自在之物，上帝的存在不能通过科学和神学来证明，它

---

① 康德. 道德形而上学原理. 苗力田译. 上海：上海人民出版社，2002：216.

② 康德. 道德形而上学原理. 苗力田译. 上海：上海人民出版社，2002：266.

们是否存在是我们无法认识的。而在实践理性批判中，在纯粹理性中被驱逐的灵魂、上帝和自由意志，却被请了回来。但这里的上帝已不具有道德律的立法权和颁布权，不过是被理性当作具有假定性和辅助性的道德公设而已，而只是具有人们道德行为的监督权和司法权。在这里，理性第一，信仰第二；道德第一，宗教次之。道德学说不是神学道德，而是道德神学。上帝存在不是道德律的前提，是一种确信，这种确信则以道德律作为基础。在康德那里，宗教并不是道德的原因，相反宗教是道德的结果。用马克思的话就是，康德消解了人的自我在神圣形象中的自我异化，用理性取代上帝，用道德取代宗教，建立了一个人的自我异化的非神圣形象——目的王国。

第二节　反思性的理性道德并非至高无上

在威廉姆斯看来，对于伦理思想所体现出的需求在当代世界是空前的，或者说，现代性伦理的合法性危机并不只是一个学术问题，同时也是一个社会伦理问题或道德实践问题，然而绝大多数以理性为特征的现代规范伦理学远远无法满足这一需求，威廉姆斯认为，这样的背景情况之下“反而是那些经过较大幅度修正的古典思想，或者说是一些古典思想的延伸也许才能够满足这一现实需求”①。然而，重返古希腊的关键则在于返回到那个著名的伦理学人皆知的苏格拉底的问题，也即哲学伦理学所关注的“我们究竟应该如何生活”的这个重要问题。论及这个问题的重要性原因，那是由于“伦理学的目标，包括其他一切它可能拥有的值得仔细考察的希望，统统和苏格拉底的问题的前途紧密相连”②。威廉姆斯认为哲学是否可以回答这个问题，以及究竟应该怎样对这个问题进行回答，那都是非常重要的，因为研究这个问题一方面可以帮助我们释疑解惑，从而重新认识伦理学的目标，另一方面也可以帮助我们更深层次地认识现代规范伦理学中存在的重要问题。

由以上对康德道德哲学的简述，这里我们就康德对这一问题的解答加以审视。简要地说，康德认为，人类作为理性的存在者，是自然世界和自由世界这两个世界的公民。作为自然世界中存在的任何一个公民，我们人类的行为应该符合自然律的要求，或者说，这一点是必需的。然而，在康德看来，这种受自然因果律左右的生活是没有什么自由可言的，同时，那种被一些欲望和感情所影响的生活也绝对不是人类所应该具有的生活。所以，唯有完全脱离了自然律，并且脱离被一些欲望和情感所影响的生活，也即成为所谓的自由世界的公民，那样我们才可以实现人类本来所应该具有的尊严和自由。可是，如何才可以实现这一目标呢？在康德看来，我们只要认真追问自己的内心就会发现，“有两种东西，我们愈时常、

① Williams B. Ethics and the Limits of Philosophy. London: Fontana Press，1985：i.

② 同①.

愈反复加以思维，他们就愈给人心灌注时时在翻新、有加无已的赞叹和敬畏：头上的星空和内心的道德法则”。众所周知，这是康德的经典名言。其中的意思是说我们应该借助存在于我们每一个理性存在者心中的神圣的道德法则。[①] 唯有如此，我们才能够脱离机械的因果律，脱离所有经验性的情感和运气，从而算是过上一种真正自由的生活。

那么，究竟怎样才能达到这样的自由生活，在康德看来，一方面，必须从通俗的道德理性知识承接到道德形而上学；另一方面，再由道德形而上学承接到实践理性批判。这是我们必须实现的两个承接。具体来说，人们在通俗的道德理性知识阶段所拥有的普通道德理性知识尤其有限，原因在于一些出于义务和出于工具目的的行为往往是没办法分得清楚的。比如，有些行为的动机不是出于道德义务，但其中的行为又合乎义务，而日常的道德理性知识往往又无法对这些行为进行分辨。由此，理性存在者必须和我们的经验紧密关联的通俗的道德哲学相脱离，进而上升至形而上学的那种高度，或者说，我们必须把理性实践能力从其普遍的规则追寻至道德义务的源头之处。对于理性存在者来说，在道德形而上学这一层面则都必须依据实践理性的法则履行义务的行为。对于有限的理性存在者来说，实践理性依旧受到经验存在者的制约便成了命令。所以，无条件的道德上的绝对命令应该是有限的理性存在者所追求的。然而，因为道德形而上学尚未成为终点，所以还有必要进一步进行实践理性的批判。“实践理性质疑必须建基于纯粹实践理性的实践能力，也即立足于自由意志这一不可追寻其更高根据而又实实在在的事实，并且以之作为规格，从而进行质疑和考察不纯粹的实践理性的种种展示。”[②] 唯有至此，人类作为理性存在者才独立自主地按照理性存在者的独有自由意志，脱离一切经验性层面的东西的影响，过上一种所谓自由而尊严的生活。

综上所述，威廉姆斯认为康德式的解释把苏格拉底的问题径直推向了伦理的立场。在威廉姆斯看来，苏格拉底的问题首先是一个反省性的问题，即苏格拉底实际上只是在探寻一种生活的方式，或者说只是在询问一种生活的态度，因为苏格拉底并没有问及一个人应该如何去做，而只是询问在总的意义上，一个人应该如何去生活，所以这也就明确了他实际上并不是在询问一个人必须做什么；这个问题含蕴了把生活视为一个整体，进而从这个整体的全方位对之展开反省的要求，因为这个问题没有以切入某个具体的境遇或时刻，反之没有时间限制这一概念，所以应该是从具体的境遇和时刻中抽象出来而解答这个问题的。同时，苏格拉底进行提问所采取的是一种具有普遍性意蕴的第一人称，所以考察这个问题很明显地就是对“我”的一种归纳。因此，苏格拉底的问题很明确地肯定是一个反省性的问题。如此说来，那么，威廉姆斯进一步发问，是否只要反思的力量本身就可

---

① 康德 . 实践理性批判 . 邓晓芒译，杨祖陶校 . 北京：人民出版社，2004：268.

② 邓晓芒 . 康德哲学诸问题 . 北京：生活 • 读书 • 新知三联书店，2006：88.

以把这个问题的解答推向伦理的立场呢？或者说，这个反思性的问题是否需要康德式的伦理解答呢？显然，威廉姆斯认为这是做不到的。

就这个问题提出的根本目的来说，苏格拉底主要在于阐释，“良好的生活必须要有反思作为其中的一个部分：这也恰如苏格拉底自己所述，未经省察的生活是不值得过的”①。适用于这个问题本身的考虑具有开放性的一面，这些考虑可以是伦理的、政治的、经济的，甚或军事的，以及其他的等。假如按照关乎伦理与否将这些考虑展开归类，那将可以看到被归类的双方涵括的考虑也是多种的。就非伦理层面来考察，威廉姆斯指出利己主义是最突出的代表，其中含有多种不同程度的形式，并包括了其发展了的形式——反伦理主义（counterethical），还有伦理利己主义等。而从伦理层面进行考察，威廉姆斯列举了出于德性的、最大福利的、行为者意志的、责任的、义务的等多种考虑。但是，“哲学往往想要把这些多样性进行统一化约（reduce），同时这种统一化约是两边共同展开的。其一，它有把所有非伦理考虑化约成利己主义的倾向，而且是那种自利的最狭窄的形式”②。威廉姆斯认为康德道德哲学在这方面特别明显，它把一概不是出于道德律的那些行为统统化约为出于追求享乐的。毋庸置疑，若对康德的道德哲学理论表示认可和接受，那么面对非伦理的和多种伦理的动机的时候，就只有一概免谈了。

在威廉姆斯看来，建立在合理性（rationality）效果基础之上的一种假设，即这种所谓的集中化约，“要么存在某个其他一致的考虑可以作为两种考虑展开比较的参照，要么这种比较就无法合理化”③是这种假设所表示的。论及其中的缘由，追逐理性主义的那种合理性概念（rationalistic conception of rationality）并非是一种智识上的错误，而是基于一种对于公共理性的个性认识，这种认识来自于现代社会施加于我们的慎思和实践理性的概念之上的，而总的来说其中的个性认识，即每一个决定的根据都是可以经由推论得以阐明的。然而，事实上这个要求可能达到吗？答案显然是不可能的。关于这一点在此不予展开，威廉姆斯在其政治哲学中有详尽的分析。那么，对于这个问题的解答，康德主义径直将其推入伦理生活的做法到底正当与否？同时究竟又在哪里辩护伦理生活呢？这是我们所要研究的问题。具体来说，对于康德主义的道德辩护观念，威廉姆斯从以下三个层面提出了批判。

其一，就“伦理生活的辩护究竟是用来否定什么的”这一问题的论述。在哲学伦理学领域，始终有着找寻那么一种辩护用以否定非道德主义者的动机的倾向。可与其他领域的怀疑者相比较而言，非道德主义者（amoratism）对一些道德考虑并非完全持有不同的看法，就某些道德考虑而言，他们或许和道德主义者持有相

① Williams B. Ethics and the Limits of Philosophy. London: Fontana Press，1985：21.

② Williams B. Ethics and the Limits of Philosophy. London: Fontana Press，1985：15.

③ Williams B. Ethics and the Limits of Philosophy. London: Fontana Press，1985：17.

同的意见，或者说共同的看法、认识或观点。但是他们怀疑伦理考虑所具有的力量，他们尽可能不作任何的道德判断。威廉姆斯认为，我们这样否定伦理生活是人类的一种自然状态，若不对伦理生活进行辩护的话，我们则都想变成非道德主义者这样的人。在这样的情况之下，我们到底是否需要伦理生活的辩护呢？这就值得怀疑了。在威廉姆斯看来，“对于一种辩护的必要性来说，若我们过于强调的话，那就好比等同于过于计算这种辩护的效果，至少等同于实践怀疑论上的那种效果，而追寻辩护的伦理学家们经常假设这种辩护是确凿的”①。

其二，就这个辩护到底“为谁而辩”的论述。对于“伦理生活的辩护”这个问题，在威廉姆斯看来，其实只是用于指引和增强那些从内心深处真正认可并乐意接受的人们的伦理观念的。反之则不然，即那些站在伦理生活之外的人们，根本上可能就是不想听，或者说完全就不愿意听、无法听得进去。由此说来，对于怀疑道德力量，或者说对于并不认同道德力量的那些所谓的非道德主义者而言，这种伦理的辩护无疑没有丝毫作用，充其量不过只是一种强行或强迫罢了。威廉姆斯认为，这种对于伦理生活的辩护，从根本上来说是无法使得人们接受并采取实际的伦理行动的，或者说不能够自然地形成那种推动伦理行动的力量。而柏拉图就这个问题则有着更为透彻的、深刻的见解，即在柏拉图看来，这种辩护不具有那么一种自然而然的推动力；反之，伦理的力量真正来说是来自于理性的力量，实际上使其成为那种推动力的却是政治。

其三，这个辩护的根基又在哪里呢？这是威廉姆斯责问的一个最为重要、关键的问题。很明显，对于康德道德哲学而言，我们作为理性行动者的这样一个事实的存在，就是这个辩护的根基。但是，在威廉姆斯看来，对于伦理的承诺而言，从实质上来说理性行为这个观念本身根本上不存在任何的表现。对于康德道德哲学而言，它也不过只是从最简单、最抽象、最狭隘、最肤浅的理性能动性这一观点出发，从而建基于一种我们对于理性行为的所谓的兴趣，进而向我们推荐规则化的行为，换言之就是强加于我们自身上。

其四，对于苏格拉底的“我们应该怎样生活”这个问题，威廉姆斯指出有两个方面是我们必须明确的。

一方面，苏格拉底和他的朋友们讨论这个问题时，只是以一种很普通、很平常的方法加以探讨的，换而言之，即使苏格拉底觉得良好的生活不可或缺地需要反思，但这个意思并不是说苏格拉底觉得任何一个人都必须过着反思性的生活，毕竟任何一个人的生活方式是存在差异的，对待生活的态度也显然大不相同，幸福感不一样，或者说每一个人都是独一无二的。相比之下，在康德主义者看来，只要是拥有实践理性的理性存在者，践行那种普遍意义上的符合道德律的生活就是理所当然的，或者说就是必需的，这与苏格拉底的观点是大相径庭的。

---

① Williams B. Ethics and the Limits of Philosophy. London: Fontana Press，1985：25.

另一方面，“我们应该怎样生活”这个苏格拉底的问题是在一定的时代背景之下提出来的，即相对于许多日常的理论和实践而言，反思性是哲学的主要特征，并且哲学能够与日常的实践保持一定的距离，这是苏格拉底和柏拉图共同指出的。然而，与当今时代相比较，这一点又截然不同。因为，哲学的反思性已经不是它用来和别的活动相区别的主要特征了，如今时代的社会生活不仅仅是一种普遍反思性的生活，高度的自我意识是其中的各种机制的基础。在这样的时代背景之下，建基于反思性而构建的一种普遍的道德体系的康德道德哲学，对于当代道德理论的要求究竟是否能够满足呢？这显然是有待商榷的。

第三节　实践理性始终应该持守第一人称

威廉姆斯对于康德主义实践理性概念的质疑，密切关联着上述对于道德至上特性的批判。如上文所述，康德道德哲学中的道德行为完全不需要任何原因，不管这个原因是基于道德主义的或者非道德主义的。因为就理性行动者依据实践理性所颁布的道德律行动的要求来说，所谓的理性存在者所拥有的理性行动能力本身就涵括其中了。因此，其中的行动依据道德律的要求展开，就是所谓的理性存在者并不需要为这个行动寻求任何一个外在理由的支持，而只是通过实践理性向自身颁布的命令去展开行动而已。威廉姆斯认为，康德是把理性的行动者直截了当地视为道德的行动者，这也就是从理性行动者的本质出发，相信他们能够脱离自然的因果律而由实践理性向自身颁布命令，同时把个人实质性的喜好当作理性行动者的实质性喜好，视为应该等同于所谓的理念王国的立法者的自我概念，也即展开行动是按照实践理性所颁布的命令。而那个先验性自我的根基便是“自由意志”。然而，威廉姆斯进一步指出，从所谓的理性行动者的本质欲求出发，康德道德哲学这样的做法一方面不可以为他的道德概念牢固建基，另一方面还会极其模糊他的论证，从而对他的论证造成很大的困难，最终造成他的理论没有根基可言。很显然，康德的这种做法恰如其分地体现了他那种形而上学式的万丈雄心（metaphysically ambitious）。

首先，在威廉姆斯看来，依据实践理性所颁布的道德律去行动的实质，康德所谓的理性存在者的本质是子虚乌有的。就某个理性行动者而言，在那种所谓的自身的立场和意义上来说，某种计划的目标首先应该是这个理性行动者所要展开的行动所希望的，或者说是某种特定的结局。与此同时，理性行动者一旦考察计划中的目标的话，他绝对考察了以什么样的方式去实现计划所要实现的目标，他肯定想要依据自己计划的方式方法和路径去达到那个目标，而他希望的那种作为事态的结果就更不在话下了。换句话说，也即理性行动者除了想要某种结果，或者说是想要计划中目标的实现，同时他还希望可以凸显蕴含于他自身的那个行动中的思想的整个过程。很显然，行动者肯定希望获得自由，他不希望自己的个人行动受到其他行动者的影响和干预。当然，对于理性行动者来说，他清楚这个自由是有所限制的，行动者的意志在实际生活中始终难免会受到种种影响和约束，清理一切障碍来为行动立法的那种自由必然无法达到，其中的约束对于理性行动者而言具有重大意义，康德意义上的“自由意志”充其量只是一个幻觉而已。“一方面，他能够成为真正的理性行动者，正是由于那些对他的行为的限制所要求，从而也才使得他可能成为理性行动者；另一方面，他能够作为一个拥有自己个人的生活的特殊条件，也是由于那些限制的条件。”[①]对于这两句话，其含意可以这样来解读，即正是由于自由并不是能够实现任何欲望的，自由肯定是必须受到约束和限制的，行动者由此不可以是非理性的，而必须是理性的；促使行动者可以逐渐清楚地看到这种有限性变成理性行动者，那也正是因为真正理解了那种有限性的自由。

其次，想要从抽象的理性行动者所拥有的理性行动能力的本质中推理出来，这就是康德所谓的道德律。在威廉姆斯看来，这是一种涉险的举措，这一推理分析的最终结果只会被证明是毫无根基可言的。对于某个理性行动者而言，威廉姆斯指出，他自己的行动肯定能够不受任何其他行动者的制约和影响，也就是说他开展个人的行动肯定就包括了他自己享有一些基本的行动自由。这也就是说，在威廉姆斯看来，个人的自由应该充分地受到其他人的尊重，由此其他人的自由肯定也应该恰当地、合法地认为受到我的尊重。所以，康德道德哲学推理，对于威廉姆斯来说若理性行动能力自身就能够成为不被约束的前提，那么进一步推理得知，应该对于任何某个理性行动者来说都是这样，因此理性行动能力本身就可以总结推知我们尊重别人的自由是一种义务。但是，威廉姆斯指出这种论断是最不坚强、最经不起考验的，因为它是建基于那种所谓的“可普遍化原则”基础之上的。那么，为什么说这个推论是不合理的呢？威廉姆斯进而举例展开了论述，即可如下表述这个推论。

某个人有一些特定的目的。

某个人实现这些或者一些别的目的需要自由。

所以某个人需要自由。

某个人规定（prescribe）：某个人的自由不能被其他任何人干涉。

上述分析可知，这“某个人”行动者可以被我们假定是A，其规定a。为了实现这“某个人”的行动，a一定被A认为是合理的，以此推理，b一定也被理性行动者B认为是合理的。可威廉姆斯明确指出，“a被A认为是合理的”，这仅仅只是代表A认为他做出“我的自由不能被别人干涉”是理性的。就B而言，这也只

① 伯纳德·威廉姆斯．道德运气．徐向东译．上海：上海译文出版社，2007：184.

是表示他类似于 A，在进行这个决定之时是理性的，但并不代表他理性地接受 a，也不代表他愿意保证不干涉 A 的自由的义务。

由此我们不难得知，威廉姆斯在于着力论证辨清，伦理世界的直接进入不可以通过对某种抽象的根基研究开始，也就是说我们直接进入道德义务当中，是不可以只从对于理性行动能力中的“应当”考察展开的。因为某个行动者采取行动的理由是不能够等同于另外某个行动者行动的理由的。在实践理性意义上来说，“应当”所表明的是一个行动者在“如果我是你”——一种第二或者第三人称意义上的立场从而对另外一个行动者的假定。但是，与思辨理性或理论理性的区别是，实践理性不管怎样都必须是第一人称的，其中的含义，即这种实践慎思是不能够被任何其他人的慎思所代替的，或者是从其他任何人的慎思中衍生而来的。“我决定的那个行为就是我个人的行为，由此，这不只是代表这个行为最终由我的慎思所达成，与此同时还代表着这个行为将涵括世界中的一些发展和变化，而那些发展和变化的经验性的原因所在却正是由于我，导致发展和变化的部分性造成原因是由于我的那些欲望和那个实践慎思本身。”①

谈到这里，有必要穿插补充一下威廉姆斯对康德主义实践必然性特征的批判，以便于我们更好地理解威廉姆斯对康德主义实践理性观点的透彻分析。具体来说，康德的道德体系在威廉姆斯看来是一种“奇怪的体系”，伦理实践必然性可把其中的实践必然性视为是独有的，而伦理实践必然性同时又被视为依附于义务的②。一般来说，康德式的行动者则只可以是依据道德要求的行为拥有必然性的实践行为，但义务对于有限的存在者而言则只能由道德要求所表现。道德义务的“应当”则只能出现于被视为一个作用于命题的算子③。比如，在威廉姆斯所列举的如下两个语句中：

A. 一个人应当帮助那个老太太。

B. 张三应当帮助那个老太太。

---

① Williams B. Ethics and the Limits of Philosophy. London: Fontana Press，1985：68.

② 康德道德体系试图把实践必然性看成是伦理所特有的。道德体系倾向于把实践必然性还原为伦理实践必然性，也就是说，在道德体系中，当行为者考虑他必须做什么的时候，他实际上考虑的是他必须采取怎样的道德行为。威廉姆斯认为，在实际生活中并非如此行动者的实践考虑可以是基于许多原因的，伦理的理由只是诸多原因中的一种，最终产生的实践必然性的结论也并不必然导致道德义务的产生，即道德义务并不是不可避免的。他进而指出，在这种意义上，道德体系本身加上它对“道德的纯粹性”的要求和施加于个人之上的内疚、自责的感情，使我们看不到其实伦理生活已不再属于我们个人，而是处于个人生活之外了。同时，道德体系把伦理实践必然性看成是道德义务所特有的。在道德体系中，当一个行动者在运用伦理考虑来决定自己必须怎么做的时候，这种必须通常会被看成是一种道德义务上的必须。威廉姆斯认为，这种观点是对我们的伦理生活的曲解。在真实的生活中，道德义务的产生是需要特殊的前提的。在很多情况下，行为者即使是出于伦理的原因而必须采取相关的行动，这些行动却不一定要被看成是行为者的义务。他断言，即使实践必然性的结论以伦理原因为基础，这也不必然意味着义务。

③ 命题算子（propositional operator）：一个命题所表达的事态应该发生。详见：〔英〕伯纳德·威廉姆斯 . 道德运气 . 徐向东译 . 上海：上海译文出版社，2007：164.

A 中的“应当”，作为一个命题算子，指示了一个命题的发生。某种原因使这个命题发生的那个人正好是 B 中的张三，当时在空间上离老太太最相近的假如是张三，不难看出，我们往往会觉得 A 语句不存在任何暗示的相关义务，但 B 显然是个道德义务的命题。然而，威廉姆斯指出，B 语句中的“应当”与 A 语句中的“应当”相比并不涵括更多的东西，从而使 B 能够作为一个道德义务的命题，“应当”在其中充其量也只是一个命题算子而已。威廉姆斯指出，在日常生活中，义务是道德领域内一个需要考虑但不是唯一需要考虑的方面，也并不必然像康德所要求的那样绝对无条件地践行。道德义务在大多数时候是期许和肯定一个人做某件事情，而无法避免的必然性也不是那些期许和肯定所具有的。由此，从上述意义上来说道德判断始终是一种应然判断，道德判断中的“应当”（ought）和一般命题中的“应该”都是一个命题算子，但并不存在逻辑地位上的区别，只是具有不同地位而已。

一些哲学家确定道德义务中的“应当”有着不同的逻辑形式，主要是力争通过区别“应当”这个词的不同含义进而推理得知。比如，哈曼区别了“应当”的四种含义，在“他应当能跑完全程”和“他应当帮助那个老人挑水”这两者中，哈曼指出“应当”的逻辑形式是有差异的，前者的“应当”是说一种可能性，后者的“应当”则是指道德意义上的。哈曼声称他发现了“应当”的两种不同逻辑形式，而道德意义上的“应当”则有着那种道德义务的意蕴。威廉姆斯对于这种区分并不赞同，在威廉姆斯看来，全部的“应当”只是命题算子，行为人保证做某件事情并不隐含于道德义务的“应当”之中。他“应当”帮助那个老人去挑水，原因在于他是老人的邻居。我们自然期待或肯定他基于道德的层面上这样去做，但上述理由没有为那种道德义务提供某种依据，并且实际上这里就不存在那种道德义务。实际上，这件事对于他来说可能成为一个义务的前提是唯有他本人把帮助老人挑水当作义务，然而即便如此，那种让他无法批驳的必然性在这里的义务当中也不存在。反之，康德的道德义务恰恰就是因为追求这种纯粹性而要求行动者的，也就是对于行动者而言，道德动机一方面以自愿为出发点，另一方面是它自身就形成了行动者那样去做的某个特定动机，这一点则更为重要。很显然，若自己“应当”帮忙挑水只是因为自己是老人的邻居，从而就当作自己的道德义务吗？无疑，康德对于道德义务这种纯粹性的追求肯定是无法被我们所认可和接受的。

继而回到第一个例子，如果张三曾经保证一定会帮助老太太，由此 B 就成为了一个道德义务的命题。正是由于这个保证，给了一个特殊的借口予以其中的“应当”，也即对于某个特定的行动者来说代表着履行某个特定行为的理由。威廉姆斯认为，只要从那种理性主义理论灌输的笼罩中把其中的“应当”脱离出来，那么其中的“应当”便会和某种实践意义上的应该一致，或者说等同于慎思的应当。“一般的道德义务中的‘应当’和其中的‘应当’是有区别的，因为在某个行动者慎思的道德动机当中，或者说在某个其他人所提供的意见或建议中，自然而然地这两个‘应当’在大多数时候是等同的。另外，假如道德考虑在其中存在具有所有力量的某个有效系统，由此在一定程度上那两个所谓的‘应当’就必须是一致的。”① “某个义务的行为不只是由于它涵括了一个‘应当’，同时还因为它涵括了使这个行为成为一个义务的某个特殊的理由。”② 关于这一点威廉姆斯先后多次所表达的都是一致的。

然而，假如某种特别的关联在“道德义务”和“应当”这两者之间不存在，那么我们对于实践必然性这个概念是否就不存在疑问了呢？作为一种慎思结论的应当，究竟是怎样变成一种实践性的必需的呢？威廉姆斯加以考察了这个问题。也只有解答清楚这个问题，才可以进一步清扫实践必然性这个概念中的那种单纯的理性理论力量。在威廉姆斯看来，康德主义在这个问题的解答上理应为：当某个理由的分量被压倒性地朝往一方给予百分之百的优先性时，很自然地那个“必须”就被凸显出来了。因为道德考虑在康德主义中被赋予了那种至上性，所以行动上的“必须”在由道德上的“应当”转变而来的过程中，一套被视为理应如此的规则或者约束只需要由我们无条件地接受并随之行动就行了。不难得知，这种推理充其量只是理性理论的那种自作多情罢了。而我们现在所分析的实践必然性的情形中的那些规则和约束，是不可能理应如此的，与此同时它们也作为实践必然性适用的对象。换言之，康德主义的实践必然性概念似乎完全没有考虑到行为人的能力问题，暂且不论某个行为人对于这种道德义务接受与否，可他究竟是否有能力做到这一点也是一个基本问题。道德义务首先不能够超出行为人的能力，即不能要求他做其做不到的事情。

综上所述，在威廉姆斯看来，康德就理性自由的剖析是能够置于事实的考察的，原因在于事实性的慎思和理论性的慎思这两者都是一种反思性的慎思，这两者的目的是追求真理，由此它们也才需要那种不偏不倚的、抽象的观点。然而，这一观点对于实践理性却并不适用，因为在各种约束中存在的历史性的、有限性的个人，正是伦理学所必须关注的行动者，而康德道德哲学意义上的抽象的理性行动者，在一般场合之下都是没有什么合理性的，唯有当我们研究纯粹正义之时可能才具有某种力度。退一步说，就算人类能够站在实践理性所发挥作用的场所反思自己，即在远离自己的情感和欲望的那个地方反思自己，然而在真实的伦理生活中，因为人类是真实的历史性存在的人类，是在有限的自由中的所谓理性的人类，所以行动者的人类始终还是那个带有各种欲望和情感、真实、所谓的经验性的自己。人为人而非神，所谓人兽半身，这始终是人性的本质所在。

---

① 伯纳德·威廉姆斯．道德运气．徐向东译．上海：上海译文出版社，2007：172.

② 伯纳德·威廉姆斯．道德运气．徐向东译．上海：上海译文出版社，2007：180.

第四节　不可避免或消除道德义务的冲突

在威廉姆斯看来，康德主义的“道德义务总是被视为是一种非常关键的慎思结论（deliberative conclusion），而这种结论是基于一些道德理由得出的，从而在一些指定的场景中直接指导我们的行为”①。尽管慎思很简单地就可以从一般的道德考虑中转变而来，同时形成一种指定的义务，然而道德体系之中能够制造包袱于任何一种道德考虑之上，由此让那些道德考虑本身似乎和普遍的义务没有任何的区别。从本质上来说，这种道德义务是实践性的②，一般具有以下四个方面的特征。其一，能够实施行动做某事是某个实实在在的义务形成的前提，“假如我的慎思对我实施行动做一件事情产生了阻碍影响，那么我必须重新开始慎思。”③或者说，一旦某个人在慎思中发现自己能够胜任去完成一件事情的能力尚且不足，换言之，出于其他的某种原因导致他不能够去做好一件事情，无疑他就会琢磨其他的办法或路子。很简单，这也就是所谓的“应当”意味着“能够”。其二，由第一点特征的叙述得知，必须是行动者具备能力可以完成的事情才是所谓的道德义务，由此各个道德义务相互之间绝对不可以相互矛盾和冲突。假设有两个道德义务之间存在矛盾，那么其中的一个必然就不能够成为道德义务，行动者随之必须重新慎思，从而以另外某种道德义务替代之前的那一个道德义务，进而化解两个道德义务之间的矛盾。其三，不可避免性④，即假设一个人不能够履行某一个道德义务，那么这个人就会立刻受到道德体系的各种责备——道德体系的本能反应往往就是各种责备，也即无论一个人是处于道德体系之内还是处于道德体系之外，也不管你这个人的意愿如何，道德义务始终会采取责备的方式使得你把“应该”视为“必须”，或者通过其他人的责备和道德批判等各种手段对你施压。“严格性是义务在道德上的一种特性，违背义务也就意味着马上接受责备。能够被指望避免其中责备的唯一的东西就是：另一个更加严格的义务必须被那个竞争的义务所代表，换

---

① Williams B. Ethics and the Limits of Philosophy. London: Fontana Press，1985：175.

② 此外，从日常语言分析的基本思路出发，威廉姆斯从和义务相关的“紧迫性”与“重要性”这两个方面考察了义务这个概念。威廉姆斯指出，所谓的义务并不像道德学家要求的那样的必须和无条件。以功利主义者和康德主义者为例，威廉姆斯指出，在功利主义和康德主义的思想体系中，“重要性”和“紧迫性”是有着不同的具体规定的，根本上由其预先的基本思想决定的。威廉姆斯认为，在日常生活中，不同的行为人有着自己对生活不同的认识和规定，对于什么是重要的，什么是当下急需做的这些问题的回答，最终和行为人对自己、对生活的基本规划有关。

③ Williams B. Ethics and the Limits of Philosophy. London: Fontana Press，1985：175.

④ 需要补充的一点是，道德体系的“不可避免”还有一层含义，道德体系总是尽可能地把人类所有基于伦理考虑的行为都归入到义务之中来。它们把“道德考虑”设想成至高无上的、压倒性的考虑。威廉姆斯认为，一个普通的义务概念不一定总是能够在人类的各种伦理考虑中占有最重要的地位，但是由于与道德相关联的义务比普通的义务多了道德严格性 (stringency)，所以在一个道德体系中，如果行动者在慎思中发现一个道德义务与某个其他的考虑发生冲突，那么前者就必须胜出。

言之，只有一个义务才能被另一个义务所击败。这是道德义务所鼓励的一个重要思想。"[①] 其四，道德体系始终有着那么一种压力，那种压力始终用于普通的义务、支持特殊的义务。某种行为若是我们所谓义务的行为，那么鉴于这个行为是出于更加普遍的那种义务—— "义务出，义务进"（obligation-out，obligation-in）原则便是最有力的证明。

可是，在威廉姆斯看来，康德对于上述"更加普遍的那种义务究竟是什么"这个问题并没有给出我们任何明确的答案。同时，在威廉姆斯看来，现代道德哲学中的"道德"已经和古代的那种含义有着很大的区别。简要来说，现代道德哲学中的"道德"与"非道德"的东西有着尤其清楚的界限，并且以某种特殊的义务成为其本质，已经以一种特别的方式成为伦理的一个分支。特别是康德主义的道德领域和道德以外的其他领域完全不同，"一个非道德的观点和一个道德的观点完全不同，一个道德的观点尤其不同于一个自我利益的观点，同时差异性还存在于种类之上：不偏不倚的特征是道德的观点所表现出来的，漠不关心（indifference）也是由道德观点和指定的某个人所在的任何指定的关系所表现出来的，道德思维则要求从各方特殊的特征和情景中加以抽象，同时涵盖从行动者身上加以抽象——除了其中那些东西可以被处理为其他道德上类似状况的一般特点情况之下例外；随之那种不偏不倚的原则就被涉及理性地运用于一个道德行动者的动机之中，所以这个行动者在类型上和他由于偶然对某些特殊之人具有某些特殊的利益，从而对待他们的动机是大有差别的。例如，其中的某些特殊之人可以是这个行动者自己，即使并不完全包括他自己也可以"[②]。

威廉姆斯指出，现代哲学语境中的"伦理"和"道德"是两个复杂的具有不同含义的词语，"道德"在某种程度上来说已经衍化成为"伦理"的一个部分。"伦理"和"道德"这两个词从根本上来说是基于希腊语和拉丁语的差异，而这两个词彼此都含有习俗或性情的意思。只是源于希腊语中的"伦理"一词更加倾向于强调个人品格，而源于拉丁语的"道德"则更加偏向于强调社会预期，这是这两个词之间的区别。但是就现在而言，"道德"一词的含义和以前相比已经有了很大差异。这里笔者想要表达的一点是，"道德"的一种特别的发展实际上应该视为"伦理"，在现代西方文化中这种发展有着极其重要的意义和价值。"伦理"中的一些特定的概念和含义尤其被"道德"所强调，特别是衍化出了那种特殊的义务概念，而并不是其他的什么东西，并且"道德"也有着一些特殊的前提。[③] 由此，源于拉丁语的"道德"一词的特殊前提和它在现代的含义，以及由它发展出来的特殊义务概念，这是我们不难得知的。威廉姆斯则认为，在一种日常的意义上，"义务"概念只不过

---

① Williams B. Ethics and the Limits of Philosophy. London: Fontana Press，1985：177.

② 伯纳德·威廉姆斯．道德运气．徐向东译．上海：上海译文出版社，2007：2.

③ Williams B. Ethics and the Limits of Philosophy. London: Fontana Press，1985：6.

是人类诸多伦理考虑中的一种，但是"'义务'概念是道德在一种特殊的意义上所使用的。此时道德赋予了'义务'极端的重要性，道德也因它的这个特殊的意义而不同寻常"[①]。正是在这个意义上，威廉姆斯对"道德概念"的特点展开批判。这是我们必须理解和明确把握的。

以上所述为道德义务和道德，以及伦理的概念及其特点等，而在讨论道德义务的矛盾实质之前，威廉姆斯首先简单地比较和分析了"信念"的矛盾和"欲望"的矛盾。实际上，这一点我们在前文当中已经有所述及，也即在这个对比分析开始之前，威廉姆斯尤其强调了道德批判中的情感这一因素的影响作用，"至少就我个人而言，不一样的情感是一个人在不一样的境遇中所拥有的，譬如说，与这个人有着非常重要的关系的是这个人他究竟是否是一个令人敬佩的人"[②]。由此，我们不难得知这个批判质疑的基础所在。威廉姆斯进一步指出，这两种矛盾的类似之处在于冲突都是经验性的，而并不是逻辑上的原因所导致的。由于本来就存在两个逻辑上相吻合的信念，同时外加了经验性的东西之后却不能够一致是真实的，所以信念的矛盾便产生了。举例而言，笔者从小就相信自己在20年之后能够成为一个小有名气的企业家，同时自己还是一名政协委员。但是到现在的事实证明，我既不是企业家，也没有能够成为政协委员。但是，欲望可以同时针对两个不同的对象产生矛盾，就像笔者想要同时得到甲和乙；另外，欲望还可以同时发生在同一个对象身上，如笔者既想要得到丙，但同时笔者又不想得到丙。不管什么种类的矛盾，在我们只讨论和道德不相干的欲望矛盾的情况之下，其基础则都是偶然性的。和信念的矛盾是一回事，并不是逻辑在告诉我们不可以同时满足欲望，而是这个经验性的世界在告诉我们，这两种矛盾的区别主要在于：其中一个欲望弱化另一个欲望的程度不会因为欲望的矛盾而导致，但是会导致信念的冲突；欲望的矛盾不一定造成放弃其中一个欲望，因为我们还可以在其他的形式中将其中的欲望表现出来，但是信念的矛盾必定会造成其中一个被遗弃。不管我们是放弃其中的某种欲望，还是放弃其中的某个信念，那无疑都会让人心有不甘或者感到遗憾。可在威廉姆斯看来，我们由于放弃某个信念而感到遗憾的根本原因并非信念本身，而是在于我们放弃了想让某个信念成真的那种欲望，只谓正当或不正当的欲望。所以，无论我们的遗憾是因为哪一种矛盾，追根溯源都是由于我们真正地必须停止或者放弃某一种欲望，仅此而已。

实际上，道德和义务这两者在很多时候是捆绑在一起加以讨论的，而严格来说，在分析道德的矛盾之时，威廉姆斯最为关键的分析就是义务之间的矛盾，那些义务之间看似彼此相互矛盾，但从本质上而言并非不一致，只是和欲望的矛盾

---

① Williams B. Ethics and the Limits of Philosophy. London: Fontana Press，1985：6.

② Williams B. Problems of the Self：Philosophical Papers 1956—1972. Cambridge: Cambridge University Press，1973：166.

相比存在类型偶然性的基础，即其矛盾主要是通过具体的事实体现出来的。义务的矛盾通常说来也有两种表现形式，某个人应该完成甲，同时也应该完成乙，但是他不可以同时完成甲和乙两者，这是其中的一种。[①]另外一种则是，某个人既想完成甲，同时又想完成乙。不管究竟是哪一种形式的矛盾，实际上都是经验性的矛盾，而并不是逻辑上的矛盾，这是威廉姆斯所着力证明的。只要我们简单地比较分析信念的矛盾、义务的矛盾和欲望的矛盾这三者就不难得知：义务的矛盾和欲望的矛盾存在更多的共同点。比如，欲望的矛盾含有那种内心激烈的纠结和挣扎，而义务的矛盾同样如此；假设在两个相互矛盾的义务当中选择其中之一，那么自然而然地就容易产生那种遗憾的情感。即使是道德上被我们公认为高尚的人，他也不会因为自己做了所谓正确的事情，即“付诸了最合理、最得体的行动”从而就不会含有其他的遗憾。为更加深入地分析这一点，威廉姆斯展开了如下三个方面的论述。

其一，从道德上来说，某个行动者让我们非常地敬重，而如果他在某些场合，或者说在某些时候也的确会感到遗憾的话，那么和道德情感存在于他的内心一样，他的那种遗憾作为一种自然的情感也会存在于他的内心。就自然和道德动机这两者来说，那种尝试对它们进行区分的做法显然是不可能的，或者说是很不现实的。因为某个人已经做了一件不应该去做的事情，从而感到难过和遗憾的那种情感动机，和他觉得自己确实不应该去做那么一件事情的道德动机，这两者毋庸置疑是我们不那么容易就能够加以区别的。

其二，我们对于上述两者在有些情景中能够加以分辨，可对于某个采取了所谓最好的行动但是又没有遵守信用的人来说，是否觉得遗憾就真正会像一些理论研究者所讨论质疑的那样，表现得不是很理性呢？然而，在威廉姆斯看来，我们完全可以评论某个道德上令人尊重的行动者在有些时候是不那么理性的，但是此时所谓的不理性并不是那种贬义层面上的所指。然而，若对“应该”之外的那个领域忽视不见，如若忽视遗憾及其相关的考虑，使得一些评论者错误地认为信念的矛盾和义务的矛盾这两者是没有区别的，即信念、义务各自的矛盾双方没有任何差异，其同时为真是不可能的，所谓矛盾的过程也即脱离错误的过程，脱离错误的过程也就是所谓矛盾的过程。

其三，义务的矛盾和合理性这两者之间的关系。为了使自己的行为和理性的要求相一致，也即基于探寻实践合理性（practical rationality）的概念，我们往往极力处理消极欲望的方式方法，或者说着力控制欲望的那种消极作用，实质上“我们人类若向往而追逐那种一致的生活，那就需要以付出那种基本的生活的需求

① Williams B. Problems of the Self：Philosophical Papers 1956—1972. Cambridge: Cambridge University Press，1973：179.

作为一种代价了”。[①]同理，对于信仰的矛盾是一样的，即我们往往也在为了达到满足一种实际合理性的要求，我们通常会做到不去轻易地接受其他的信仰，而始终秉持一种怀疑主义的立场。甚或是为了不受到各种其他信仰的矛盾，我们往往会极力做到保持一种无知的状态。可威廉姆斯认为，我们在道德领域中很难做到以一种同样的态度对待欲望的矛盾和信仰的矛盾，从而简单地通过不同的道德主张进而采取怀疑主义的态度或者其他一种立场，换言之，也即采取一种所谓对可能的矛盾双方统统以一种毫不在乎的立场来加以避免矛盾。

总而言之，和信念及欲望的矛盾有所区别，义务的矛盾是无法避免的。因为信念和欲望的矛盾很简单，它们两者都可以通过控制或者降低欲望避免矛盾，也可以通过不再相信从而避免矛盾。然而，某个人不可能通过随意改观道德思想从而避免矛盾。在威廉姆斯看来，矛盾双方的两个“应该”的义务在特定的情况之下都是难免的，矛盾自身作为一种倾向是难免的。一言以蔽之，“道德义务的矛盾是不可能系统性地避免的，也是完全不可以解除得一干二净而毫无遗留的”[②]。

第五节 普遍性的道德法则恰似绝对命令

在康德看来，道德法则必须要有普遍性[③]，能够广为推行而使其普遍。因为康德认为，只要行动者在实施行动之时假设一下，如果他的行为真的成为一个道德法则，其他人模仿他去做将会形成怎样的结局，那么他的有些行为就不能够得到辩护。任何人只要设想一下其他人都模仿他的抢盗、欺骗和自杀等行为，也即把这些行为作为道德法则，显然人类对一些与之相反的美德行为的向往和追求，良好社会秩序的日常活动的稳定和维持，人类自身的存在与延续是不可能实现的。换言之，康德否定那些不良行为，康德觉得抢盗、欺骗和自杀等类似行为被认可和确定为人类的道德规则，显然我们人类的存在和良好的社会秩序，以及向往和追逐那种有价值的生活等就是难以想象的[④]；当然，玩世不恭或安于享乐但不向往和追逐那种有价值和有意义的生活，自然也是背道而驰于我们的本能理性的。威廉姆斯肯定康德的这些基本思想，并把康德对那种理性的伦理生活的肯定、向往和追求看作哲学探究的基本出发点和最终归宿，但威廉姆斯对康德主义道德法则普遍性的观点是明确否定的。威廉姆斯认为康德主义的有些道德法则是肤浅的、

---

① Williams B. Problems of the Self：Philosophical Papers 1956—1972. Cambridge: Cambridge University Press，1973：177.

② 同①.

③ 康德道德体系对于普遍性和非个体性的追求，同样往往要求行为者摆脱人的各种情感和欲望。然而，威廉姆斯认为，人类的情感或各种欲望不仅不与义务相对立，反而是义务产生的前提条件。也就是说，一个人只有拥有去做某事的倾向或愿望，才会可能觉得自己必须去做某事。

④ 康德 . 道德形而上学的基本原则 // 康德 . 康德文集 . 刘克苏，等译 . 北京：改革出版社，1997：85-86.

抽象的，或是说是完全不可行的。“在另一顶点，道德的重要性就涵括于康德主义的最纯粹式思想的道德动机本身的重要性之中了。人们应该把最高级的慎思优先性给予道德考虑，这是最为关键的。黑格尔对这个观点毫不留情地进行了彻底批判，其理由是这个观点没有给予道德思想内容，同时这个观点对世界进步的思想上的不确定性。道德动机的基本内容不只是对于某件特定事情的倾向，更多的还有思想，对这种思想的需要不是个人自发地倾向去做。”[①]

举例而言，一个人在困难的逼迫下，不得不去借钱。他心里很清楚，在很长一段时期内自己将无力偿还，但是如果这样明说，别人就不会借给他了。因此，他如果想借到钱，就必须撒谎。这个时候，他就必须在利益和良知之间作出艰难的选择。如果他扪心自问：我这样为达到目的不择手段，既对不起自己的良心，也对不起其他人，而且这次欺骗别人借到钱了，但下次别人不会再相信我了，我将失去信誉，以后就不好做人做事了。倘若把为了一己之私而不择手段作为一条普遍规律，人与人之间将失去信任，人与人之间将无法相处，群体将分崩离析。因此，这一想法绝不能，也不会成为人与人之间相互交往的一条普遍规律。由此，按照康德所推出的道德法制，这个人是肯定不能照此行动的，即按照康德的道德义务概念来看，这个在困境中的人若想借其他人的钱，而与此同时他又知道自己并不可以如期偿还之时，那么这个在困境中的人自始至终就不应该把他的这一想法付诸实际行动中，不管他是处在哪一种情况之下，也不管他遇到了什么样的事情。[②]鉴于这些了解，康德指出，确切地含有道德价值的某个行为规范若能够加以推广，那么这个行为必须要有普遍性，即这个行为应该不至于和其本身或和人类的尊严自身的价值相冲突，否则就肯定不能够成为普遍化的行为规范。比如，康德这类道德哲学家在排斥诸如抢盗类行为时，经常会提出这样的问题，即如果我们每一个人都欺骗、抢盗等，那么这个社会显然将没有什么诚信可言，从而我们将很难想象这个社会究竟会是什么样子的？

继续回到我们的日常伦理生活中来，一般情况之下没有人会对日常的道德规范产生质疑，否则在某种特定的情境中这样的行动就不具有特定的价值和意义。哪怕是那些道德怀疑论者和道德规范无谓者，他们在日常生活中也不可以客观上质疑行为规范的重要性和必要性，更不可以就行为规范对于人的价值和意义提出质疑。更多的时候他们只是对一些“洗脑”式的道德说教表示排斥。在威廉姆斯看来，从设想到形成直至最后确定，我们任何一个行为人的原则从本质上来说，是行为人自身对自身生活的一个了解、思考和制订的过程。或者说，虽然我们任何一个人对自己和对生活的认识和理解过程难免会受到其他人的影响，但这个过程始终并不是一个模仿的过程。那么一般在哪些情况下，我们可以把其他人的行

① Williams B. Ethics and the Limits of Philosophy. London: Fontana Press，1985：184.

② 康德 . 道德形而上学的基本原则 // 康德 . 康德文集 . 刘克苏，等译 . 北京：改革出版社，1997：85.

为当作自己行为的参考和依据？这里我们可以举例考察。例如，当我们看到某个人通过投机取巧、打“擦边球”或非法搞到了钱但是安然无恙，相反日子过得很潇洒，由此当有着相同的“机会”摆在我们面前之时，我们当中有人难免会发问，为什么他可以而我不可以？他们都是这样做的，我也趁机捞一把？但是，当我们看到有人作恶，一般在这种情况下不会有人模仿，也几乎没有人会发问，“他可以，为什么我不可以？”，“他这样做，我也做！”。当然，还有一种非常常见的“道德冷漠”现象，即对于一些不阳光、不公正和不合法的事情的发生，只要这些事情与我们自身的切身利益没有什么关联，那么一般来说几乎没有人会质疑或干涉，大多数人一般都会视而不见，并且会给出自己理由，“大家都不吭声，我干吗多此一问得罪人？”、“大家都装作没看见，我为什么要逞英雄？”很少有人在看到一些违法犯罪的活动时说，“为什么没有人挺身而出制止这样的行为？”、“为什么没有人和这样的行为或这样的人作斗争？”、“为什么人们这样做我也要这么做？”，很少有人会说，“即使没人做，我也要这样做！”、“我知道这样做是有危险的，但我绝不会让这样的事在我面前进行下去！”、“这是我的做人原则！”等，由此不难看出，那些所谓的理由充其量只不过是我们辩护自己的“静观”立场而已。客观而言，在展开辩护之时，一方面表现出来的是他对那些行为的一种接受、认可和赞同，另一方面也是在对个人自身进行那种类似的假定。

毋庸置疑，任何人都有着自己个人的不同的问题境遇①，有着自己个人的思想、性格、风格和原则等。任何一个人都没有理由以其他人的行为方式作为自己的准则，没有理由跟着其他人屁股后面跑。在一般情况下，任何一个人遇到某件事情时，他首先会追问其中的原因，而不是不进行任何的思考和判断就马上行动，也不会马上就把其他人的行为准则直接照搬过来使用。当然，任何一个人的行为难免会受到其他人的影响，就看其中影响的程度大小。但笔者在此想要表达的另外一层意思是，对于任何一个具有基本判断和分析能力的人来说，我们在很多情况下受到其他人的影响的过程，在一定意义上来说实际上也是我们对自己认识和设定的过程。很简单，就拿我们身边很多少年追星族来说，如以某个足球明星或者娱乐明星作为自己的偶像，从中我们不难反思得知，这个少年以某个明星作为自己的榜样，而不是以其他人作为个人崇拜，那是由于这个明星的才华、能力、品

---

① 威廉姆斯认为，行为人有不同的问题语境，不能完全脱离具体的语境评判一个人的行为，要对行为人作出准确公正的评判，必须进入具体的语境，在具体的语境中认识和讨论他的某一行为。威廉姆斯以是否遵守“承诺”为例对此进行阐述。“假设你有日常意义上的义务去拜访一个朋友 (under an everyday obligation to visit a friend)，比如说因为你这样承诺过，那么为了促进某件有重要意义的事情，当在某一个冲突的时间和地点，你就处于一个独特的境地，为了使这个例子更加贴近现实，可以再具体点，如经常在道德哲学中，如果详细地进行，这个例子会开始消解。这是你的一个朋友对你那件事的态度，以及对你那件事的支持的问题，如果他或她对两者都赞同，或者仅仅是赞同后者，他会把你从那个承诺中解脱出来，如果你能联系到他或她。只有最固执的道德家 (the stickiest moralist) 会认为它有困难；如果你的朋友不宽恕你，你会怀疑你有着怎样的朋友。”实际上，关于这一点在书中多处述及。

质和精神方面正是这个少年从内心出发所认可和接受并想要加以追逐的，崇拜这个明星其实就是这个少年对自己的一种认识和设定，也即这个少年有成为那样的人的愿景。同时，需要阐明的一点，尽管我们每个人的行为难免会受到其他人的影响，这种影响在有些时候甚至是绝对的，但是在这里笔者想要强调，对于是非对错、好坏善恶等价值判断标准，以及道德规范的形成和确定，我们每一个人并不是就绝对和必然地会受到其他人影响的那么一个模仿过程，基于对生活的理解和感悟、对自己和对人性的认识等，我们每一个人都会有属于自己个人的问题境遇，每个人有着所谓自己的做人原则，这个过程难免有时候会受到其他人的影响和制约，但这种影响和制约不是根本原因，或者说并不是必然的。从本质上而言，道德规范的形成和确立并不是一个受他人影响的效仿过程[①]。

实际上，在每一个人的行为自觉性和我们的道德法则普遍性问题上，使我们相信如果那种根本上的自觉性和效仿性不存在，那么接下来可能就只有强制或强行，这是康德主义者们的主旨。所以，“追求道德法则普遍性和行为自觉性是道德体系内部存在的一种包袱，这种自觉性和普遍性可以不顾我们人类一切品格、情感、心理和运气以及经验或社会等种种影响，并按照我们作为行为者的每一个人的贡献大小来施加相应的责任和责备”[②]。或者如威廉姆斯所言，在某个人思考我选择这样去做、选择这样去生活的时候，正是一个人对自己的喜好和欲望，以及对自己将来的打算和规划等自然倾向，从而给予了我们自己向前行走的根本动力，把我们自己推向了明天、推向了未来。至于出于那些普遍性的道德法则的效仿性考虑，在某种程度上则根本不能够给予我们任何有力的理由，相反是情感和经验自身才可以施展出它的无穷魔力，并实际左右着我们的表现行为。正如威廉姆斯所说的，“推我向前的除非那些喜好、欲望、打算和规划等等自然倾向之外，不然我就真的就不知道我自己为什么还要继续向前：作为道德行动者的王国，即这个世界绝对不会针对我个人的出现抱有任何一丝特别的要求或期望，甚或对我的出现从根本上来说就没有任何兴趣可言”[③]。

总的来说，康德肤浅地认为我们的道德法则在本质上就是一个效仿的过程。或者说，在康德看来，我们每一个人的行为如果不是依据那种可普遍化的道德法则行动，那么就是服从于所谓的假言命令而行动的。而如果依据假言命令行动，

---

① 这里犯罪心理学揭示的一些道理同样说明了这一点：人们追求一种公平正义的社会秩序，如果这种渴望被现实否定了，行为人会对生活产生怀疑，会对社会的公正合理产生怀疑，最终会绝望、对人生失去希望，会有仇恨心理，会报复。没有人是天生善的或恶的。看那些坑蒙拐骗、杀人越货者，他们中有的是因为受到不平等的对待，有的是从小没有得到多少关心、关爱，有的是因为缺乏家庭的温暖，有的是因为遇到情感或事业上的挫折。有了这些经历后，他们会对社会、对他人产生仇恨情绪，最终由于某个决定性的因素影响他们做出了被社会所否定或不接受的事情。他们中很少人是看到他人这么做之后自己继而跟着做的。这反映了道德规范从本质上来说并不是一个效仿的过程。

② Williams B. Ethics and the Limits of Philosophy. London: Fontana Press，1985：194.

③ 伯纳德·威廉姆斯．道德运气．徐向东译．上海：上海译文出版社，2007：17.

我们任何一个人的出发点肯定是基于某种目的的，实际上也就是由一个人在现实生活中的种种欲望所影响和造成的，那么这个时候理性的效仿充其量只是人类追逐和满足个人欲求的一种工具和手段而已。但是，我们每一个人始终只是那么一个有限的理性存在者，不可能完全地做到依据具有普遍性的道德法则的要求去行动，那么这个时候可普遍性的道德法则就体现为一种对我们每一个人的硬性要求，即完全等同于绝对命令，也即我们每一个人的行为只有完全认可和接受可普遍性的道德法则才算得上是一种真正意义上的道德行为。依此推理，我们每一个人的各种动机、私欲、爱好、情感等就必须和真正的道德行为彻底脱离。值得肯定的一点是，康德主义对于我们每一个人的行为不是基于某种目的出发而必须是完全从道德的要求出发进行强调，客观而论，的确它在很大程度上对它的敌人——工具理性的大肆运用，展开了详尽、透彻和强有力度地摧毁。但与此同时，也不可否认它的不足与缺点，这种不偏不倚作为理性主义的道德概念的根本特点，苛刻地要求每一个人无论是任何时刻、任何场景中，在对待自己时都做到一视同仁，自始至终依据那种所谓的具有普遍性的道德法则实施行动[①]，显然，这就好比条条框框已经制订齐全，我们只需要依葫芦画瓢即可。简言之，在威廉姆斯看来，康德要求道德法则的普遍性的理由是不成立的。

第六节 “纯粹性”的动人理想无从追逐

在康德主义中，行为动机的“纯粹性”[②]是某个行为的道德性的唯一评判标准，行为的结果则没有什么决定性的作用和意义。对于理性存在者而言，他们应该追求的行为从根本上来说是那些彻底脱离了情感和经验性影响而完全处于实践理性的法则。威廉姆斯认为，康德主义伦理学基于对纯粹性的那种追求，同时它在对象上“在同样的程度上对所有理性存在者无疑都具有的一种开放能力”，从

① 若对康德主义和功利主义这两者作简单比较，在威廉姆斯看来，康德主义的道德概念不仅没有使之在对功利主义的批判中更好地捍卫个体的独特性，反而由于其比功利主义作了更大的抽象——那就是，如果说功利主义是在对人的分离性 (separateness) 中进行抽象的话，康德哲学则是在个人的同一性 (personal identity) 中进行了抽象，正是这一点使得它比功利主义更加危险。功利主义追求原则运用的普遍性而忽视个体之间的差别的同时，还为有限的个体保留了具有经验因素的“幸福的”概念，但康德主义则连这最后的经验性也剔除了，使人类无论在和他人的参照中，还是在不同境遇中的自己的参照中，所能够拥有的都是那个同样的行动者及那个同样的普遍的行为原则。第三章将具体论及威廉姆斯对功利主义的批判。

② 这种绝对的纯粹性，把道德良知从人类的各种情感、社会影响中抽象出来。康德道德体系对于这种纯粹性的追求，表达了一种理想：人类的生存最终是公正的。这种道德理想具有一种终极的道德价值，它不仅不受任何经验的决定因素的影响，而且任何运气都不能对它产生影响。威廉姆斯认为，人类生活本来就是处于道德的两个极端中间的一种状态，这种超越了一切运气的纯粹性只是一种幻想。这种幻想只能使我们在失去了它们之后，不再拥有任何一致的社会公正的概念，剩下的只有对于效率、强力，或者未经修正的 (uncorreeted) 运气的追求。

而使它树立起了一个“最迷人的”理想，即那个所谓“最无法定义的”（most unqualified）理想——“从根本上来说我们人类的存在应该是公正的”[①]。显然，这种康德式的魔力为人类在面对世界的不公正时提供了一种安慰。威廉姆斯指出，为了真正使这种安慰产生很好的效力，一方面，道德价值不只是众多价值之一，这是康德主义者所必须假设的，同时道德价值还必须具有至高的尊严，或者说具有最特殊的和最无上的重要性，从而每一个理性行动者从根本上应该关注道德价值；另一方面，行动者必须认为至少他能够通过努力而使他所要掌控的道德部分地不受运气的影响和左右，甚至于能够完全不受运气的影响和左右，而“对于我是一个什么样的存在者这个问题上，正义不只是要求必须不受运气的影响和左右，同时还要求我在最重要的意义上成为一个什么样的存在者这个问题上必须不受运气的影响和左右。此外，按照这个要求，如果以个人欣赏、喜欢或者享受运气的幸运的表现形式，那么他似乎就是在背叛道德价值”[②]。反之，被康德放置于核心位置的那种最终公正，在各种不可预知的和不可掌控的因素中就很有可能不具有被实现的基本保证。道德、合理性和辩护及根本的或至高的价值等这些概念，正是在这个康德式的观念之下都被相互关联起来了，这是威廉姆斯进一步认为的。

然而，对于行为的合理性与其辩护的观念来说，我们所拥有的生活感受和体验完全是不间断的和可能的，同时也是不难理解的和合理的。反之，很有可能存在问题的是被理性哲学家所关注的理性辩护的概念。威廉姆斯认为[③]，“一个以罗尔斯意义上的生活计划作为目标的理性慎思模型”就是理性辩护，同时在这样的一个模型中，一个人的生活的分分秒秒都必须被视作平等的，并且没有能够很好地对未来进行慎思所造成的遗憾就是作为理性的行为主体——人类行为的最根本遗憾。“在描写那个模型的过程中，一是对那个渴望的理性的实现视为被那个模型所代表，二是一个特殊的根据也被认为提供了一个思想。‘对一般而论的错误的遗憾不是那种更为根本的遗憾，而是对在慎思上所谓发生的错误的遗憾’即这个思想。而一种自我责备的形式被这种遗憾所实施，并且按照这个思想，假若我们依据慎思的合理性展开行动，从而我们自己就能够不受到我们的未来自身的责备。”[④]但是威廉姆斯认为这种慎思模型不可能存在，并且威廉姆斯有力地证明了，如果一个所谓的理性辩护真正存在的话，那么这个辩护从本质上来说则将是回溯式的。

---

① Williams B. Ethics and the Limits of Philosophy. London: Fontana Press，1985：195.

② 伯纳德·威廉姆斯 . 道德运气 . 徐向东译 . 上海：上海译文出版社，2007：56.

③ 威廉姆斯认为，那个罗尔斯意义上的生活计划的目标是“一个理性的个体总是这样来行动，以至于不管事情最终是如何发生的，他永远都不需要责备自己”。

④ 伯纳德·威廉姆斯 . 道德运气 . 徐向东译 . 上海：上海译文出版社，2007：56. 没有什么东西能够使我们免于受到我们的知识的模糊性和局限性的影响，或者换句话说，没有什么东西保证我们必定能够发现我们所能得到的最好的选择。用慎思的合理性来行动只能保证我们的行为是免于责备的，我们作为一个在时间上延续的人是要对自己负责的。详见：约翰·罗尔斯 . 正义论 . 谢延光译 . 上海：上海译文出版社，1991：422-423.

威廉姆斯以保罗·高更（Paul Gauguin）离家出走，背井离乡一个人到塔希提岛搞艺术创作为例[①]，究竟自己的行为是否正确与合理，高更在作选择的时候其实无从知晓。在这种情况之下，高更所作的选择若是存在一个理性辩护的话，那么唯一可以为他的选择进行辩护的只有成功这个结果。因为就一种回溯式的辩护来说，我们是回顾式地加以运用知识概念这个本身的，“对于行动者而言，我们不可能拿出任何他所无从知晓的区分要求他在进行选择的时候做出决定”。[②]同时，这种辩护总是回溯式的，也即这种辩护总是密切关联着事情的结果。“假如他失败了，他最基本的遗憾就会与他的决定发生联系；一旦他获得成功了，那么他的最基本的遗憾就不相关联于他的决定。也就是在这个意义上，我们说他的决定对他而言能够得到成功的辩护。”[③]威廉姆斯同时还认为，和行为没有关联的任何一个人不可能无差别地接受这个理性辩护。因为对于人类的许多行为而言，如高更这一事件，哪怕所有人都可以接受这个行为及其辩护，但是这个行为中已经有了一个“道德代价”，其中被这个行为所欺或者受到伤害的人们，是完全可以拒绝接受行为者提出的辩护的。因此，在威廉姆斯看来，“和我们实际中所体验到的那样，假若道德情感真的就是生活中的一部分，那么道德情感就绝对不可能用‘任何事件和任何人的距离都是同等的’那么一个世界观来作为模型”。[④]

此外，威廉姆斯还指出，就算某个行为不能够得到理性的辩护，那也并不代表这个行为人彻底没有成功可言。威廉姆斯就一个人的失败和这个人计划的失败并不等同进行了重要的区分，也即一个人若把自己等同于自己的计划，那么他对自己的决定的辩护肯定是从“我”这个第一人称的观点，同时也是以一种回溯的

---

① 在此，我们还可以另举一例，如康德认为，真正出于纯粹的道德义务的行为才具有道德意义，即只是以接受和遵行道德义务自身为出发点，而对其是否可以达到某一目的或者带来某一效果则不予考虑。康德区分出于自私的行动和出于义务的行动，康德认为，假若一个商人诚实经营只是考虑到他自己的实际利益，即如果他仅仅只是想到，假若他长此以往不诚信经营，客人们便不会再来购买和消费他的东西，那么他自己的利益就得不到实现；假若他诚信经营而只是基于这种考虑的话，由此他自己的利益就只是与他的诚实经营行为相关联，即使客人的利益没有被他损害，他的这一行为中也不具有道德价值。可如果某个商人在经营过程中多收客人的钱所体现出来的不诚实是由于他的孩子患急症住院急需手续费，那么对于这某个商人的不诚实行为，我们又该如何批判呢？毋庸置疑的一点是，首先从道德的角度来说，他的不诚实的行为始终是得不到辩护的，即他使用不正当的手段骗取他人的钱财，不能就是因为自己的孩子急需看病。只是在进一步了解其中的事实之后，我们对他这一行为的理解和之前相比肯定是有所区别的，即我们在了解真相之后会多一些理解、宽容和同情，尽管始终无从辩护他的行为，但我们在这样判断之时对他的那份父爱是会加以肯定的。如果他在之前是一个诚实的商人，我们由此也会很尊敬他，那么我们就更加容易理解和同情他的这一违背自己原则的行为。但假如这个商人完全只是出于利益考虑而不择手段，那么他的行为肯定就是不道德的。相比这两种行为的不同语境，我们不难得知不同的行为人对于同一个行为而言是有着不同的动机的，尽管这两个行为我们断定同样都是不诚实的，但我们基于动机而从具体的语境出发进行判断之时会对这两个行为加以区分。于我们而言，同情前者，鄙视后者。

② 伯纳德·威廉姆斯．道德运气．徐向东译．上海：上海译文出版社，2007：37.

③ 伯纳德·威廉姆斯．道德运气．徐向东译．上海：上海译文出版社，2007：52.

④ 伯纳德·威廉姆斯．道德运气．徐向东译．上海：上海译文出版社，2007：54.

方式出发的。这一点也就意味着，就算其他任何人认为他的计划没有成功，但这并不代表他自己真的没有成功——其个人的成功与否必须由他依据上面提到的方式进行评价。并且其他任何人对他的否定和指责是否存在意义，关键取决于他在理性的反思下是否接受其他任何人赋予他的那种否定和责备。①这其中的意思也就是，唯有行为者自己对自己的行为才具有真正的评价权。毕竟伦理实践始终是第一人称的，所以唯有行为者自己才能够感受得到那种所谓的“行为者遗憾”②，也唯有行为者真正能够认识到因为这是自己的行为并为之负责，从而在任何其他人所无法理解的层面上体验到这个行为可能对自己今后的一些影响。由此，假设某个人的行为没有获得成功，从而剩下的可能就只有遗憾的存在。然而，这个人的生活仍旧是人类道德生活的一部分，同时对于我们来说，同样还具有一定的意义和价值。

进一步分析，因为这个评价是自己基于某个行为的结果而做出的，从而我们对一个行为者的辩护就和运气紧密相关；并且类型差异的运气跟行为的关系不同，关键是看它们与那个计划自身有着如何的内在关联。有些运气产生的影响与其中行为的计划不存在本质的关联，也即那种影响是外在的。假如高更在去塔希提岛的半途中由于天灾人祸等种种不测出事了，那么高更的这种影响显然就是外在的，从而对于行为的辩护就不存在太大关联了。换言之，使得他的行为得不到辩护的唯有那种影响他成为一个著名画家的事情。对于某个行动者来说，“他成为一个什么样的人不只是一个运气的问题，同时还是相对于进入他的抉择中的那些考虑从而成为一个运气问题，因为在一定程度上正是由于那些思考，从而他最后成为了他所想要成为的那种人，当然他也有可能没有成为那样一个人”③。由此，对于他的选择进行辩护，我们不可以事先依据道德规则而来，如果我们这样做的话，那么就是尝试在道德结构中事先为这样一种情形铺设一个位置，这无疑是道德生活的一种不健康的形式。

在威廉姆斯看来，我们每一个人作为一种历史性和社会性的存在者，其伦理生活首先最应该从一种第一人称的观点来看待的生活，是一种对自己的内心世界展开反思的生活。某个“我”对“我究竟应该如何生活的问题”的思考，必然是基于“我”觉得重要的那些因素而思考的。导致康德道德哲学从根本上强调道德行为的纯粹性要求的最为根本的一个前提条件是，康德主义者们对于我们每一个

---

① 伯纳德·威廉姆斯．道德运气．徐向东译．上海：上海译文出版社，2007：36.

② 威廉姆斯认为对于一个行为者来说，“行动者遗憾”(agent-regret) 作为一种情感是一种对于行动者来说极其重要的情感。这种情感必须是以第一人称作为出发点的，同时伴随着一种与任何旁观者不同的心理内容。因为这个行为毕竟是他自己的行为，与任何其他人无关，不论是不是行动者本身的过错，行为者都会因为这个行为与自己的这种特殊的关系而感到遗憾。比如，一个卡车司机并非出于自己的过错而碾死了一个孩子，即使这个过错不是他导致的，但他也会有一种深深的遗憾，因为自己本来是可以避免这场事故的。

③ 同①.

人所具有的不同品格的不够重视。然而，威廉姆斯认为任何一个人所拥有的品格对于这个人思考他到底应该过着什么样的伦理生活有着至关重要的影响，因为我们每一个人的品格都是独一无二的。但是，康德道德体系中“道德动机与非道德动机那种完全差异的特点，同时加上被赋予道德的那种至高或尊严，使得我们难于把其他的一些动机赋予我们在实际伦理生活中所看到的意义和价值，或者以一种结构上的重要性赋予它们，但其中的一些动机的确能够具有这种价值或意义”①。

那么，威廉姆斯所指的个体的品格究竟是什么呢？威廉姆斯指出，我们任何一个人的品格涵括两个重要方面的内容，一方面是他对生活的根本筹划，另一方面是他对生活的绝对欲望。“在某种意义上我们说一个人具有他个人的品格，那就是说他个人具有某些自我认同的根本计划和绝对欲望。”②具体来说，在一个人的生活中，一个人的根本筹划就是那种有着基本奠基作用的筹划，任何情况下这个人都不会和这个筹划轻易脱离，因为正是由于这个根本筹划的存在，从而把这个人推向未来的动机力量，授予一个他继续好好生活的理由。也就是说一个人的存在与他的根本筹划紧密相连，同时在很大程度上使得他的生活富有意义和价值。我们往往认为一个人的绝对欲望（categorical desire）是他作为个人，或者是他满足自己欲望的前提，这与如何论证紧密相连。而威廉姆斯指出，如果一个人选择坚持生活下去，他必然是受到某个欲望的动力推动使他走向生活的海洋之中，从根本上来说这个欲望是他活着的唯一原因，而并不是以他还存在于这个世界中作为前提的，由此所谓的绝对欲望就是与一个人的存在密切相关的那种欲望。

如此说来，一个人的存在与他的绝对欲望和根本计划紧密关联，同时每一个人的存在和其他任何人的存在截然不同，任何一个人的存在都是特殊的，由此我们每一个人的品格和计划必然是独一无二的。而康德主义者们以一种理性存在者的称谓来要求我们，从而把我们每一个具体的人从品格中抽象出来的做法，无疑是行不通的。“假设这种做法确实行得通，那么康德主义者们可以冒这个风险；假设这种做法行不通，那么在我们的伦理生活中，就不存在那么一个靠谱的信念使我们中的任何一个人对生活充满热情。要想包括对那个不偏不倚的道德体系的忠实等所有东西有所意义或价值，那么我们的生活就必须有一个主旨的存在；若是有一个主旨存在于生活之中，生活自身必然也不会把无与伦比的重要性授予康德的不偏不倚的道德体系，而那个系统的独自坚守到一定时候就自然会变得很不靠谱。”③这段话中的“这种做法”所指的是我们按照那种理性存在者的要求来履行承诺，如老生常谈的关于两个溺水者的例子，第一救出了自己的妻子，并不是从一种中道式的立场出发考察必须如何行动，也即

① 伯纳德·威廉姆斯．道德运气．徐向东译．上海：上海译文出版社，2007：2.
② 伯纳德·威廉姆斯．道德运气．徐向东译．上海：上海译文出版社，2007：21.
③ 伯纳德·威廉姆斯．道德运气．徐向东译．上海：上海译文出版社，2007：27.

威廉姆斯主要想表达的是，我们认为自己的生活具有意义的关键原因正好在于我们并不是从那种抽象的中道式立场开展行动，而是在于我们的行动展开是能够依据我们的个人计划和绝对欲望的。否则我们的个人生活将完全没有原本的意义和价值可言，“因为它遗漏了对那个方面进行限制又充当来规定那个方面的东西”①。

至此，康德主义者们力图使用一种理性的辩护概念，尝试把对道德性的纯粹性追求建立起来的做法漏洞百出，这种在我们的抉择和评判中有望超越或抛弃人类一切情感、经验和运气方面的影响必然是一种妄想，对此我们完全表示否定。与此同时，假若我们认可这种理性辩护的力量，相信理性存在者这一概念，从而接受那个最终的正义理想，而且愿意按照那种“纯粹性”概念的要求去规范自己的行为，那么威廉姆斯所预言的那种结果就很有可能随时出现，即“当那种所谓的康德式的正义理想概念和功利主义的消极责任原则思想相互关联起来之时，最终的悲剧和毁灭就浮出水面了，那就是我们在所有具有重要性的层面上一无所有，唯独只剩下了那种纯粹的、可怜的道德动机，并且那种动机的运用是毫无极限的。最后，可能除了给我们每一个人的那个不值一提的毫无意义的领域分配一份名义上的健康之外，我们每一个人自己的生活也就不复存在了”②。

总而言之，康德主义者们的一个最为基本的思想是对理性的生活、对理性的人的肯定，对人的价值和尊严的肯定，对那种盲从于感性冲动的动物式的生活的否定；在康德看来，若没有了理性规范的存在，我们每一个人便是以纯粹的感官享乐为满足的、受到各种欲望驱使的那种动物性的存在，但是这与自然授予人的种种禀赋及理性的初衷是背道而驰的。威廉姆斯认为，康德主义者们告诉我们除了依照他们对于人的理性编制的那种生活之外，我们每一个人便是受到各种感性欲望驱使的动物性的存在。由此我们能够对康德主义者们理解和编造的理性的那个人有一定的理解，能够看到康德主义者们那个意义上所谓的理性之人的那个图景，或者说可以看到康德所谓的理性之人是什么样子的。若想要保证康德主义意义上的那个人，一个人就必须具有康德那样的理性思想，必须认可和赞同并且积极主动地兑现那种纯粹性的道德义务，而不论康德主义意义上那种纯粹性的道德义务是多么的空洞、肤浅和抽象。③在威廉姆斯看来，康德主义道德哲学最大的特点和危害在于：“康德主义歪曲了道德，错误地没有把道德义务看成是种种形式的

① 伯纳德·威廉姆斯．道德运气．徐向东译．上海：上海译文出版社，2007：27.

② 伯纳德·威廉姆斯．道德运气．徐向东译．上海：上海译文出版社，2007：36.

③ 需要强调的一点，既然威廉姆斯否定康德脱离具体语境的抽象思考，坚持日常生活的道理，这里似乎已回到生活中，反思一些生活道理，很多问题似乎都没有什么讨论的必要，至少没有如道德学家争论的那样难以解决。或许，如威廉姆斯在书中开始时指出的，我们和亚里士多德、康德这些伟大的哲学家有着不同的时代背景，不同时代背景中的人有着不同的规定，有着不同的思想认识，包括对人和对世界的思想认识。如果是这样，如果肯定人的时代性，那么对康德的道德哲学能不能这样直接拿过来放在我们当代的语境中这样批评，就是一个需要进一步讨论的问题。

伦理考虑之一。康德主义歪曲了实践必然性，错误地认为它是伦理所特有的；康德主义歪曲了伦理实践必然性，错误地认为它是义务所特有的。与此同时，道德很有可能使我们错误地认为，假若没有了义务的存在，就唯有剩下随心所欲的喜好；假若没有对道德的积极赞同，就唯有剩下不可抗拒的强制；假若没有康德主义意义上的那种完全的纯粹性的正义，那就根本上没有所谓的正义的存在。康德主义者们的这些哲学上的错误就是一种依然对生活有非常强大的、根深蒂固的误解的最抽象的表现。”①

① Williams B. Ethics and the Limits of Philosophy. London: Fontana Press，1985：196.

第三章　威廉姆斯对功利主义的批判

通过第二章的讨论，我们可以得知康德主义的道德标准，一方面，它非常严重地侵犯和否定了我们每一个人的一切目的当中的利己的自由和欲望；另一方面，由于它否定和反对所有个人利益的追求，所以它完全堵住了我们每一个人增进全社会和每一个人利益的最强有力的源泉。概言之，康德主义是赋予我们每一个人的害与利的比值最大的那种道德。相反，就功利主义的道德标准而言，一方面，由于它只是否定和侵犯了我们每一个人的损人利己的自由和欲望，所以它对我们每一个人的自由和欲望否定和侵犯最为柔和；另一方面，由于它认可和鼓励所有有利于全社会和其他人的个人利益的追求，提供了增加全社会和我们每一个人的利益的最强有力的源泉，所以增加全社会和我们每一个人的利益尤其神速。由此，总而言之，伦理学人皆知的所谓的功利主义道德便是给予每个人的利与害的比值最大的道德。[①] 而自 19 世纪初至 20 世纪 60 年代，为顺应商品经济和资本主义机器大工业的大发展，西方思想家力图建立一种反映这种大发展要求的比较完备的道德理论；而功利主义就是其中最为典型的一种理论。毫不夸张地说，功利主义在道德哲学、政治哲学和法哲学领域处于不受挑战的统治地位，完全一统天下。直到 20 世纪 70 年代，西方出现了一批学者名流，其中尤以罗尔斯（John Rawls）[②] 为代表，他们强烈批判了功利主义，彻底打破了功利主义一统天下的局面。就威廉姆斯来说，他对盛名远播的功利主义同样有着最为激烈的批评。在此，为使我们更好地理解威廉姆斯对功利主义的批判，还是有必要对该理论再赘言几句，为威廉姆斯将“靶子”的方位和形状描画一下，以便于我们看得更为清楚。

---

① 王海明 . 功利主义与义务论辩难 . 社会科学，2003（12）：75-83.

② 罗尔斯（John Rawls）于 1971 年发表《正义论》，对功利主义进行了严厉批判。罗尔斯的功利主义批判“一石二鸟”：从各个角度对功利主义提出批评，颠覆了功利主义的统治地位；不仅要把功利主义扫地出门，而且要把自己的正义观梳理为功利主义的替代者。此后，这种以权利为基础的自由主义便成为西方的主流。关于该观点详见：姚大志 . 批判之批判：功利主义对罗尔斯的反驳 . 复旦学报（社会科学版），2010，(3)：120-126.

第一节 功利主义哲学的主要意蕴考量

作为一个学派[①]，功利主义产生于英国的18世纪末19世纪初，而当时的英国则已经完成了工业革命，作为工业革命的发源地而成为资本主义发展最为迅速的世界一流国家。迅速提高的生产力，深刻变化的社会结构和生产关系，使得当时的整个社会进入了激烈的政治对抗和经济竞争状态。具体来说，当时的资产阶级既要和无产阶级斗争以维护和巩固资本主义制度，同时还要和封建贵族较量以取得统治权。发展迅速的资本主义经济，表现出来的一个大趋势就是从自由竞争走向垄断竞争。由此，“利益被提升为人的统治者”体现为当时社会的第一个结果，换句话说，“人与人之间只存在商业关系，统治世界的是财和物”[②]。在这样的一种社会背景之下，彻底打破一切重新洗牌，为获取更多更大的利润而实行那种纯粹的自由竞争，这是当时的资产阶级所要求的。概言之，回归主题，即当时的资产阶级对所谓“自由主义”的社会政治要求很高，诸如政治民主、博爱、公平、公正、自由等，而本书所要探究的功利主义就是这种呼声四起的社会政治要求在社会伦理观上所主要表现的。

杰里米·边沁是功利主义伦理学的开创者，他当时主张知识的重要基础是感觉经验，这和他在哲学上深受爱尔维修、洛克等的影响紧密相连。苦乐情感是人性或者道德的基础，这是边沁在伦理学上所认为的。“自然把人类置于‘苦’和‘乐’这两个至上的主人的统治之下，唯有这两者能够指导我们的伦理行为。”[③]这是边沁所要表达的意思，也即他把道德判断的标准归于人的快乐的和痛苦的感觉，把快乐和痛苦作为人的行为遵循标准。乐即善，苦即恶，“乐”和“善”在边沁看来是一个意思。所以，评判一种行为的“善”之程度，主要在于考察这种行为所带来的“乐”大于“苦”的余额大小。那么，功利这一概念究竟是什么呢？在边沁看来，“功利主要就是指的一种所谓的特性，即某一种外在的事物给当事人避祸求福的那种独特性质……其中的当事人若具体所指的是某个人，那么幸福就是那个人的幸福；若具体所指的是整个社会，那么幸福也就是整个社会的幸福”。[④]深入一步，功利原则又究竟是什么呢？在边沁看来，“所谓的功利原则，指的就是当我们赞同或反对某一种行为之时，关键要看的是该行为究竟是增加或减少了当事人的幸福；或者换种方式加以理解，其中的基准即以该行为增加或减少了当事人的幸福”。[⑤]从本质上来说，幸福感和快乐并不存在任何差异，而只有那种所谓量

① 众所周知，功利主义作为一种系统的、经严格论证的独立学说，是在18世纪末19世纪初，由边沁和密尔完成并由密尔正式命名的。

② 马克思恩格斯全集（第一卷）. 北京：人民出版社，1956：674.

③ 周辅成. 西方伦理学名著选辑（下卷）. 北京：商务印书馆，1987：210.

④ 周辅成. 西方伦理学名著选辑（下卷）. 北京：商务印书馆，1987：212.

⑤ 周辅成. 西方伦理学名著选辑（下卷）. 北京：商务印书馆，1987：211-212.

上的大小，是边沁所指出的。同时，他就快乐的计算问题提出了一种“快乐计算法”，即强度、持久性、确定性、迫近性、继生性和纯度及范围这七个因素决定苦乐价值的大小，“道德温度计”是这种计算法的形象称号。

行为者一己的快乐和幸福，以及“最大多数人的最大幸福”都由边沁所指的快乐和幸福所包括。“幸福”和“利益”在概念上是等同的，“社会是一种虚构的团体，它由被视为其成员的个人组成（构成），而社会利益则是构成社会的所有各个成员的利益的加和”。[①]这是边沁所认为的。这其中所包含的意思，即要想实现社会利益，只要我们每一个人尽力追求个人利益就行，其中体现的便是功利主义的个人主义特征。作为一种典型的效果论，论及功利主义的动机与效果这两者之间的关联，边沁认为动机自身善恶这一说法并不存在，某个行为孰善孰恶，主要考察其结果便可。所谓善，无非是这个行为可以带来快乐或者消去痛苦；所谓恶，无非是这个行为可以带来痛苦或者消除快乐。边沁举了一个法律案例加以论述，即对于任何一个杀人犯来说，不管他的内心是多么的慈善，但绝对丝毫不能减轻他所犯下的恶；就某一个救人英雄而言，不管他的内心是多么的恶毒，但绝对丝毫不能降低他英勇救人所积下的善。“动机的恶是由于它存在避免‘快乐’或制造‘痛苦’的那种趋势，反之，动机的恶是由于它存在避免‘痛苦’或制造‘快乐’的那种趋势。”[②]一是自然制裁，即灾难的制裁；二是政治制裁，即官方的法律制裁；三是社会制裁，即道德或舆论的制裁；四是宗教制裁，即教旨的制裁。边沁提出了以上四种制裁方法以保证最大多数人的最大幸福的实现。然而，尽管边沁系统阐述了自己的功利主义思想，但他对最大幸福主义和快乐论原则，以及诸如正义和良心等一些重要的伦理学命题却没有进行全面而充分的论述和证明。

约翰·斯图亚特·密尔捍卫了边沁的学说，同时把边沁的学说推向了一个全新的发展阶段。作为英国功利主义思想的集大成者，密尔正式采用“功利主义”一词概括边沁学说的性质，同时在继承边沁功利主义学说的基础之上，按照19世纪中叶英国资本主义发展的新形势进一步修正和发展了边沁的学说。1861年《功用主义》一书的出版，标志着密尔的功利主义伦理思想在他那个时代的发展达到了最高点。密尔的功利主义指出，“承认道德基础的信条就是功用，抑或换言之，行为的‘是’和它所促成幸福的倾向成比例，反之行为的‘非’与它所促成不幸福的倾向成比例，去掉快乐和持续不快乐是不幸福所指，保持快乐和去除痛苦是幸福所指。这即最大幸福主义所认为的”。[③]那么，这里的“幸福”到底是指人类的共同幸福？抑或个人的幸福？我们应该怎样加以解读呢？功利主义价值观的解读关键也在于此。密尔对此反复强调：“那个标准是一般人的最大幸福，而并非行

① 周辅成.西方伦理学名著选辑（下卷）.北京：商务印书馆，1987：212.
② 周辅成.西方伦理学名著选辑（下卷）.北京：商务印书馆，1987：230.
③ 约翰·穆勒.功用主义.唐钱译.北京：商务印书馆，1957：6.

为者自身的最大幸福。”[①]“行为上是非标准的幸福在功用主义看来是一切与这行为相关的人的幸福，而并非行为者一个人独自的幸福。”[②]人类有牺牲自己最大福利而为了别人谋福利的能力，这是密尔的功利主义道德观所确认的。然而，只要是可以作出自我牺牲而为别人的行为，则都是为密尔的功利主义道德观所大加赞美的，反之不可以增加幸福总量的牺牲，在密尔的功利主义道德观看来则都是毫无意义可言的。快乐既有量上的大小，又有质的区别，有些种类的快乐内在的优越于其他种类的快乐，这是密尔所指出的与边沁不同的一点。密尔的一句经典名言，即“做一个不满足的苏格拉底比做一个傻子好，做一个不满足的人比做一只满足的猪好”[③]。同时，密尔认为不同质的快乐必须依据我们的生活经验加以区分。如果两件快乐中的某一件被视为优于另一件，哪怕这某一件造成巨大的不满足，但人们始终就是认可它和接受它，同时不愿意因为换取其他快乐而放弃它，由此这被认可和接受的快乐，在这样的情况之下就有理由被我们确定为他在质上优于其他的快乐。在密尔的功利主义伦理观中，大多数人最大幸福的实现是以个人利益的获得为出发点的，他认为从利己向利他的转化是通过联想心理实现的，密尔运用了联想原理解释道德现象。在密尔看来，一个人作出一种利他的行为只是为了从中获得某种利益，同时也确实得到了应得的利益。类似的行为如此循环多次，很自然地就会在一个人的观念中形成那种相继的联想，而人们随着那种联想的不断强化，就会消除自我牺牲所带来的痛苦，进而从利他的行为中获得快乐。“美德并不自然是，本来是，目的的一部分，但可以变成这样；而且在不计利害地爱好美德的人，美德已经成了目的的一部分；他们欲望并珍爱美德，不是因为它是取得幸福的工具，而是因为它是幸福的一部分。”[④]概言之，就是人们的行为在一定的环境中可以通过心理联想使其相联系。这也是功利主义借以建立的心理学基础。此外，密尔认为功利主义的道德内含坚不可摧的基础，“这个坚不可摧的基础就是我们人类的社会感情，那种要和人类成为一体的欲望”[⑤]。基于人类的共同理由和共同目标的需要，同时对于人类消除孤独生活的单纯利己本性而增长互助、利他精神有所帮助，由此便逐渐形成这种社会感情。最后，密尔还很强调良心的作用，即那种内在的制裁力，也即他不只是强调外在制裁力的作用，这是他和边沁所区别的一点。自然的规罚、社会的惩戒、人们的同情及上帝的恩宠等被外部制裁力所涵括，“我们

---

① 约翰•穆勒．功用主义．唐钱译．北京：商务印书馆，1957：12.

② 约翰•穆勒．功用主义．唐钱译．北京：商务印书馆，1957：18.

③ 约翰•穆勒．功用主义．唐钱译．北京：商务印书馆，1957：10. 这句话采用另一种译法，即为“做一个不满足的人胜于做一只满足的猪；做不满足的苏格拉底胜于做一个满足的傻瓜。如果那个傻瓜或猪有不同的看法，那是因为他们只知道自己那个方面的问题。而相比较的另一方即苏格拉底之类的人则对双方的问题都很了解”。详见：密尔：功利主义．徐大建译．上海：上海人民出版社，2008:10.

④ 约翰•穆勒．功用主义．唐钱译．北京：商务印书馆，1957：39.

⑤ 约翰•穆勒．功用主义．唐钱译．北京：商务印书馆，1957：33.

个人内心的一种情感，一种违反义务即将随之而有的痛苦”[①]。良心则是内部制裁力所指。其中，在有德性修养之人的身上，这种痛苦情感的体现是尤为强烈的。

回到开始于20世纪五六十年代所谓功利主义伦理学的现代复兴，论及其中的原因则主要体现在两个方面。资本主义国家的生产力在第二次世界大战之后的跨越飞速发展，使得现代资本主义已经发展到了一个全新的阶段，这是第一个方面的原因。正义、稳定和合作及效率是现代资本主义社会的主要特点，这是罗尔斯曾经不无粉饰地归纳的。而因为缘于社会中个体的生存困境和科技，以及社会发展所带来的道德两难选择，现代资本主义社会也亟待解决一些迫在眉睫的棘手问题，另外一个方面的原因即在于此。面对这些客观存在的现实问题，功利主义自然而然就需要尝试全新的改造和创新其自身理论，以很好地适应现实的需要并且反映现代社会的真实特性。由此，现代功利主义在20世纪50年代末60年代初日益形成，与此同时影响力也不断地扩大，其中影响力最大的两派便是准则功利主义和行动功利主义。这里准则功利主义和行动功利主义的区分关键所在便是“行动”。如果我们采用“某些类行动”加以解读并接受“行动”，那么我们对于“准则功利主义”学说就很容易获得了。反之，如果我们采用“特殊的个体行动”加以解读并接受“行动”，那么我们对于“行动功利主义”学说就很容易获得了。[②]

具体来说，准则功利主义的代表性人物是美国伦理学家布兰特，行动功利主义的代表性人物是澳大利亚哲学家斯马特。那么，这两个概念的含义究竟是什么呢？粗略地说，“所谓准则功利主义，它主要是依照在相同的具体境遇里，根据我们每一个人的行动所应遵循准则的好的或坏的整个效果，从而进行判断行动的正确与错误”[③]。“所谓行动功利主义，它主要只是依照行动所产生的好或坏的整个效果从而进行评判行动的正确与错误，换言之，它仅仅就是把行动对于一切有知觉的存在者，或者说是对于我们的全人类的福利所产生的效果作为评判的依据。”[④]一般情况之下，在违背某个准则的结果的善性和遵守某个准则的结果的善性两者之间，假若行动功利主义者觉得前者在总体上大于后者，那么这某个准则就是我们所必须违背的，也即对于功利论者评价结果而言，准则基本上就是无关紧要的一个东西。但对于准则功利主义者来说，某个行为的正当性唯有依照它符合某种准则与否而获得检验，也即这某个准则将是否被视为一种可接受的道德准则是由其自身被采纳的结果所决定的，而某个行为的正当性通常并不是依据评判其结果获得检验的。即行动首先由准则检验，而准则则由结果检验。如下两个方面是我们直接依照个人行动的结果对其开展检验的情况所主要表现出来的：一是某个行动

① 约翰·穆勒.功用主义.唐钱译.北京：商务印书馆，1957：30.

② Smart J J C.Extreme and Restricted Utilitarianism：Introduction to Philosophy. New York: Oxford University Press，1986.

③ 斯马特J J C，威廉姆斯B.功利主义：赞成与反对.牟斌译.北京：中国社会科学出版社，1992：9.

④ 斯马特J J C，威廉姆斯B.功利主义：赞成与反对.牟斌译.北京：中国社会科学出版社，1992：4.

处在有所区别并且自相矛盾的两种准则的统治之下；二是从根本上来说统治特定情况的所有其他准则都是绝对不存在的。这是准则功利主义者所认为的。在斯马特看来，行动功利主义尊重的是行动事实本身，而并非准则；反之，准则功利主义把道德准则与德性、幸福等同视之，它明显含有一种“准则崇拜”的倾向。斯马特认为准则功利主义不是把那种具体化的视为行动，而是把行动看作所谓的类型化的，所以那种共同遵守准则的所谓的类的特性也才是它奢望人们的行动所具有的。由此，准则功利主义根本上就不能够解释特殊境况下所发生的道德冲突，同时也不能够说明人类的特殊行为。

例如，对于某个所谓的英雄在敌人面前所表现出来的机智勇敢的诱骗行为，“不许说谎”这样一个规则不仅从根本上不能够说明这个英雄的聪明善变，相反还会因此把这个英雄的机智善变行为看作是严重的反道德的。类似这样的常识性问题也被斯马特意识到了：一般来说，我们采取行动往往是依据于某个习惯性准则，而通常正当的、能够带来快乐的正是这些习惯性行动。然而，这对于我们的行动而言，准则是否就代表着一定具有强大的指导力呢？显然，这种解释在斯马特看来是无法成立的。其实，在日常伦理生活中，我们随处可以看到依照习惯性准则行动的事实，而准则功利主义也往往由此证明行动的重要性远远不如准则的重要性；而行动功利主义者认为习惯性规则在他们的世界里，完全仅仅只是那种纯粹的数数式的规则。在一般情况下，我们参照那些不是唯一的准则而采取行动，通常也是在来不及思考，或者没有时间思考种种情景和结果，而不具有这种功利思考和计算的行为则只能算得上是一种所谓的习惯性行为，由此，既然那种结果不是经过道德层面加以思考的，从而很自然地也就无从对我们的行为进行道德评价。由此我们可以作以论断，准则功利主义所主张的合理性是不能够得到证明的，因为习惯性行为不是道德行为。

此外，在斯马特看来，“仁爱的情感而非利他主义的情感是行为功利主义所意蕴的基本道德原则。既不要自认为比其他人更为重要，同时也不要把自己看得比其他人渺小，这是所谓仁爱的情感。纯粹的利他主义可能导致我们每个人作出各自不同的选择，其中各个选择之间甚至是相互冲突和矛盾的，即使在完全相同的境况之下也会是这样，所以纯粹的利他主义无法构成普遍道德的基础。很简单的一个例子，当两个人都试图让对方先行一步进入房门，这时候就会出现尴尬的场面”①。利他主义所强调的价值是相互谦让和相互帮助，而仁爱所强调的则是让更多的人过着幸福的生活，或者说有着一种幸福的处境。斯马特认为，关于正义和功利主义这两者之间的关系，“有着那么一种完全脱离现实的奢望，即希望所有切实可行的伦理学体系在所有方面都能够投合我们的情感和天性。假若功利主义的伦理理论有些时候只好接收非正义，而其中受到正统教育的那些人实际上很排斥这

---

① 斯马特 J J C，威廉姆斯 B. 功利主义：赞成与反对 . 牟斌译 . 北京：中国社会科学出版社，1992：31.

种可能性的。反之，对于义务论的伦理理论，我们也会表现出排斥的态度，原因在于这种理论有时候防止一些可避免的苦难是完全不应该的，能够避免的巨大苦难可能就是那种苦难”[①]。“假若造成苦难可能是由于任何某个非正义，那么我们为其寻求辩护则可采用‘两恶之中择其小恶’。”[②]

布兰特的准则功利主义与行动功利主义[③]相互对应，布兰特主张现代元伦理学和道德义务论的某些精髓思想，从而构建适应现代社会现实生活的一套道德行为规则体系。在布兰特看来，伦理学当中两个最基本的核心范畴便是善与正当，目的论与道义论这两种不同的伦理学类型通常由对善与正当这两个范畴的不同偏重构成。布兰特的这种试图建立一种全新的准则功利主义的做法，其实就是综合调和的一种方式，自身个人独特的道德善论和道德正当论是他所构建的，同时为结合道德善论和正当论这两者，他采用了重新构建定义的方式。其实，布兰特伦理学的基本出发点和切入点即在于此。

关于合理行为的完整道德善论，布兰特的理论的主要内容包括：其一，合理行为或者是最佳行为的结果被要求为道德的善；其二，充分的行为认知理论依据是合理行为所选择的基础；其三，为了保证行为动机机制不要出现错误，必须对快乐和欲求等行为主体的情感和心理等展开理性批判；其四，使人们按照行为法则进行践行合理的行动，则主要是通过发生理论和行为认知理论这两种标准尺度。布兰特指出，有关道德准则系统的一些基本问题主要由涉及行为正当性的研究所形成，而对于道德善论的一些基本问题则主要由涉及行为的合理性的研究提供答案。社会的道德准则，即社会对道德行为的限制系统，被布兰特定名为“道德法典”。“在布兰特看来，多元论的道德法典系统就是唯一正确的理论选择。存在可能的只有那种具有多条道德规则并同时经过合理的选择的系统，这种系统实现福利是以最大的限度进行的，所以是非常具有理性的人们才支持的那种道德系统。”[④]而论及这种道德系统的基本特征，其主要包括如下几个方面：其一，这种道德系统严格来说是由很多种道德规则而非由唯一的某个原则所构成的道德法典系统；其二，这种道德系统的目标是“最大限度地实现福利”；其三，尽管这种道德系统的终极目标是具有很功利性质的，但是它强调的是形成功利目的的行为准则系统，而并不是功利本身。同时，布兰特还进一步指出，一种道德法典只有兼顾个

① 斯马特 J J C，威廉姆斯 B. 功利主义：赞成与反对 . 牟斌译 . 北京：中国社会科学出版社，1992：69.

② 斯马特 J J C，威廉姆斯 B. 功利主义：赞成与反对 . 牟斌译 . 北京：中国社会科学出版社，1992：68.

③ 在搜集资料时可见，act-utilitarianism 的翻译有两种，一种被译为行为功利主义，另一种被译为行动功利主义。这说明对于该术语的译法，以及行动和行为的区分并没有明确的意识。笔者认为，行动 (action) 和行为 (behavior) 的区别与“意向性”相关，即一种行为如果有意向性，才能称之为行动，反之则不能称之为行动。当然，行动和行为的区分是个较为复杂的话题，本书强行把 act-utilitarianism 译为行动功用主义，其中的具体区别在此不展开论述。可参见：童世骏 .“行动”和“行为”：现代西方哲学研究中的一对重要概念 . 社会观察，2005，（3）.

④ 理查德·布兰特 . 善与正当的理论（英文版）. 纽约：牛津大学出版社，1979：286.

体和众人的需要和能力及个人的自私欲望等，才能够指导人们行为达到最大限度的福利实现。

总的来说，这一伦理类型内部两种主要的理论倾向由斯马特和布兰特两人代表，而概括起来他们两人之间的理论差异则表现在如下几个主要方面：他们的基本理论观点和思想的明显不同是其中的第一个差异，也即布兰特的出发点是基于某种具有共同特点的行为类型，而斯马特的出发点又是基于个体的特殊行为。第二个差异是两者的理论中心不同，用以规范合理行为的规则系统是布兰特强调的，而行为与效果是斯马特强调的。第三个差异是理论目的根本性不同，竭力修正传统，创建一种全新的功利伦理学体系是布兰特所追求的，而要捍卫和光复传统功利主义则是斯马特的主要目的。但话说回来，不管布兰特和斯马特之间的区别有多么复杂和深刻，但他们的功利主义的理论性质在根本上是没有差异的，终归都仅仅是作为功利主义这一理论类型内部的区别，他们的共同宗旨始终都只是为了维护和发展某种功利主义的伦理学而已。一言以蔽之，他们的分歧基于这一终极层面而言则并非是实质立场上的，而仅仅只是风格上的或理论形式上的。这是我们必须明确的一点。

第二节 “幸福”让人感到难以自圆其说

综上所述，功利主义的理论基础（基本概念）是幸福，认为幸福是人一生的追求和目标。的确，我们每一个人都会身不由已地回避痛苦，而本能性地会追求快乐。我们判断一种行为是否是道德的、和善的行动，主要在于考察这种行为所带来的快乐成分是否占据优势，这种行为带来的是最大的幸福，那么也就代表着这种行为带来的完全是快乐而不存在痛苦。由此，所谓达到了最大多数人的最大幸福，也即大多数人都争得了这种最大幸福。这是边沁的快乐计算方法，或者说这就是边沁的功利主义原理或最高功利原则。[①]密尔也持有相同的观点，快乐之所以是幸福，就因为它能使人满足一定的欲望，因而能够使人感到幸福。功利主义要求人们尽可能追求所能达到的最大幸福。如此，若是按照纯数学的意义进行理解，边沁的这种对快乐或幸福的量的计算和比较方法，显然应该是能够给予肯定和接受的。但假若用于人类和社会生活的各种复杂行为，边沁所认为的都只不过是一些幼稚的、肤浅的和经不起考验的谬论。原因在于不管是作为行为评价方法，或者是作为行为评价标准，在不确定快乐的性质的前提之下，只是单一地探究快乐的量的大小，那肯定都是不合实际的思想和做法。正如阅读诗歌和参加赌博在边沁应用于实际生活中来说，这两者所具有的意义和价值是同样的。由此，我们

① 宋希仁．西方伦理思想史．北京：中国人民大学出版社，2004：370-371.

可以根据边沁的理论展开如下推论：某个人行窃所获得的快乐和这个人被盗所遭受的痛苦这两者相比较，假若前者大于后者，那么这个人的行为就是善的，或者说就是道德的，毋庸置疑，这是荒唐至极的。与此同时，道德制裁的广泛方式和内容实际上是边沁所阐述的四种道德制裁方法所忽视的，尤其是对于人们内心的道德制裁没有给予关注，对于良心这个道德法庭的作用几乎忽略不计了，由此使他的道德制裁理论成为片面的外在他律性道德，无形之中没有了真正的道德自主性的意义可言。

然而，随着理论的不断发展和替代更新，尤其是在面对诸如幸福之外的一些东西，如更加可贵之类的质疑时，传统的这种表述完全不能够自圆其说，建立在福利主义框架之内的现代功利主义，其极力采取愿望、利益和满足及爱好等一些更加中庸化的概念进行代替幸福的概念，而对于我们应该真正喜欢的和欲望的，以及什么是人们的利益和什么能使人们满足等不进行硬性规定，使功利主义能够以比较中立的面孔出现。但这并没有改变功利主义的理论基础，但存在于那些改进过的理论之中仍然含蓄地包括了幸福，只不过“现代功利主义十分模糊了所应该体现的幸福概念，以至于似乎可以随着情况的变化灵活机动地应付”[①]，如此而已。但威廉姆斯对此便是完全否定，在威廉姆斯看来，幸福不足以具有那么大的魔力能够成为任何道德理论所谓关怀的对象和建构的基础。威廉姆斯将人的整个生命和道德紧密关联在一起，明确主张应该回归到古希腊哲学，也即在他看来，“eudaimonia”这个词的含义在古代哲学家那里和当今的幸福概念的涵义基本上不一样，但是在亚里士多德和柏拉图那里，假若对于成为某类人和对某类生活的向往和追求的人是理智的，那么促进这么一种使人知足的状态的东西就叫做“eudaimonia”，“happiness”通常便是对这个词的翻译。譬如，我们可以说有一天你很幸福，另一天你不幸福，这种说法在现代是有意义的，但“eudaimonia”不能这样用，它指的是构成一个人整个一生的状态，“是整个生活的整体效果，而不是某时某处的某种乐趣”[②]。威廉姆斯用良好生活（well-being）来表示“eudaimonia”所要表达的那种状态。[③]

那么，究竟什么是所谓的良好生活呢？威廉姆斯进一步指出，由于我们每一个人喜好的和所欲求的通常都是那种道德上不正确的东西，所以我们每一个人获取我们所喜好的或者我们所欲望的结果完全可能不是所谓的良好生活。从根本上来说，幸福和良好生活这两者，或者说这两个概念是完全不等同的。在一般情况之下，当我们说某人是幸福的，那么这绝对代表了他至少是以肉体上那种所谓的苦难不能扯平感官上体验到的快乐为前提，或者说他的痛苦一点儿都不严重，或

---

① 麦金太尔 A. 伦理学简史．龚群译．北京：商务印书馆，2003：316.

② 赵汀阳．论可能生活——一种关于幸福和公正的理论．http://www.docin.com/p-579678120.html [2013-3-5].

③ Williams B. Ethics and the Limits of Philosophy. London: Fontana Press，1985：34.

者说他其实根本上就没有什么苦难。当然，有一些价值可以说完全与幸福毫无关系，不如我们从冒险、不确定性，甚或是磨难和痛苦及绝望之中发现真正价值的所在；尽管我们在很多时候坚持一些德性的立场很有可能会减少幸福的总量，但我们往往又始终会非常看重和在乎诸如牺牲、责任和正义及公平等价值。无疑，由于很多价值是与我们的良好生活内在吻合、是在幸福之外的，所以把幸福作为道德判断的唯一标准的理论，对于很多矛盾才不能够给出让人满意的答案。因此，我们完全可以这么说，良好生活的内涵在一定程度上比幸福的内涵更加的丰富和宽泛，或者说，良好生活是完全高于幸福的。作为内在于我们满意和喜好的生活的东西，良好生活在古希腊哲学家那里构成了值得我们追求的和向往的而又有价值的生活。甚至威廉姆斯还认为，“按照一个人应该是什么样子的存在”和所谓一个人的良好生活相距很为切近，那是作为人的一种所谓的应然状态。因此，哪怕幸福被某个道德理论拒绝视之为最高追求，但这个道德理论也不会把我们对人类良好生活的那种关怀拒绝纳入到自己的体系之中。换言之，道德见解的更为广泛和更为恰当的基础，严格来说应该是人类的良好生活，而并不一定是建立在对人类幸福的那种关切之上的。因此，威廉姆斯认为，倘若以对人类幸福的那种关切作为其理论优势的话，功利主义绝对是无法站稳脚跟的。而在作为一个道德理论的基础方面而言，威廉姆斯已经明确表示良好生活这个概念比幸福这个概念更具有潜在的优势，同时他对自己的这一观点进行了有力的辩护。这明显间接而有力地削弱了功利主义以幸福作为理论基础的说服力。另外，在《道德：伦理学导论》一书中，他还检验了功利主义的幸福概念及其理论特征，正面揭示了最大幸福原则之下的理论矛盾和缺憾。那么，究竟为什么功利主义对于我们的道德思考会有那么大的吸引力呢？威廉姆斯指出，那是由于功利主义的观点承诺了它的理论满足四个颇有吸引力的前提条件。[①] 具体包括以下几个方面。

第一，功利主义所倡导的目标不依赖于一些可疑的形而上学意义的实体，也不依赖于灵魂的存在或者上帝的存在，它是那种非超验的。功利主义在人类生活领域之外没有什么别的诉求，它只是从人的本性出发，也即不是从神的层面去考察价值的起源与目的和道德的起源与目的，强调道德最终是使人幸福，彰显了人的尊严、价值和主体性，这的确对人的精神解放有着不可小觑的作用和效果。其实，这也就是上文我们谈到的边沁所谓的避苦趋乐。由此，边沁从人出发和彰显人的主体性这一观点，完全可以算作它的理论贡献和吸引力，哪怕他关于人的本性的论述不够精当。但这仍是我们应该给予客观肯定的。

第二，功利主义的幸福，也就是基本善，好像在很大程度上尽可能地降低了以下这个理论的可疑性：我们任何一个人都是独一无二的，但我们每一个人肯定都想要追逐并得到幸福，同时一定以尽可能多地达到最大的幸福量为目标，乍一

① Williams B. Morality: An Introduction to Ethics. Cambridge: Cambridge University Press，1972：90-92.

看这完全是个非常理性的目标，这个目标在功利主义看来具有毋庸置疑的客观性。可是，功利主义的目标究竟是否可以就算作幸福这个所谓的“毋庸置疑”的目标呢？这是威廉姆斯的直接疑问。其中的原因主要在于两个方面，威廉姆斯指出，一方面，良好生活这个概念在很多情况之下比幸福这个概念具有更加广泛的说服力，但本身不容相信的是幸福到底是否就绝对被视为我们生活的目标？另外一方面，就算我们放弃第一个方面的怀疑，但是究竟能够在哪个意义层面之上达到这个幸福的目标，这也是功利主义特别不明朗的一点。

第三，从理论上来说，可以通过对结果的经验计算判定道德问题，走出了形而上的惯性哲学思辨，道德思维被功利主义加以经验化了，甚至于一些公关政策层面问题的处理也运用于此。[①]准确地说，这是功利主义最为可喜的一大特征。具体而言，这一特征的最大吸引力在于它使得某种技术上的约束可以统统代替所有道德上的混沌，关键只要相应计算的方式方法能够被我们找到，那么就能易如反掌地解决我们面对的一切道德难题，晦涩难懂的伦理学问题可以由明了清爽的数学计算所更换和代替，困顿的道德本质特性从此在我们心间变得不再那么的无比神奇了。但是，这真的会如此地让人兴奋不已吗？威廉姆斯不以为然。哲学伦理学和道德哲学与人的本身及人类的伦理生活紧密关联，其自身就不是那么的显而易见。但是我们每一个人的伦理生活是复杂多元的，丰富多彩的人类伦理生活不能够由功利主义的最大幸福原则阐释清楚；每一个人不是分离性的，而是完整化的，功利主义的后果论把人的意图和行动严重地分裂开来，这都是其无法躲避的困惑。

第四，不论是关涉各种对象差异关怀，还是关涉某个对象的差异主张，功利主义给予了一种非常通俗的道德思考，即所有问题都能够从理论上换算成幸福来展现。这是尤其关键的一点，因为道德理论所不能够解决的一系列其他著名难题被它明了揭示，它独有的魅力在道德矛盾的冲突问题上尽显光彩。从最简洁的意义上来说，道德矛盾指的就是我们面临着相互矛盾的几种或者就是两种道德义务或责任需要去选择从而采取行动。比如，某个人依据某一种道德责任或义务应该选择甲行动，而根据另外一种道德责任或义务他又应该选择乙行动，甲和乙从各自的角度进行考察都有其合理的一面，但是它们彼此之间却又难以融合，而这个人又不能同时兼顾甲乙两者，很自然，道德两难的情境就出现了。

非常简单明了的一个推理，如果依据甲行动，那么就会由于对乙所涵括的道德责任不能够履行而内心挣扎；如果依据乙行动，那么就会因为不能够履行甲所涵括的道德责任而纠结不安；如果既不依据甲也不依据乙行动，那么就会由于明

① 实际上，虽然功利主义自20世纪70年代以来失去了一统天下的地位，但是它目前在当代道德哲学和政治哲学中仍不失为一支重要的力量。无论在理论层面还是在政策层面，功利主义在当代西方社会都占有着重要的地位。

显的逃避道德选择而陷入双重懊悔之中。这种简单的道德冲突唯独对于功利主义来说不值一提，而在其他各种伦理学说中都可能成为一个很大的难题。因为一切可能出现的冲突都被功利主义纳入最大幸福原则麾下，而缺乏内在对应的观点来阐释正确或错误的原因，唯独在一切抉择之中存在最好的那个是或不是；假若效果相等的两个过程出现，那么做哪个就都毫无关系了。因此从理论层面上来说，功利主义者好像完全不存在到底为选择什么样的行动而矛盾以至焦头烂额，其道德选择可以无比的理性而客观，好比明确而肯定的数学计算结果一样。

因此，所有冲突都被功利主义要求置于最大幸福原则的量度之下，社会的所有道德规范都被置于一边，行动者内心的道德情感都被搁浅一旁，而是选择那个最能够产生最大幸福的行动。当然，这种利索而自然并不是常人都能够做得到的，并不可以这么简单地处理很多情况，这是功利主义所遇到和必须面对的困难。比如，尽管有些行动在某个情境中是整体效果最佳的选择，但那样选择的行动也许就意味着要做错误的事情，委实让人无法理解和认可。依据威廉姆斯的论述，功利主义理论难以回避这个困难，难以做到自圆其说，同时这也完全可谓是功利主义画地为牢的结果。原因在于功利主义为道德思考设定了“最大幸福”这个普遍而不容置疑的目标，所以它的眼中只有效率；但是在某个价值体系中，矛盾的产生和存在是一种没有效率的表现，因此一切可能的价值矛盾都由功利主义规定所揭示。然而，我们主张和研究的领域被削减，那么矛盾也确实能够被减少，从而让生活变得更加简单，但实际上生活是非常复杂的，简单化了结是无法做到的。所以，道德冲突和道德困境不存在之时，或许就是胆怯的防范，是逃避、推辞考察眼前的事物，而不是那种理性的胜利。经由这种方式获取的效率的目标是否仍然是不容置疑的，这显然值得怀疑。

不难得知，即便是功利主义引以为豪的优势也受到了莫大的质疑和指责。威廉姆斯指出，除此之外，当我们进一步考察该理论的假设之时，我们就会很容易地找出很多乱子。比如，只有在某种程度上假设所分析的兴奋是能够对比的，这一种幸福能够追加到另一种幸福之上，我们才能够在评价任何道德主张之时把最大幸福原则视为一般的尺度；我们可能操持功利主义原则，那么我们唯有假设可以分析在同样的和不同的结果之下的幸福，并且能够整合有差异的幸福而化为普遍的幸福。边沁采用避免苦痛和所谓的快乐从而界定幸福，这一界定曾经一度被视为符合了种种假设，能够较好地确保功利主义实现任何承诺。退而言之，假使它符合了可以计算和可比较及可追加的条件，可它让人对于“不容置疑的客观性”这个条件却无从符合。那么，到底为什么会这么说呢？在威廉姆斯看来，第一，快乐越是被视作能够采用那些准算术加以处理，那么与此同时它就是越发远离了理性人的目标。第二，功利主义授予幸福概念的涵义宽泛过度，造成了涵括让我们惬意的生活作为目标的一切合理的组成因素，这就使得它和第三及第四个承诺更加相反，也就是说采用幸福这同一变量换算理论上承诺的一切价值，由此使得道德上的对错好坏统统可以经由对结果的经验计算获取评判，这不仅是不可以操持的，而且我们在幸福生活的范围中会把很多其他事物搁置其中，诸如爱、自由和正义等相关价值都是这些事物所根本涵括的，处理它们不能够参照第三和第四个条件以规定功利主义的方式进行，反之则会产生冲突。

威廉姆斯所想表达的是功利主义遇到的首要难题，即人类的终极目标并不必然就单单只是幸福这个概念，价值分解的最后因式也不是人类的终极目标，因为不可还原性和完整性是很多其他的价值所具有的，而并不可简单地换算成幸福，这和功利主义所想象的明显有所不同。如果功利主义的观点要维持下去，它的幸福概念就需要满足某些条件；但是如果它满足了其中一个，那它就与另一个条件相冲突了。在处理这个常见的难题上，功利主义最通常的措施是把概念修饰的让功利主义无法驾驭的“幸福”概念中的一些价值视为不是理性的，把我们的日常道德探索和理论描述成不正确的和杂乱无序的，并规定功利主义者必须涵盖“功利主义的理性”。然而，威廉姆斯一语中的地指出：这个措施是反复论证，检测何为幸福是功利主义的理性所在，进而将与其理论有出入的、形成反对意见的幸福的种类从功利主义的幸福概念中移除出去。什么是幸福？幸福就是功利主义的幸福。显然，这实属一种纯粹的狡辩，没有必要再与之争论。

由此可见，功利主义的理论基础是不坚实的，它的幸福概念不具有一个理论基础所应该具备的相容性和肯定性，完全不能够做到始终如一，反之是变幻不定，狠狠地弱化了功利主义理论的说服力和可信度，因此它所承诺的四个吸引力不能够成立，或者说经不起反复斟酌。这是威廉姆斯从理论层面上所认为的。而从现实层面上来说，威廉姆斯则认为功利主义的经验性很丰富，在被其他理论指责之时通常返归至经验层面，从而以其和现实人性融合作为最后防线，然而威廉姆斯指出这所谓的最后防线也被摧毁，威廉姆斯基本上向我们阐述明朗：在现实当中，良好生活的意蕴比幸福的意蕴要丰富很多，所谓的幸福不见得就一定是我们每一个人的终极追求。值得一提的是，麦金泰尔在其经典著作《追寻德性》一书中阐述了同样的观点，相当于对威廉姆斯的上述思想进行了较好的回应。在麦金泰尔看来，究竟怎样才算是一个好的生活，我们对此不具有一个常见性同意的概念。功利主义尝试经由依照幸福标准检验差异的价值从而硬性化解矛盾最后通向统一，然而这种统一并不完全是所谓的真正统一，因为幸福自身根本上就不存在所谓始终如一的概念，没有所谓的名为幸福的东西存在，唯有独一无二的幸福思想。我们究竟如何选择，功利主义根本上就不能够给予答案，原因在于功利主义自身就不存在某个关于究竟何为良好生活的客观标准。①

① 麦金太尔．德性之后．龚群，等译．北京：中国社会科学出版社，1995：338.

综上所述，威廉姆斯对幸福概念的质疑显然具有一定道理，在威廉姆斯看来，良好生活的内涵能够比幸福更为宽泛地涵括我们每一个人的种种喜好和欲望，良好生活的状态是我们每一个人必须追求的状态，而幸福则是与喜好和欲求联系在一起的，完全不是我们每一个人不得不去追逐的，如清教徒就是一个典型的例子。我们在一些情况下完全不知道哪些行为将会使幸福最大化，所以也就难以依照功利主义的立场去评判哪些行为在所谓道德上是正当的。然而，在笔者看来，威廉姆斯的这一质疑不够致命，只是有着很大的合理性。与亚里士多德进行比较分析，威廉姆斯的良好生活概念也是不够清晰的，同时也并没什么新意可言。对个人来说，我们能够理解威廉姆斯的“构成我们人的整个一生的状态”的其中所指，然而作为一种道德理论，完全没有告诉我们何为道德上的正当，以及何为“依据一个人应该是的样子的存在”。换言之，我们可以这样来理解，良好生活和人的应然状态究竟是什么，这本身就是一个难以说清的话题。就像威尔·金里卡所言，没有理由不正视这样一种可能性，即人类并非总能够确定什么是道德上正当的行动。[①]这应该不是功利主义独有的缺陷，也不是威廉姆斯或亚里士多德独有的问题，而是道德哲学本身的问题。

第三节　后果论忽视了行为者的道德人格

功利主义的现世性，即它对幸福的强调是该理论的首要特征，本章第二节威廉姆斯所给出的对功利主义的批判没有击中要害，接下来威廉姆斯把矛头对准功利主义的第二个特征——后果论，他认为功利主义都是后果论的，把事件的评价完全建立在对行动后果的计算和评价之上，忽视了行动者的道德人格。在此，我们分析一下威廉姆斯是否找出了其中的致命缺陷？

众所周知，由英国哲学家安斯库姆（Elizabeth Anscombe）洞见并首创性地提出了现代意义上的“后果论”或称“后果主义”（consequentialism）这一名词，随后直至20世纪中叶才首先被广泛采用，主要指将对行动的评价建立在后果[②]（consequence）基础之上的那些道德理论或道德观点。这一观点由安斯库姆在1958年发表的《当代道德哲学》一文中阐述，同时，这一观点一直被休谟、边沁、密尔和西季威克，以及摩尔等英国功利主义伦理学家所依照。经由对犹太－基督传统与英国现代哲学家关于对和错的观点的比较分析，安斯库姆在该文中首倡后果主义这一思想。依照犹太－基督传统的观点，不管后果究竟怎样，有一些行动绝对是错误的。比如，无辜杀害、代人受罚和不伦通奸及抢劫偷盗等必定是错误的，不管因为什么目的。然而，摩尔等著名哲人却主张，以上这些行为在一些情

① 威尔·金里卡．当代政治哲学．刘莘译．上海：上海三联书店，2004：38.

② 这一后果即行动对外界所产生的那种影响。

况下很有可能就不是错误的，或者说是对的，也即依据摩尔等人的理由，“正确的行动”（the right action）就是那些只要是能够形成好的后果的行动。比如，杀人也不是就不能够接受的，前提是只要杀某个人就可以拯救某个城市；撒谎也可以完全是正确的，只要这个谎言所形成的好的效果大于它所形成的坏的效果。安斯库姆指出，这种哲学上的后果论理论完全是肤浅的、不可取的。①

全方位地看，后果论实际上是涵括了多种多样学说的一种理论的总称，它不是一种单一的理论体系。哲学家对这组理论的定义侧重点不一，然而其中的基本点是依据“后果”这一首要因素进行评价的，也即尤其强调后果主义。在福利主义经济学家阿玛蒂亚·森看来，最为简单的功利主义理论指的是，假若某个行动可以很好地被希冀形成某种事态，或者至少和别的供以选择的可能行动中形成的供以选择的事态对等，那么这某个行动就可谓是正当的。②而准则后果主义则是一种比较复杂的形式，它将由诉诸行动所遵循的准则代替上文诉诸行动的简单的后果主义形式。比如，在 P. 福特看来，后果主义的最常见形式明确地来说，就是经由某个行动及其整个后果所造成的全部从而界定行动的对错或正当与否；后果论把一些“事态”看作善的“事态”（state of affairs），而行动的善或正当就被它们和这些“事态”之间的积极而富有成效的关系所包括③，威廉姆斯认为，后果论的主旨在于，事态是唯独含有内在价值的那种事物；含有价值的则是所有别的事物，原因在于所有别的事物促进了一些具有内在价值的事态。④或者换言之，具有价值的不是促进事态形成的行动，而是事态，行动自身缺乏内在价值，其意义只是在于形成具有价值的事态。举个简单的例子，假若某个人要去某地完成一项非常重要的任务，不管这个人是怎么去，走路或者是乘火车、飞机，后果论指出这些都不存在差异，原因在于它们本来就没有什么价值，最为关键的是这个人如期到达了目的地的同时也较为成功地把事情给办成了，唯有如此，这个后果才有那种所谓的内在价值，相应地到某地的这个行动也就具有了附属于后果的价值。如果没有按原计划到达某地，或者把事情办砸了，那么到某地去的这个行动的价值就要大打折扣了。

从功利主义理论本身的功利最大化的基本主张来看，无论是古典的建基于快乐或者幸福之上的理论，还是建基于偏好的基础的理论，肯定都会使用那种偏向于研究和对比后果的理论形式。正因为如此，威廉姆斯认为，“偏向于境遇对比的重要性和必要性往往是后果主义的特性，特别是功利主义的特性”。在威廉姆斯看来，后果论是“主张所有行动的道德价值总是基于该行动的效果的那种学说”，是

① Anscombe G E M. Modern moral philosophy//Anscombe G E M. Ethics, Religion, and Polities.New Orleans: University of Minnesota Press，1981.

② 阿玛蒂亚·森．功用主义与福利主义．哲学杂志，1979，(9)：18-21.

③ 牛京辉．英国功用主义伦理思想研究．北京：人民出版社，2002：177.

④ 斯马特 J J C，威廉姆斯 B. 功利主义：赞成与反对．牟斌译．北京：中国社会科学出版社，1992：81.

“主张假若行动以及诸如制度、法律和实践这些东西能够被证明，由此便要依据其效果来证明它们的那种学说”[①]；而功利主义的某些不令人满意的特点也正是从后果主义理论的基本框架之中演算得知的。威廉姆斯对功利主义的质疑，始终以后果论这条主线铺展开来，将功利主义的理论不足有条有理地一一进行仔细分析，并加以了正反两面的直接驳斥。

首先，在威廉姆斯看来，存在一些行动具有非效果的内在价值，并不是所有具有价值的东西都根据它的效果而体现它的价值的。诸如，我们为了某项活动而开展的活动就是我们在活动当中找寻了内在价值的那项活动。就拿旅游来说，一个人单独行动或者和家人及一些好朋友结伴而行，从某个起点出发开始慢慢旅游，其中就不需要我们某个具体的终点站。对我们来说，其中旅游的过程享受和体验是我们最为重要的，或者说旅游的行动本身是最为关键的；我们不断地向着下一个目的地前进，但并不是真正地想要到达哪个具体的终点处，我们只是为了慢慢地向着下一个目的地的那个过程，对于我们来说，对我们真正最有价值的是旅游这个活动，并不是旅游中诸如愉悦心情和增长见识等目的。可能这么一说，似乎不是很有道理。但这确实就和欣赏音乐、品读经典文句类似，后果基本上完全可以不进行计算，其原因即对于行动者来说，后果始终并不是最为关键的，重要的是人们在读和听的过程中得到了身心的愉悦，或激动鼓舞，或黯然神伤，都不在预期之内。所以，威廉姆斯断定：并非每一事物都具有效果的价值，而且并非每种具有价值的事物都由其效果来决定它的价值，有些事物自身就具有非效果的价值。

当然，后果论针对以上批判可以进行反驳，就算有些行动本身确实具有内在价值，然而我们评判行动错误与否的标准始终还是必须按照效果进行，正确的行动，即“在行动者可采取的那些行动当中，形成了或者带来了功利主义者们觉得具有内在价值的最大化效果的行动”，[②]也即在可供选择的行动中可以最大化地扩大善的那些行动。这个观点具有判断的参照和标准，在这种意义上好像是一种客观的观点。例如，旅游者在旅程中不小心摔倒以致重伤面临生命危险，那么很显然这个旅游就是不正确的，因为这个行动伤害到了个人生命，形成了严重而悲催的后果，而考虑并去其他很安全的地方旅游肯定是最为明智的做法；假若我们刚好在旅途中遇到某种国家级保护动物受伤并为其处理伤口，那么我们也许为保护动物立下了汗马功劳，无形中这次旅游也就是正确的行动。然而威廉姆斯认为，受限于主客观条件和环境的原因，行动者也许从根本上错误地认识或者就不知道在某种特殊境况中什么是正确的和错误的行动，一片好心去为人做事，结果适得其反，这在现实生活中是很常见的事情。例如，我们根本上就不懂如何解决动物受伤的问题，结果搞不好反而让动物死掉了，那么这个时候功利主义者完全就可以

① 斯马特 J J C，威廉姆斯 B. 功利主义：赞成与反对 . 牟斌译 . 北京：中国社会科学出版社，1992：77.
② 斯马特 J J C，威廉姆斯 B. 功利主义：赞成与反对 . 牟斌译 . 北京：中国社会科学出版社，1992：83.

指责我们应该及时向当地相关负责部门通报才是正确的做法；或者我们在采取行动之前根本上就没有想到过效果这一问题，但是结果却歪打正着而出乎意料地实现了效果最大化，盛誉之下难负其名，事实上就是偏偏增大了他人和我们自己的所谓福利。这么说来，功利主义把促进最大化效果的事态视作标准从而评价行动的对错，这从根本上来说缺乏充分的说服力，在我们的现实伦理生活中，大千世界无奇不有，世事纷杂多变难以预测，良好的事态和行动这两者之间不存在绝对的因果关系。①

其次，有那么一些具有良好效果的行动不但不是所谓的正确行动，相反就算某个人在某个境遇中使用了某个行动所造成的事态比他可以控制的其他事态更加糟糕，但这某个行动却照样是正确的。例如，在一般情况下见人掉入水中，搭救应该是正确的行动，但是假若被搭救起来的这个人却是若干年之后的某个亡命之徒呢？依据功利主义的计算方法，其中的批判标准必须再增一条，即我们在实施搭救行动之前，应该计算这个落水者未来会是一个什么样的人，若是所谓的好人就搭救，反之则视而不见。这样说来，其中的荒唐性是不言而喻的。因为首先我们可能不知道这个落水者是谁，同时我们更不可能未卜先知他将来会是什么样子。实际上，在我们的伦理世界中，我们所处的社会生活环境影响并形成和增强了我们每一个人的道德信念，一些我们普遍接受的道德原则为大家所深刻理解并拥护，个人的一些道德实践是习惯性地接近于完全参照一些我们普遍接受的道德原则，在付诸实际行动当中不可能总是掂量和计算行动所可能产生的那个未知效果。与此同时，后果本来也就是一个并不确定的概念，我们所生活的世界处于瞬息万变之中，与时间紧密关联的后果不断地延伸，有着无限的可能性。然而，我们每一个人的理智确实是有限度的，根本上就不可能事先知道某项行动所产生的可能效果，由此对所有行动进行对比肯定也是不可能的。正如威廉姆斯所说，“不可思考”本身就是一个道德范畴，作为人的道德观的基本特性则是，在我们每一个人尚未开始某些行动之前，我们必定会认为这些行动是无从考量的，或者说就是不可思考的。尽管有那么一些行动所可能发生的情况在逻辑上和理论上，或者说在经验上是能够想象和推理的，但就道德这一层面而言，显然是不可以简单想象的，因为这不是我们每一个人的道德世界中的某个实际性的问题，这与道德世界毫无关联。在某个境遇里可以通过道德理性的推理告知我们怎样行动，这种想法是尤其不可行的。就我们当中的任何某个认真思考的人而言，去思考那种完全就

① 因果关系是个复杂的概念，对于它的讨论，威廉姆斯在其名篇《内在理由与外在理由》中有精辟地论述。《内在理由与外在理由》一文的基本主张是：所有的理由都是内在的，不存在外在理由。如果某事既与我所关切的毫无关联，也与在正常情况下我可能打算去关切的事物毫无关联，那么它就不是我行动的理由，假定它可以构成我行为的一个真正的原因的做法就有失明智。威廉姆斯对外在理由可能性的否定，确保了他对该范围内其他问题的观点。这一点与他对所有道德体系的怀疑主义态度一起，构成了他思想中最基本的主题。关于这一点将在第四章展开论述。

不可以思考的东西肯定不符合理性的规定，某个理论至少应该满足这个基本条件。然而功利主义和后果主义缺乏这种限制条件，极力把所谓的良好效果增强到最大化，把所谓的坏效果降至最小化，这是它们的行动准则之一。正如在杀害 1 个人和 100 个人这两者之间的区别问题上，功利主义也要加以算计，大做一些荒唐至极的文章工作。

最后，哪怕我们也许知道某个行动的一切后果，但是我们不可以计算出这些后果，就与不能够计算出最大限度的幸福类似，那个可比较的标准在后果之间是不存在的。最大量和最小量，以及最好的善和恶及效果，对于任何人来说都是无法去计算的，否则就好比让我们对一些不可能计算的东西拿来加减，分析比较一些子虚乌有的东西。还是拿威廉姆斯所例举的高更来说，他不甘于平平淡淡的家庭生活，抛妻离子、背井离乡投身于艺术梦想地追逐，这个令大多数人所不解的决定很自然地会影响他的家庭、友谊和学识及健康，他完全有可能增长学识，但又很容易忽略其他三个方面，然而这四个方面不存在轻重之分，也无从相互比较、分析和研究，它们对高更、对所有人来说都是非常有益的。因此，后果主义理论，或者说功利主义的最大幸福这类概念是一个幻想，没有可操作性。

可见，后果主义理论存在着多种弊端。而功利主义作为一种后果主义理论，无疑继承了后果论的种种毛病，同时在理论的应用中表现出后果论独有的特性。诸如，对于功利主义者来说，不管哪个获得效用，只要效用的总量相等，就不存在什么区别。任何人在计算效用的过程中都没有所谓的特殊地位之说，同时任何人都不可以比别人提出更多的关于幸福的要求，我们必须追逐的就是最大化地获取伦理生活中的那个总体利益。效用和后果的总量所成的正比并不像我们的直觉中所认为的：假若效用不相同，我们就必须选择能够产生更大效用的后果的那个行动。“功利主义把我们对后果主义的那种虔诚过于简化了。”[①] 由此直接造成的那种结果就是把人当作服务于功用系统的因果杠杆，或者是存放功用的场所。威廉姆斯对这一点展开了无以复加的质疑，认为有着一种很强的消极责任（negative responsibility）的学说存在于行动功利主义的后果论结构之中，这也是他的批评理论中最独特的地方。

第四节　消极责任原则等于极端的公平观

本节就威廉姆斯对功利主义消极责任原则的批判进行梳理，而功利主义的消极责任原则和后果论又是联系在一起的。具体来说体现在如下几点。首先，后果论把动机或行动全部放在后果之内加以计算，对于内在于行动之中和后果之中的

① 威尔·金里卡. 当代政治哲学. 刘莘译. 上海：上海三联出版社，2004：41.

善在评价行动之时没有详细指出，而只是一概视作后果的善，从而对行动本身的评价被对后果的评价所替换。其次，事态的总和即为后果，“事态”被看作是意蕴内在的善和价值，内在价值对于行动而言完全不存在，行动是否正当或是否向善，那完全由它们与这些事态之间的因果关系所体现，也就是说，“内在价值唯有存在于事态之中；具有价值的所有别的东西，原因在于它促使了那些具有内在价值的事态”。[①] 最后，后果论可形成的事态这一思想对于它自身来说特别的重要。它几乎忽略我的行动中存在着某个事态，或者我的行动是否产生某个事态。比如，在类似的一些情况下，别人所干的事情到底是我请求或是强迫或是鼓励他们做的，还是我给予机会他们所做的，这些完全不重要，后果论所在乎的只是其中的行动是我的行动的后果，但是这层关系能够达到涵括上述所有关系甚至还包括其他多种关系的宽泛程度。对于后果论来说，不管哪种情况的因果关系经由其他的行动者发挥作用与否，都是不存在半点差异的。因为上述三个特性，后果论通常都可以接受如下这种思想，即“假若我不做X，就会出现02，假若我做X，就会出现01，而02比01的后果更严重，并且这些都是我能够预知的，由此，如果X是我自愿不做的，那么我就对02负有责任”[②]。也就是说，不管怎样，你始终背负着“责任”二字。一方面，行动者对自己的行动导致的直接后果必须担负责任；另一方面，行动者对他允许或者本来能够阻挡而又没有及时加以阻挡所产生的坏后果担负着责任。这就是威廉姆斯所强烈质疑的行动功利主义的“消极责任原则”。

在威廉姆斯看来，功利主义将最大化的总体福利视为最好的事态，那是从一个不偏不倚的角度来确定的，同时依照某种行为对其事态的贡献大小对这某种行为展开道德评价。由此，任何人始终负有义务去采取可以导致最大化福利的那种行为，反之则是道德上的错误。因为具有这种最大化结构，功利主义唯独关注涵括那个最大化福利的事态，但忽略那个事态的促使者是谁，也忽略了那个事态的形成全程，那么它就肯定涵括了威廉姆斯论述的消极责任学说。实际上，消极责任学说就是对功利主义道德要求的另外一种表述而已。总体上的最大化福利就是功利主义规定我们要用行动去促成的，本质上也就意味着假若我们不那样去行动，从而就不会对实现最大化的福利承担责任。一般而言，驳斥消极责任学说有两方面的路线可走。一方面，直接批判否定不去那么做与后果之间的因果关系，或者直接批判、否定、同意那么做与后果之间的因果关系，再或者直接批判、否定两者之间的因果关系比不上行动与后果之间的因果关系那么强。另一方面，突出行动或者不行动这两者之间的区分所具有的道德意义。而威廉姆斯对于这两方面的路线都没有采用。原因在于威廉姆斯首先并没有从级别上排斥不去那么做与实际

---

① 斯马特JJC，威廉姆斯B.功利主义：赞成与反对.牟斌译.北京：中国社会科学出版社，1992：81.

② Williams B. A critique of utilitarianism // Smart J J C, Williams B. Utilitarianism: For and Against. Cambridge：Cambridge University Press，1973：108.

后果之间的因果关系，同时威廉姆斯认为尽管那么做与不做这两者之间的区分确实非常重要，然而“究竟是否能够经由简单地运用这种区分从而解决我们正在思考的某种道德困境”①。对于这一问题，威廉姆斯是建基于完整性的意义和重要性从而展开批判和质疑消极责任学说的。在威廉姆斯看来，功利主义的这种“消极责任学说”在丝毫不关注“我个人的能动性”和“他人的能动性”之间进行明显区分的同时，更为重要的是它极大地威胁了我们个人完整性的构成。

为了将这个抽象的原则说清楚，威廉姆斯举了两个富有启发性的例子。第一个，某位名叫乔治的年轻的失业科学家，眼前他获得了一个研究工作的机会，即可以在实验室从事生物武器和化学武器研究。尽管从内心出发，乔治特别不赞同生物武器和化学武器的进一步发展，但是与此同时他也明白，假若他放弃这项研究工作，他又几乎找不到其他的具有更加丰厚报酬的工作，那也就是意味着面临生计问题。另外，很有可能马上就会有其他某个科学家非常乐意接受这份研究工作，并且沉迷于生物和化学武器的大发展，完全不会考虑到人类的问题而存在内心纠结和自责的影响。所以，这个时候困境就很明显了，假若乔治放弃或者拒绝这份工作，那么他的生活将面临着巨大的困难，同时生物武器和化学武器会照样不断发展，完全不会由于乔治个人的决定而受到丝毫影响。第二个，某个名叫吉姆的人前往南美某个小乡的广场上，乡上的军人抓了 20 个印第安人，这 20 个人因为抗议政府马上就要被枪毙。在场的首领出于一种对国外前来访问者的尊重和特殊敬意，给予了吉姆一个所谓的特权，即如果吉姆同意杀死其中的某一个印第安人，其他的 19 个印第安人将可以被放掉，反之若是吉姆不同意，这 20 个印第安人将被全部枪毙。吉姆想到小时候读过的小说里的那些奋不顾身的情节，然而他很清楚所有无谓的拒绝和反抗都只会使自己和 20 个印第安人被枪毙。然而，围观的村民和被抓的 20 个印第安人在一旁分明希望甚或请求吉姆同意并实施这一“殊荣”。但是，吉姆究竟应该怎么做呢？

以上两个例子很明显地表达和预示了我们日常伦理生活中的类似问题，即行动者无奈被强推着去做某些令他们非常矛盾和困惑甚至是厌恶的事情。但是假若行动者不接受这样的要求和做法，那么结果将会更加糟糕。由此，乔治是否应该马上接受这个研究工作好好地过日子，同时防止某个沉迷于这份研究工作的科学家导致更加恐怖的后果，或者坚守自我再找一份其他的工作，即使他的放弃为某个热情而又狂热的极端分子让出了机会？而吉姆是否应该当场抗拒那个“殊荣”，坐视那 20 个印第安人被枪毙，或是心怀不安同意自己杀掉其中某个印第安人呢？功利主义对这两个问题的回答必然是：乔治必须马上好好干这份研究工作，吉姆必须立刻杀掉其中一个而拯救另外 19 个印第安人。这是威廉姆斯所推定的。因为

---

① Williams B. A critique of utilitarianism // Smart J J C, Williams B. Utilitarianism: For and Against. Cambridge：Cambridge University Press，1973：109.

首先，功利主义对后果进行计算，把功利原则当作最终标准，如果破坏或违反一个道德准则可以带来数量更大的、范围更广的功利的话，那么功利主义就允许违反这一道德准则。假如杀一个人可以拯救更多人的生命，那么功利主义认为，在这种情况下杀人就是道德上允许的行动。这是典型的后果论调子。威廉姆斯指出，正确的行动不一定就是具有好效果的那种行动，一个人在某些境遇中或许尽管实施该项行动所促成的事态比他可能导致的其他一些事态更加糟糕，但这种行动可能仍然是正确的。而且，后果也并不一定恰如功利主义所计算的。在其他地方，威廉姆斯还加以阐述了功利主义的反对者的质疑：假若吉姆杀掉了其中某个印第安人，但是军人没有遵守承诺却还是枪毙了其他 19 个人呢？这是完全有可能的事情。[①]然而，这个质疑并不是那么的十分引人注目，因为类似这种提出某个后果从而质疑另外某个后果的措施，充其量只不过是后果论内部的一种争论，从本质上来说不比功利主义绝妙多少。当然，这是威廉姆斯本人肯定不会犯下的一种低级错误。

功利主义的后果论主义特性使我们相信，吉姆和乔治这两人都必须依据功利主义的思想采取行动，假若吉姆拒绝杀害其中任何一个印第安人，那么即使凶手并不是他自身，但他应该为他没有阻止 20 个印第安人被杀害而担负责任。假若乔治拒绝接受这个研究工作，那么即使研究和发展生物和化学武器的人并不是他自己，但他应当为那个代替他的某个研究者的恐怖行为担负责任。这就是运用上述提到的“消极责任原则”得出的结果。虽然功利主义者没有很清楚地阐述这个原则，但是这个原则却是功利主义理论的精确扩展，绝不是随心所欲地诬陷功利主义。而威廉姆斯如此的洞若观火，那是由于他“以行动者为中心”，特别地关注行动者个人的道德完整性及其发展性。[②]而这恰恰是功利主义基本上忽略不计的。后果论的道德观点赋予功利主义那种非人格性的特征，从而使得功利主义理论相信由两个人所导致的某一种后果之间本质上完全没有任何区别可言，人和人之间几乎是完全能够相互更换的。或者说，个人的价值在功利主义理论中是不存在的，“每一个个体都仅仅是一条向世界输出效用的无人格的管道而已”。这句话抽象地概括了行动者的同一性，在这个意义上，“一种极端的公平观和消极责任原则完全出奇地相当”。这是威廉姆斯所描述的。

但是，行动始终是某个特定的人的行动，功利主义规定的那种极端的公平根本上就是不存在的。威廉姆斯指出，吉姆和乔治所应该担负的责任是那些真正由他本人亲自所为的事情，不应该担负所谓的那种特殊的责任是那些由其他人或者无从阻挡他人而所为的事情。假若吉姆必须为自己的行动担负道德责任和饱受良心谴责及法律的惩罚，那是由于他接受并杀害了其中某个印第安人。因

① Williams B. Moral Luck. Cambridge:Cambridge University Press，1981：43.

② 宋希仁 . 当代外国伦理思想 . 北京：中国人民大学出版社，2000：332.

此，吉姆完全有理由不接受杀人，哪怕他的不接受导致20个印第安人全部被杀害，但真正应该为此担负责任的是那些冷血的军人，而和吉姆并无关联。吉姆的不接受从而造成了冷血的军人枪毙印第安人，这种理由是完全无法站稳脚跟的。原因在于就所谓吉姆的抗拒从而造成印第安人被杀这一后果来说，假若吉姆接受杀死其中一个，那么剩余的19个印第安人就不会被杀死的情况只会在因果关系的那个层面意义上才可能成立。或者说，这只不过是一种逻辑上的推理和论断而已，而真正在现实当中是不太可能的事情。假若首领面对吉姆的抗拒说："你这样是逼我大开杀戒，我没有选择了。"这无疑是在推卸责任，或者是在自欺欺人，因为他们完全能够自主选择如何处决或者释放这20个印第安人，吉姆的前往仅仅是那种"道德运气"的戏耍，这种把吉姆看作是恰好以凶手为中介而给我们带来印第安人被杀害的后果是毫无说服力可谈的，是"让我们每一个人百思不得其解的"[①]。原因在于这会让我们几乎忘记了首领及那些凶手们的主导作用，而它们的责任是真正意义上无可争辩的。一言以蔽之，任何行动者必定有着为自己的行动担负责任的义务，但是绝对没有义务为其他人的行动担负责任和义务，这是威廉姆斯在批判和质疑"消极责任原则"的过程中所始终坚持的基本态度和所阐述的主要观点。这和他提出的著名概念——"道德运气"似乎有内在的关联，二者都是在批评后果主义的框架之内对道德责任的归属进行考察，对于我们所不能控制的事情是否担负道德责任问题，二者也都是在尝试性的给予回答。具体对"道德运气"这一问题的阐释将在第四章展开详细论述。

第五节　不可亵渎和破坏个人道德完整性

如上文所述，威廉姆斯认为，功利主义的"消极责任原则"一方面在应用过程中会导致责任的混乱不清及相互推诿，另一方面也不能够精当的评判行动者的人格同一性承诺（identity-conferring commitments），反之会极大地破坏行动者的情感、意图、志向、品格等，甚至一个人的道德完整性（integrity）都会被彻底摧毁[②]，即个人分离性。威廉姆斯从这一观点出发，质疑和批评功利主义轻视甚至是完全忽略个人，对我们个体的动机、计划和情感，以及个体的独立性和自我同一性都漠不关心。具体来说，在伦理学中integrity是一个比较重要而又非常复杂的概念，学者们对它的规定和使用各有差异。[③] 通常情况下，integrity作为一种品格

① 斯马特J J C，威廉姆斯B. 功利主义：赞成与反对 . 牟斌译 . 北京：中国社会科学出版社，1992：106.

② 在牟斌的译文中，将integrity译为正直，正直是该词的一般译法，牛京辉著的《英国功用主义伦理思想研究》中，译为"道德完整性"，我认为更符合威廉姆斯的原意。所以在此采用后者的译法。

③ Halfon M S. Integrity：a Philosophical Inquiry. Philadephia：Temple University Press，1989.

或美德，而某个人若是具有了这种品格或美德，那么他的行动往往也就能够符合道德，所谓的 integrity 在这个层面上也即“正直”。而威廉姆斯是在古典意义上使用完整性（integrity）这个词的，事物的“没有被破坏的”、“没有被分裂的”、“没有被碰过的”、“完整无缺的”这样一些状态是这种意义上的 integrity 所指；当运用到个人的层面上，这个概念关联着我们个人生活中的统一感或者整体感或者自我同一性，这个概念涉及“构成一个人的自我的人格、品格、价值和承诺、维持那些塑造一个人的生活”[①]。所谓的“完整性”概念也即这种意义上的 integrity 所指。

可对于“完整性”概念，我们究竟应该怎样界定呢？威廉姆斯运用“根本计划”这一概念对完整性加以定义，即每个人以拥有“根本计划”为前提从而保证完整性。而“根本计划”指的是授予个人以个性身份和授予个人的生命以意义，其中也许包括了个人的各种理想，如道德理想、人格理想、生活理想和职业理想等，并且与一些特殊的个人情感和关系也紧密相关，诸如关联到“我要过什么样的生活”、“我究竟是谁”和“我到底是一个什么样子的人”等相似的根本问题。那个“我之所以存在的条件”[②]正是类似的承诺和追求，这是威廉姆斯所认为的，也即只有有了类似的追求和承诺，作为一个完整的人，我们才会觉得生活具有了明确的目标和方向，而个人的生命历程就是在不断地努力去达到这些目标的一个过程。从这个层面上来说，要说某个人具有完整性，那也就是意味着这个人可以从头到尾不受到任何影响从而很好地去实施他的根本计划，而他的道德行为和道德情感从根本上来说统统出自于这个所谓的根本计划，反之我们则说他个人完全被分离了，或者说他缺乏完整性。个人的完整性在伦理生活中的意义和重要性无可厚非，因为它紧密关联着我们对自我及对生命的意义的认同。威廉姆斯提倡从第一人称的思想开始去审视道德规范和道德选择行为及他对个人分离性重视的主要理论意义基本上是相吻合的。由此说来，完整性是经由根本计划这个概念加以定义的，显然完整性一说在缺乏根本计划的某个人身上也就不存在，同时个人分离性问题也就无从谈起了。当然，任何人若是缺乏根本计划，那么也就无从构成一个真正意义上所谓的道德行动者了。而我们所说的个人被分离，并不是肤浅地指向肉体上的某种创伤，从本质上而言是指个人的根本计划被破坏，也就是个人完整性受到了威胁或侵犯。当然，我们重点关注的是道德要求对个人完整性所形成的侵犯，而以其他形式出现的侵犯可能存在很多种，但那并不是我们所感兴趣和要讨论的。

由此可见，相比之下，威廉姆斯的完整性概念除了与一个人和他自己的自我关系紧密关联，或者和一个人自己的各个部分之间的关系紧密关联，此外比正直

---

① Noggle R. Integrity，the self，and desire-based accounts of the good. Philosophical Studies，1999，96(12)：315.

② 伯纳德·威廉姆斯. 道德运气. 徐向东译. 上海：上海译文出版社，2007：17.

还多了两点明显的特征。第一，一个人从根本上来说没有被分离，就是只要他具有并且能够忠实于他自己的根本计划，而不管他以何种方式方法去完成这个计划，也不管他的根本计划的具体内容是什么，客观上所有规范性的影响都与完整性这个概念自身毫无关联。第二，尽管完整性具有道德价值，然而它“从根本上来说就不是一种德性”。它们两者之间的基本区别在于，所谓的完整性的人至多“开展行动只是基于他深切地具有的倾向和动机出发”而已，而能够使得或促进一个人积极主动地去积德行善的才是所谓的德性，完整性“并不像德性那样紧密关联着动机”①。为了进一步展现功利主义的最大化结构和消极责任学说对个人的分离性威胁，还是回到上文所论述的两个例子中。功利主义者必然要求吉姆接受军官的提议，乔治接受那份研究工作，这样的选择无疑是百分之百正确的，反之则没有最大化地促进总体福利而将应该担负指责。这两个例子中的道德困境在功利主义者看来完全是子虚乌有的，因为其中可以最大化地促进总体福利的行为选择是毋庸赘述的。然而在威廉姆斯看来，在乔治的例子中功利主义所给予的选择无疑是不正确的，而即使在吉姆的例子中功利主义所作出的选择可能存在正确性的一面，但是其中的推理和论断始终还是过于简单化了，其中的推论把我们人之为人的丰富道德情感和道德经验抛向九霄云外，对我们个人的完整性几乎忽略不计，完完整整存在的个人彻底地被分离了，乃至使得我们“或多或少地都似乎难以理解一种作为价值的完整性”②。

首先，行为者和个人的道德情感被功利主义严重分解和异化。乔治和吉姆两人在于坚守了各自的基本道德立场，才不接受功利主义者所认为的那种正确的行为。假若他们不坚守自我立场而违心采取行动，那么严重的消极道德情感包袱就会不可避免地被担负。而功利主义对此又可以反驳，那种典型的道德上自我纵容是吉姆和乔治拒绝的做法所表现出来的，严重地说实际上就是一种怯懦，因为他们是“为呵护自己个人的完整性或者德性从而不惜牺牲别人为代价的”③。同时，吉姆和乔治所产生的消极情感从本质上说是不理性的，因为这在功利计算之时没有丝毫的重要分量可言，其中的那种情感必然也是无甚鼓励的。④在威廉姆斯看来，就功利主义对道德情感的这种无理贬低和指责来说，它不只和功利主义所宣称的兼顾一切幸福和不幸存在冲突，还会使得非功利主义者在不遵

① 伯纳德·威廉姆斯. 道德运气. 徐向东译. 上海：上海译文出版社，2007：72.

② Williams B. A critique of utilitarianism // Smart J J C, Williams B. Utilitarianism: For and Against. Cambridge：Cambridge University Press，1973：99.

③ 伯纳德·威廉姆斯. 道德运气. 徐向东译. 上海：上海译文出版社，2007：65.

④ 这种态度很可能是“道德利己主义”的，因为它认为保持自己的道德完整性比避免他人的痛苦更重要。如果吉姆拒绝印第安人及围观村民的请求采取行动，他的拒绝就是一种道德上“任性的自我沉溺(self-indulgence squeamishness)”，即只关心自己道德人格的完整性，而不顾及他人的安危。这种责难听起来的确会令人不安。个人的道德完整性是否真的如此重要，包括功用主义者在内的一些哲学家提出怀疑。威廉姆斯所提出的道德理论，看来就像某种“保持清洁”的态度一样。

守功利主义规则而坚守自我立场行动之时感到惶恐，进而使人不认同自身的道德情感和道德原则，或者说使人认不清这种感情的性质，这是更为重要的一点。例如，如果吉姆不按照功利主义的思想来审视他个人的境况，他就不可能把其中那个他可以拒绝或接受的要求所伴同的不悦情感仅仅看作是他个人的感受，或者也可以这样来说，因为要亲自动手杀戮一个生命而产生的内心情感，对于吉姆而言并不只是一种简单的纠结而痛苦的情绪感受，可能性更大的是吉姆对于错误的和正确的一种自我的客观辨别，或许是吉姆内心的真实的道德情感在诉说自己，诉说了在他看来这样的杀人行动在道德上是一种错误的情感。"在某种程度上来说，这些情感和那些我们能够与之'共存'或者不能够与之'共存'的感觉赋予了我们和世界之间的道德联系。"①这是威廉姆斯所指出的。然而，"如果不把上述这些情感看作我们的道德自我分内之事，这样基于纯粹功利主义的思想出发则必定摧毁一个人的道德同一感，准确来说，一个人的完整性会丧失殆尽。功利主义在这一点上严重异化了一个人和他的道德情感"②。

其次，功利主义严重异化了行为者和个人的道德行为。具体来说，功利主义一方面规定道德上所谓的正确行为，另一方面还要求行为者必须怎样道德慎思。行为者必须认真审视自己面对众多选择中可以最大化地促进总量福利的那个选择，同时行为者必须站在一种中庸的立场进行审视自己和他人的福利，但是不可以把特殊的优先性和重要性放入自己的计划当中，另外也不可以有什么理由攫取个人利益。由此，行为者的选择和行为基本上就是取决于其他人的计划，完全不是出自个人的承诺、信念和计划了。但是在日常现实生活中，一般情况之下我们更多地总是会依照个人的根本计划加以选择和决定去经营自己的生活，这本来也就是保持完整性所必需的，因而完全不可能做到始终考虑那个最大化的总体福利。如此而来，个人实现根本计划的行为动机就完全被功利主义利用非个人的功利计算和总体福利的考量所替代了，"这就在一种真实的意义上完全异化了行为者和他自身的行为，异化了行为者和他的行为在他个人信念中的那个起源，把行为者变成了包括他自己在内的任何人的计划的输入和最优化选择的输出之间的那个途径；但是这对于行为者的行为和他的抉择应该被看作源自于他最关切地认同的态度和计划的那个事实在很大程度上忽略不计了。由此，这严重侵犯了行为者的完整性，这应该是最为准确的表述"③。

最后，行为者依照功利主义必须具有无限的道德义务去追求最大化的总体福

---

① 斯马特 J J C，威廉姆斯 B. 功利主义：赞成与反对 . 牟斌译 . 北京：中国社会科学出版社，1992：100.

② Williams B. A critique of utilitarianism// Smart J J C, Williams B. Utilitarianism: For and Against. Cambridge：Cambridge University Press，1973：104.

③ Williams B. A critique of utilitarianism //Smart J J C, Williams B. Utilitarianism: For and Against. Cambridge：Cambridge University Press，1973：116-117.

利，福利最大化这一道德目标要求行为者的所有行为必须为之服务，“在某个特定的情形当中，就某个具有根本计划的人来说，如果他的根本计划所要求的和功利主义所要求的不相一致，那么功利主义就要求行为者放弃他的根本计划对他所要求的行为选择。但这是个非常荒唐的要求”①。这一点在伊丽莎白·阿西福德以罗杰·克里斯普（Roger Crisp）所举安娜的三种生活的例子中很好地被论证了。②具体来说，即第一种生活是，安娜有着良好的社会人际关系和非常不错的一份稳定工作，但她对于遥远的陌生人的苦痛的减轻却没有丝毫贡献可言。安娜为援助机构所投入的时间和金钱数量可观，但为进一步经营良好的社会人际关系也留下了比较充足的金钱和时间，并可以同时极力地实现自己的其他生活目标，这是第二种生活。安娜没有留给自己多余的时间去经营良好的社会人际关系，而是全身心地投入到援助工作中去，而且还把所有的收入都用来帮助别人了，以至于对自己的生活造成了很大的影响，这是第三种生活。这第三种生活显然是功利主义所要求的，但这几乎侵犯了安娜个人的所有计划，绝大多数人必定不想要这种生活，除去是具有圣徒人格的某个人。然而，圣徒人士毕竟是少数。

其实，稍加修改上述威廉姆斯所举的关于吉姆的例子，如果军官向吉姆不是提出要求杀掉其中某个印第安人，而是杀掉吉姆心爱的妻子呢？由此，功利主义对于我们任何人的根本计划中的那种牵一发而动全身的无间关系的敌意，这一点应该是我们很容易就能够认识到的。③从总体福利来看，功利主义无疑会要求吉姆去杀 1 人救 20 人，因为这样加以计算是最划算的。但很显然，不管是吉姆，还是换做任何一个其他人，他（她）都是无法接受并不可能去执行这种建议的，毕竟春秋时期所谓的“大义灭亲”就已经足以让人窒息了。总而言之，威廉姆斯强调功利计算不能侵犯个人的根本计划，对于自我身份和我们的生活意义来说，经营自我的根本计划和我们每一个人的生活固然举足轻重，可是论及某个人不放弃其根本计划的原因时提到，“放弃根本计划会导致极大的功利损失，对行为者而言是特别地不愉快的”④。显然这并不是其中的根本原因。假若这也可以成为所谓的原因，那么就代表了放弃个人的根本计划依照功利计算只要可以促成最大化的总体福利，那么行为者个人就必须如此行事。事实上，这始终还是站在功利主义的立场，潜在的威胁始终紧紧围绕着个人的完整性打转。由于“即使他对自己个人的计划赋予了非常大的分量，可他能够继续这些计划也不过只是一个偶然的事实而已”⑤。所以，认为行为者维护自己的完整性是简单地在于他对于自己的计划能够给

① 伯纳德·威廉姆斯. 道德运气. 徐向东译. 上海：上海译文出版社，2007：20.

② Ashford E. Utilitarianism，integrity and partiality.The Journal of Philosophy，2000，97(8)：427.

③ Ten C L. Jim’s utilitarian mission. Philosophy，1979，54（4）：221-222.

④ Williams B. A critique of utilitarianism // Smart J J C, Williams B. Utilitarianism: For and Against. Cambridge：Cambridge University Press，1973：116.

⑤ Dworkin G. Review of utilitarianism：for and against. Philosophical Review，1975，84（7）：421.

予足够的功利则是不能成立的。这是尤其值得注意的一点。

至此，可以说威廉姆斯已经基本上完成了对功利主义的质疑和批判，他以功利主义的后果论特征为切入点，深入驳斥了后果主义的主要观点，把与后果主义所主张相悖的大多数情况一一例举出来。比如，其中最为直接同时也是最为有利的对后果论的攻击：并不是所有具有价值的事物都是根据它的效果从而评判它的价值所在与否，有那么一些行动自身本来就含有某种内在价值。与此同时，威廉姆斯还察觉有着使得后果论愈发理屈词穷的事实，即不仅仅某些所谓具有良好效果的行动并不一定绝对就是正确的行动，同时在某些特性的境况中，即使某个人实施某项行动所造成的事态比这某个人可能导致的别的事态更糟糕，但这某个行动始终可能就是正确的。威廉姆斯理论中的一大闪光点便是他从功利主义的后果论特征中推论出来的“消极责任原则”这一概念。在威廉姆斯整个看似不太专注的批判论证中，消极责任这个原则逐渐被解构出来，同时进一步结合对道德完整性的论证，威廉姆斯使这个批评展开得既深入，很有力度，又饱满可信。一言以蔽之，功利主义是一种肤浅的理论，几乎没有人太认真的否认过这一点，如何对一个浅薄的对手进行深刻的攻击，这显然不是那么容易的。而在这一点上，威廉姆斯已经做得很好了。

第六节 “规则”之路辩护实属自我瓦解

由上文所述，行动功利主义是本源的功利主义，行为的后果是它主张评价行为正确或错误的唯一标准，而能够产生最大幸福的行为则是道德上所谓正确的行为。行动功利主义的代表人物是边沁和密尔，古典功利主义则蕴含了行动功利主义的基本思想。考虑到行为功利主义的一些不足，有学者提出了一种新的功利主义——“规则功利主义”。遵守道德规则的行为是道德上正确的行为，而能够产生功利最大化往往就是由于遵守道德规则，这正是规则功利主义所主张的。而近年来的大多数功利主义者都属于这种规则功利主义。还有学者提出所谓的“双层功利主义”[①]，这里我们不想展开讨论。因为，无论是哪一种功利主义，也不管它们叫什么名字，它们始终只是换汤不换药，还有提倡非目的的康德主义道德哲学，它

---

① 有学者按照其论证的逻辑，认为可以把功利主义分为三种，即行为功利主义、规则功利主义及双层功利主义（two-level utilitarianism），其中后两者是为克服前者的困难而产生的。行为功利主义的优点是能够为行为及其规则提供最终的解释，其主要缺点是违反人们的道德直觉及没有可应用性，而规则功利主义的优点是符合人们的道德直觉并且具有可应用性，其缺点是不能为行为及其规则提供最终的功利主义解释。某些功利主义者试图提出一种功利主义，它既能够充分利用行为功利主义和规则功利主义的各自优点，同时又能够避免它们通常受到的批评。黑尔（R. M. Hare）就是这样的功利主义者，他试图对行为功利主义和规则功利主义进行综合，而这种综合的结果就是“双层功利主义”。关于该观点详见：姚大志．当代功利主义哲学．世界哲学，2012，(2)：50-61.

们都只是在努力按照完美而狂妄的理性的客观化逻辑融合不同的道德规则，力图把道德建构为一种刚硬、普世的律法式规则，使之成为连贯一致的体系，借以建立一套可运用于整个社会的普遍性规则。功利主义者的这种道德规则化思想，或者说它对人的理解和设定，在威廉姆斯看来是抽象的、肤浅的、低俗的。

具体来说，将道德思考主要划分为两个层级，在第一层级中，当面对具体的情境而必须选择何种行为之时，一般的道德规则是我们所要诉诸的，而并非直接运用功利主义推理，然后到第二级再诉诸功利主义原则对这些规则进行评价，这是功利主义规则化的思想所主张的。相对于前一种直接适用于个人行动的直接功利主义而言，实际上这是一种间接功利主义，其核心主张也即用规则来判断行动，再用功用来判断规则。这样的话，在具体境遇中，功利主义就不是直接地诉诸后果来判断善恶，而是受一般规则指导，如“不食言”、“不说谎”、“不伤害无辜”等。继而在第二个层级的道德思考中，功利主义再根据最大幸福原则解释为什么要采用这些规则，因为它们能够最大限度地增进普遍幸福。这就可以避免后果论给功利主义带来的一系列难题，从而和日常判断相吻合也就不那么困难了。在上述所举的吉姆和乔治案例中，规则功利主义者完全可以放开说“乔治完全不能够违背良心，从而行不正义之事”、“吉姆完全不应该杀害无辜”等。

就规则在伦理道德中的主要作用和基本地位来说，形色多样的阐述由当代功利主义哲人所给予，其中最为普遍的是“常识规则”，英文译为“rules of thumb”，其大概意思也就是所谓的通过经验总结得知的简单容易使用的一种定律。我们依照这种解读和定义，就必须出于方便考虑而把道德规则视为归纳多种行动的结果从而最后得出的行动准则，如“不抢劫”、“不欺骗”、“守信用”等。依照类似规则，我们能够比较简单地除去展开这些行动的可能性，而不需要总是开始展开功利主义的计算。威廉姆斯对此也认为是毋庸置疑的，他指出“就某个功利主义者来说，假若不把维持它的理论的前后一致视为非常重要的话，那么彻底能够在实践中归纳出规律性的一些东西，对某类事件实施相同的解决措施，就算这样导致的结果与经由计算导致的结果存在差异”[①]。然而依据常识规则行动的功利主义理论存在一些不可回避的问题。某些功利主义者曾经很直接地谈到过，真正为了节省时间才把常识规则作为指导和规范的主要目的。[②]威廉姆斯对此特意提出了一个煤气费账单模型（gas bin mode），从而加以阐释常识性规则并不类似于功利主义设想的那样节省时间，同时也不能够把我们推向某种普遍化的论证之路。众所周知，公共事业单位的账单中往往存在很小金额的情况，但即使解决这些账单消耗的费用也许高于账单上的金额，账单始终如此依旧地寄出；而无论金额有多小，实际上等到所有的账单到期后再邮寄出去始终比单独抽出，如达到规定金额的某张账单邮

---

① Williams B. Morality: an Introduction to Ethics. Cambridge: Cambridge University Press，1972：91.

② 斯马特 J J C，威廉姆斯 B. 功利主义：赞成与反对 . 牟斌译 . 北京：中国社会科学出版社，1992：43.

寄时所要耗费的金额要小。这个便被威廉姆斯称之为“煤气费账单模型”①。简单地进行对比，我们不难发现，假若每个行动在开展之前都拿来计算一番，那就好比每个月都要计算邮寄每笔账单的费用，对比利弊、挑三拣四；假若对行动加以归类，总结行动的普遍性特征，对各类事件实施同样的解决方案，而不论其满足最大化福利原则与否，这就好比制订好邮寄账单的时间，到时间了就把账单邮寄出去，而不论小部分账单上的金额也许不如解决账单的费用开支。很显然，后者看上去有一了百了的效果。然而威廉姆斯指出，这充其量只是功利主义规则化的憧憬，该模型在事实上肯定不适用于道德行动。这个模型下的后果并不是恪守其他某种准则之后的实际后果，而是设想恪守其他某个准则的假说性的后果，因为除非功利主义者能够使所有人都按照规则要求去行动，否则问“如果每个人都这样做将会怎样？”并没有什么意义，而前者的可能性不大。② 某个假想中的人的幸福或不幸和某个纯粹想象的后果大不相同，它们都不可能吸收到功利主义对后果的算计中去。

另外，尽管功利主义者在某些对结果有利的场合总的来说是可以依循规则的，但某个人假若在某些情境之下已经仔细审视了大概的后果，从而进一步了解到击溃这个规则比依循它的效用更大，那么打破这个规则就是合乎功利主义的理性的。可见，这种功利主义规则化的思想并不完善。针对诸方面疑问，出现了一种更激进的规则功利主义，又称“普遍功利主义”。作为一种功利主义规则化思想，它也是两个层次：行动由规则决定、规则由功利判断。它的独特之处在于：那些可以在普遍实践活动中产生最好结果的规则就是所谓的正确的道德规则。坚持这种形式的功利主义者明确指出，我们是问“若任何人行事都遵循这个规则，那又将会是怎样？”而不问“假如我遵循这个规则，我就会是做得最好的吗？”，坚持这种功利主义的人们宣称它是功利主义最为清晰的一种形式，其实践意义完全不同于行动功利主义。他们认为，存在这种行动功利主义所无法解释的情形，如人们在综合考虑所有方面之后发现仍然认为选择以某种方式行动是最好的，但它在实际当中却又是错误的，因为假若我们每个人都以这种方式普遍行事，那么就会带来很不好的结果。

但是，即使有了此番审视，并不表示功利主义规则化就不存在行动功利主义的毛病。威廉姆斯想要表达的是，任何行动功利主义视为行动理由的东西，正好也是规则功利主义应该纳入到它的规则之中加以探索的。假若规则是相互关联的，那么它就必定涵括了和境遇有关的一切特性。所以，行动者所要追问自身的是“假若我们每个人都展开和这个几乎类似的行动，那么将会如何”，而并不是“假若我们每个人都以大概类似的套路行动，那么就会如何”。假若我们每个人在完全一样

① 斯马特 J J C，威廉姆斯 B. 功利主义：赞成与反对 . 牟斌译 . 北京：中国社会科学出版社，1992：43.

② Williams B. Morality: an Introduction to Ethics. Cambridge: Cambridge University Press，1972：91.

的情形中干着完全一样的事情，那么其中的结果必定也会是完全一样的。所以，假若功利主义规则化的规则和境遇基本上紧密相关，那么它就会获得和行动功利主义者们基本相同的结论。在规则功利主义者们看来，他们认为自身比行动功利主义更接近一般公众的道德观点，但从以上分析来看，他们其实并不具有这个优点。所以威廉姆斯认为，规则功利主义不可能跳出行动功利主义的窠臼，它最后诉诸的还是行动后果，那么对行动功利主义的批评对它也是适用的。“功利主义不可能在规则这条路上走远，走得越远，它离功利主义也就越远。”①“规则功利主义本打算基于人们的思想和信念为自身辩护，但辩护的结果却是自己瓦解自己。”②所以，威廉姆斯的结论终归还是：规则功利主义是完全失败的，它的折中立场在逻辑上是站不住脚的。③言而总之，通过威廉姆斯对康德主义和功利主义的具体分析批评，我们可以看到这两者对人的错误认识和设定，它们都不是一种人们可以接受的关于美好生活的道德理论。

① Williams B. Morality: an Introduction to Ethics. Cambridge: Cambridge University Press，1972：94.

② 斯马特 J J C，威廉姆斯 B. 功利主义：赞成与反对 . 牟斌译 . 北京：中国社会科学出版社，1992：135.

③ 同①.

第四章　威廉姆斯对道德运气的洞明

何谓道德运气？以传统的道德哲学为切入点，想必我们每一个人对于这个问题难免都会有着一系列的发问：运气在我们的道德中有存在一说吗？为什么会有“道德运气”这个概念？这个概念又是怎样被阐释和论证的？到底是否存在“道德运气”这个概念？我们的道德果真会受到运气存在的影响吗？假若确实会受到影响，那么其中的影响又是如何形成的呢？绝大多数伦理学人都知道，在 1976 年伯纳德·威廉姆斯和托马斯·内格尔①提交其论文的座谈会以前，几乎不可能存在以道德运气为主题的讨论。“道德运气”第一次在威廉姆斯的《Moral Luck》一书中被提出，这一伦理学新概念本身虽然没有被予以界定，但是威廉姆斯的论述对于这个概念的可能性给予了肯定，并且认为理解这一概念应该侧重于从行为者主观的角度出发，同时指出使用“运气”这个概念而不加以明确的定义，这对于我们理解它不会存在什么影响。随后，内格尔立足于我们的现实生活，具体分类论述了道德运气，同时尝试结合康德的道德理论和威廉姆斯的道德运气，无疑结果是令人很不满意的。概括来说，威廉姆斯将“道德”与“运气”这两个概念放置或排列在一个地方或一个位置上，组成“道德运气”这个在他自己看来似乎格格不入的修辞，其主旨在于呈现道德免于运气的努力是无法成功的。内格尔则在这一揭示之下极力考察运气对道德的那种透彻影响，把“道德运气”理解为一个能够呈现道德评价之矛盾性质的观点。②为深入研究威廉姆斯对道德运气的首倡和洞见，

---

① 托马斯·内格尔（Thomas Nagel，1937 —），美国当代著名分析哲学家，以研究政治哲学、伦理学、认识论和心的哲学著称。1958 年毕业于康奈尔大学，1960 年获牛津大学哲学学士学位，1963 年获哈佛大学哲学博士学位；先后执教于加利福尼亚大学伯克利分校、普林斯顿大学和纽约大学，曾任纽约大学哲学系主任，现为纽约大学哲学与法学教授，美国艺术与科学院院士，英国科学院院士，《哲学与公共事物》季刊副主编。主要著作有：《利他主义的可能性》（1970 年）、《人的问题》（1979 年）、《不知出自何处的观点》（1986 年）、《它到底是什么——哲学简介》（1987 年）、《平等与偏袒》（1991 年）、《他人之心：1969 年—1994 年批评论文集》（1995 年），以及《最后的话》（1997 年）。安东尼·肯尼（Anthony Kenny，1931—），英国哲学家，曾就读于牛津大学贝利奥学院，现就任于牛津大学罗德斯研究所，撰有论文《从亚里士多德看道德运气》（1993 年）及论著《对亚里士多德传统的评论》（2001 年）。继威廉姆斯与内格尔之后，安东尼·肯尼在这两位哲学家论述的基础之上，认为他自己也无力缓和康德哲学与道德运气两者之间的张力，但同时也无意追随威廉姆斯和内格尔的步调，而是从亚里士多德哲学和中世纪基督教神学中加以探讨和研究道德运气。鉴于内格尔和肯尼这两位哲学家的具体哲学思想不是本书的研究对象，因此不予详尽论证。

② 应该说，内格尔通过分析运气对道德的具体影响，给我们提供了一幅道德行为完全处于运气包围和渗透中的生动画面。1976 年，《亚里士多德学会会刊》第 50 卷发表了由威廉姆斯和内格尔分别撰写而标题同为《道德运气》的两篇文章，从此引发了当代西方伦理学界对道德运气的持久兴趣。威廉姆斯一文写作时间更早一些，内格尔一文是对威廉姆斯一文的回应。这一事实表明威廉姆斯在道德运气这一主题的开展中居于无可争议的首要地位，尽管内格尔对道德运气的探讨也并不乏独创性。其中威廉姆斯和内格尔的两篇文章经过作者的修订后分别收入各自的文集中，详见：Williams B.Moral Luck. Cambridge: Cambridge University Press，1981; Nagel T.Mortal Questions. Cambridge: Cambridge University Press，1979.

本章首先对运气这个概念进行分析并加以严格而细致的界定，并且区分几种类型的运气，以免因概念不清晰引起理解上的谬误，进而对康德式的运气观加以梳理和阐述，最后对威廉姆斯式的运气观进行详尽的解读。[①]

第一节　运气的基本概念及相关内容

一、运气的基本概念

究竟什么是运气呢？实际上，这是一个富有悠久历史传统却在最近才被重新发掘的问题。内格尔定义："凡在某人所做之事有某个重要方面取决于他所无法控制的因素，而我们仍然在那个方面把他作为道德判断对象之处，那就可以称之为'道德运气'。"[②] 然而，这个概念与我们中国人的常规思维并不一致，因此，便有人建基于内格尔对这一概念的定义进行了修正，得到一个更容易理解的定义：所谓道德运气"指的就是我们在对某个人的行为以及这某个人的道德展开判断之时，会对我们的道德评判存在影响或干扰，不存在于行为者控制能力范围之内的、所有不确定的因素的概称"[③]。尼古拉斯·内斯卡尔（Nicholas Rescher）在讨论什么是运气时指出，"当我们将某些事情界定为运气时，我们旨在宣称：第一，就某人认识和能力所及，影响他的那件事情的出现是偶然的、意料之外的；第二，在评价成败得失时，那件事情具有重要的作用"[④]。显然，尼古拉斯·内斯卡尔的定义突出强调了运气之于人的主观性，即某件事情是否能成为运气，很大程度上取决于人们的认识。相对于前三个定义，中国学者徐向东所给出的定义则更加简单明了，即他指出："假若有些事情是我们所不能够控制的，但对于我们的幸福又可以有意义地加以影响，那么我们就把这样的事情称为运气。"[⑤] 由此我们不难得知，通观以上这四种定义，排除在表达方式及侧重点方面的细微差异，它们在以下三个方面无疑已经达成了基本的共识。

第一，运气是由那些我们的意志和能力所无法控制的事情或因素引起的，这是运气概念的本质属性。在我们的日常生活中，当人们谈到运气时，往往指遇到

① 鉴于威廉姆斯对于"道德运气"的洞见，而这一点也是他伦理思想中的亮点，所以本章专门加以论述，即沿着往圣前贤对运气的思考前进，尝试着去追问威廉姆斯所洞见的道德运气，并从中拷问出有价值的答案，以便更好地指导人们的生活。而本书的主题是威廉姆斯的伦理思想研究，我们关注的运气，即那些影响人们伦理生活及道德评价的运气，而其他领域中的生活运气，如买福利彩票高中百万大奖的好运，上山砍柴遭毒蛇咬的厄运等，并不在我们的考虑范围内。这是需要首先阐明的一点。

② 托马斯·内格尔．人的问题．万以译．上海：上海译文出版社，2003：29.

③ 潘书琴．论道德运气．华东师范大学硕士学位论文，2004：3.

④ Rescher N. Luck. Proceeding and Addresses of the American Philosophical Association，1990，164（3）：7.

⑤ 徐向东．自我、他人与道德——道德哲学导论．北京：商务印书馆，2007：563.

那些偶然的、不能控制的事情，也常常会表现出一种无可奈何的乏力感，甚至连《汉语大词典》中都将运气的条目解释为“命运、宿命、时运等”。这些显然都表明：将运气与无能为力、无法控制联系在一起，是人们根深蒂固、习以为常的观念。实质上，在古代汉语中，“运气”一词的本义指的就是不随人们意志转移的、不为人所控制的大自然中阴阳之气的运行变化。东汉王充《论衡·明雩篇》有云：“然而世之圣君，莫有如尧、汤。尧遭洪水，汤遭大旱。如谓政治所致，尧、汤恶君也；如非政治，是运气也。运气有时，安可请求？……世审尧、汤水旱，天之运气，时当自然，虽雩祭请求，终无补益。”其中论述所蕴含的意思是：洪涝、干旱等自然灾害，是由空中云气的运行变化而导致的，与尧、汤的品行和治理无关，不随尧、汤的个人意志为转移。《三国志·蜀志·郤正传》中也提到：“羲和逝而望舒系，运气匿而耀灵陈。”天空中的云气消散，太阳便出来了。这里的运气同样指的是自然界中的阴阳之气，其运行规律在冥冥之中由上天规定，汤、尧般的圣君也无法主宰。① 在西方历史上，运气也站立在意志和自我控制的对立面。“在荷马时代的古希腊，理论家们不厌其烦地争论着运气的作用，这深不可测的命运是这般无情地主宰着人和神的事务，而对于他们的想法和行动一概置之不管。”②而且正如内斯卡尔所观察到的，“理性主义哲学家也经常为运气而感到头痛，因为它很明显地削弱了人们对生活和生命本应该有的控制”③。运气这个概念的核心含义，就是人们在认识和行动上的无能为力，在这一方面，显然东西方是相互一致的。

第二，运气的诸概念都赞同：这些客观存在的、不可控制的运气影响了人们的生活，尤其是人们的日常伦理生活。在这里，仍要进一步明确两个方面：一方面，被称之为运气的事情常常以一种突如其来、不容选择的方式强行介入人们的生活，因而是难以预测、也无法避免的。当然，在生活中某些事情的发生又是可以预见的，也是可以设法避免的。例如，根据我国《道路交通安全法》第 91 条明确规定，“饮酒后驾驶机动车者罚款 200—500 元，暂扣驾驶证在 1—3 个月；醉酒后驾驶机动车者罚款 500—2000 元，暂扣驾驶证 3—6 个月，并进行 15 日拘留。因醉酒驾车在 1 年之内被处罚 2 次以上者，机动车驾驶证首先将被吊销，同时营运货运或客运的机动车在 5 年之内将不得驾驶……”这种法定强制措施很显然是为了极力保证醉酒驾驶员自身及公众生命财产的安全，但现在仍然还有很多人们对酒后驾驶的危害认识不清的地方，人们始终抱有侥幸心理，大量的酒后驾车事件给驾驶员自身带来了惨痛的后果，这些人就不能被称为“运气差”。另外，运气会干扰人们的生活，甚至影响人们的道德评价，使人们的状况变得更好或者更糟糕，这便是徐向东所谓的“有意义地影响我们的幸福”。有些偶然事情虽然会干扰

---

① 李惠昌 . 运气古义说略 . 古汉语研究，1994，（1）：78.

② Rescher N. Luck. Proceeding and Addresses of the American Philosophical Association. 1990，164（3）：5.

③ Rescher N. Luck. Proceeding and Addresses of the American Philosophical Association. 1990，164（3）：6.

人们的生活，但却不会使人们的状况发生明显改变，对于这些事件，我们也不会称之为运气。对此，内斯卡尔曾经这样解释："有些偶然事件是冷漠的——例如某人暂时地被一块浮云的阴影笼罩——这些事情无论如何都不可谓之运气。"①

第三，在一定程度上，运气取决于人们的认识和判断，也即具有一定的主观性。因为某事是否成为运气，是否对我们的生活产生有意义的影响，是否是不可控制的偶然事件，都是由具有自由意志和道德意识的人来判定的，并且因为对人产生影响及被人们认识和理解而获得实质意义。一个明显的证据是，对于小孩而言，他们的意识中没有或者不会有太强的运气观念。由于缺乏起码的知识和能力，他们对偶然和必然没有区分，所以有很多偶然发生且不可控制的事情，他们并不会认为是运气。另一个证据是：某些曾经在历史上被认定为运气的事物，如某些雪灾、干旱、洪涝和地震等自然灾害，作为运气已经淡出人类的观念。人们一般不会再将这些事情看作厄运，因为他们已经完全了解这些现象是怎么回事。比如，布莱恩·罗斯伯里（Brian Rosebury）正是因为意识到运气的主观性，才主张"在一个由在智力上和道德上易犯错误的人们组成的世界上，认识上的质询是道德责任一个永恒不变的部分"②，"对道德行为者的判断应该根据他们在行动的时刻可能掌握的知识来进行"③。换言之，由于运气取决于人们的认识和判断，那么只要在认识上保持对某件事情的深入调查研究的态度，有些被认为是运气的事情完全可能变成并非运气的事情。例如，戴安娜王妃的汽车在狗仔队穷追猛打般的跟踪下仓皇出逃，接下来的一幕便是不幸发生严重交通事故，司机和戴安娜王妃都当场毙命。在一般情况下，人们都认为这肯定是运气所致，不过假如经过进一步的深入调查，发现有证据表明事前有人已对汽车动了手脚，那么整个事件就不会被看作王妃的厄运，而是被判定为一场蓄意谋杀。显然，在前一种情况下，无人需要承担责任；而在后一种假设中，人们会让阴谋家得到应有的下场。当然，尽管运气具有一定的主观性，但不能因此而否认它是客观存在的。在绝大部分情境中，对于哪些偶然发生且不可控制的、影响人们生活的事情属于运气，人们都会有一个基本的共识。

综上所述，我们已经通过对几个典型的概念的梳理和分析，加深了对运气的理解和认识。不过此时就对运气下定义还为时过早。鉴于运气兼具主观性和客观性，那么，我们就很有必要对运气这个概念的核心要素"不可控制"进行进一步的分析。因为"归根结底，一个人由他自己控制所做的事情则没有一件或几乎没有一件"④。这是内格尔所言。如果真是如此，难道所有的事情都是运气，人人都在掷骰子？无疑，很多人立即会进行否定的回答，那么接下来的问题是：哪种意义

① Rescher N. Luck. Proceeding and Addresses of the American Philosophical Association. 1990，164（3）：7.

② 徐向东 . 美德伦理与道德要求 . 南京：江苏人民出版社，2007：93.

③ 徐向东 . 美德伦理与道德要求 . 南京：江苏人民出版社，2007：110 .

④ 托马斯·内格尔 . 人的问题 . 万以译 . 上海：上海译文出版社，2003：23.

上的“不可控制”才是运气呢?

二、运气与控制

在日常语言中,“控制”是个比较宽泛的概念。在维特根斯坦所谓的“语言游戏”中,与它有着“家族相似性”的概念,还包括决定、掌控、主宰等。在很多非严格规定的场合,这些词语被相互替代地使用着。实质上,它们之间是存在细微差别的,就正如在家庭内部即使是孪生兄弟也有很多不同之处一样。现在,我们要采取的策略是用这些存在细微差别的概念去诠释“控制”这个概念,以区分不同意义的控制。

齐默尔曼对控制进行了一个有趣的划分,他认为,存在两种意义的控制:“第一种是狭义上、严格的控制(restricted control),指某人在既能够引起某事的发生又能够阻止某事的发生意义上的控制;第二种是广义上、完全的控制(unrestricted or complete control)指对所有的事情,包括那些偶然的事情的发生都享有严格的控制。”① 在区分这两种意义的控制之后,齐默尔曼进一步指出:在现实中,人们不可能在广义上对所有事情的发生都有严格的控制,所以“在这个意义上,必须承认,运气(无论是情景的还是结果的)是不可消除的存在”②。但是对于某些事情,人们还是能够享有严格的控制。例如,当我口渴的时候,而且在我身旁有杯水,我完全可以自主决定喝水或者不喝水,因此对于是否解渴,我拥有严格的控制。当我们结合与控制存在家族相似性的那些概念来理解齐默尔曼区分的两种意义的控制时,不难发现:广义上、完全的控制与主宰、完全掌控的含义比较接近;狭义上、严格的控制与决定相近。那么按照齐默尔曼的做法,我们便可以区分出决定意义的控制和主宰意义的控制。一般而言,人们可以自我决定,却无法自我主宰。为什么呢?

在此我们还是举个例子来加以阐明,假设肖明是一个20出头的青年,单位领导考虑让他完成一项工作——作为奥运火炬手登上珠穆朗玛峰。对于领导和肖明而言,能否成功完成这项工作至少取决于以下三个因素:第一,肖明是否愿意去冒险;第二,肖明是否具有登顶珠峰的能力;第三,社会环境、自然环境、设备情况等其他条件是否允许肖明顺利登顶。显然,肖明可以自我决定去不去登珠峰,实现狭义上、严格的控制,但即使肖明愿意去登珠峰,仍然无法保证他成功登顶,实现自我主宰,因为这还取决于他的能力和其他条件。由此可见,能够成功完成某事,实现对某事的完全掌控及主宰,实际上是与意志、能力及其他条件联系在一起的。不能在主宰意义上控制某件事情的原因包括:其一,不愿意去做;其二,愿意去做但能力不及;其三,愿意去做,能力也可行,但其他条件不允许。

---

① Zimmerman M J. Luck and moral responsibility. Ethics. 1987,197(2):376.

② Zimmerman M J. Luck and moral responsibility. Ethics. 1987,197(2):337.

当某人因为意志方面的原因而不能完成某件事情时，我们并不能认为其对该事无法控制，因为即使是在阻碍某事发生的意义上，他仍然实现了对该事在自我决定意义上的控制。更进一步地说，因为人们的意志在一般情况之下都是自由的，所以不可控制的事情在决定意义上并不存在。[①]可是，当某个人在意志自由的情况下，始终由于种种客观条件（环境）不允许或自身能力不够等原因（因素）从而导致某件事情不能够成功做到，也即这个时候对于某件事情不能够完全达到主宰和掌控的局面，那么我们才会将遭遇运气和不可控制这两者紧密相关的结扎在一起。举个例子，一个莽撞的司机开着汽车在乡村公路上狂奔向前行驶，当他发现拐弯处忽然有行人冒出之时却已经对这辆车无法控制，尽管他坚持在作着控制这辆车的努力完全是在自我决定的意义之上，但他已经无能为力而导致撞死行人的结果却是不可回避的事实，“所以，这个司机在某种程度上遇到了不好的运气”[②]。再举一例，一个医生在他自己确信为治疗药物的药水给一个病人进行了注射，殊不知有人事先已经将致命毒药替换了治疗药物，原因可能在于某些不可述说的目的或者种种阴谋，毋庸置疑最后的结果万般不幸，尽管救死扶伤的职业道德和善良愿望，以及相关方面的业务能力是这位医生所完全具有的，但由于非主观方面的其他各种原因产生不可控制的结果而导致背负杀人的冤枉罪名，所以只能说这位医生的运气委实很差。也即在上述这些类似情况下，某人在对某些事件控制的实现上是具有决定意义的，主观而言能力也是完全可及的，但是由于种种客观条件方面的影响，或者由于其他种种方面的原因，从而使得他无可奈何地受到运气的摆布，无法控制事情的发展及结果。所以，那些对于人们不能实现主宰意义上的控制，超出决定意义上的控制范围之外的，包括因为其他种种条件（环境）或能力不及从而导致的无法控制的事情等，被我们称之为运气。基于上述所论，对于运气我们可以给出一个形式上[③]的明确定义，即“那些由人们能力或意志所不可

---

① 当然，在被胁迫的情况下，人们甚至无法实现决定意义的控制。例如，日本法西斯分子以杀害你的亲人为要挟，让你从事某项违背你意愿和良知的事情，这时，你就在自我决定意义上失去了控制。但是这只是一种极端情况，而且按照某种理解，因为你仍然会有去做或不去做某事的自由，也即你可以实现决定意义的控制，只是由于其他条件不允许（如你被敌人要挟）你成功完成某件事情（不去做违背良心的事情），实现主宰意义的控制。

② Browne B. A solution to the problem of moral Luck. The Philosophical Quarterly.1990. 42（168）：345-356.

③ 论文中涉及古希腊、罗马时期的运气观，而那个时候，并没有现代意义上的运气概念：在古希腊时代，史诗、戏剧中的“命运”（τ χ η）一词及其后“命运三女神”等复杂的神话形象所表达的深邃含义并不等同于英语世界所说的日常意义上的“运气（luck）”，其中有更多的神话意味；而在拉丁时代的“命运”（fortuna）也更多的是与偶然性联系在一起。因此我们并不能用现代语境的运气概念去诠释古典时代的“命运”的概念，但是这并非说古典时代没有运气的观念。按照罗尔斯在《正义论》中的观点（参见《正义论》，第 5 页），概念与观念并不相同，概念除了像观念必然要表达某些含义那样，具有某些实质性的意义以外，还具有一些形式上的要素，能够容纳人们的不同理解。在此，论文给运气下一个形式上的定义，就是想把古典时代的关于运气的观念概括进来。在下文“康德式的运气观”中，如柏拉图在反对运气时，他所说的幸运或不幸一般指的是不为人控制的偶然因素，这就可以被纳入到现代意义的运气概念中来。

控制的因素导致的、而又确有意义地干扰和影响人们伦理生活的、基本得到人们认可和赞同的不确定事情”就是我们所谓的运气。

三、运气的不同类型

划分不同类型的运气，不仅有利于加深对于运气的理解，而且也是对运气概念的有效检验。在关于运气的讨论中，很多哲学家都区分出不同的运气并且分别加以分析，避免在研究时以偏概全，形成错误的观念。由此可见，对于运气的分类是有必要的。“一种是以计划为中心展开划分，主要就分为内在于计划的运气和外在于计划的运气；另一种是内在于行为者本人的运气和外在于行为者本人的运气。”①这是威廉姆斯对运气所提出的两种划分方式。这两种划分可以统合成同一种划分，即内在运气与外在运气。在第二章和第三章中都有述及的，威廉姆斯以著名画家高更为例，假设高更为了追求他的理想和抱负抛妻弃子离家去了塔西提岛，他想要获取成功，取决于两类不可控制的因素，即所谓的内在运气和外在运气这两种因素，“高更是否真正具有天赋投身于绘画事业，他在从事真正具有价值的工作上究竟能否做出成绩并获得最后成功？内在运气本身实际上就是集中于这样的一个问题”②。

在这里，内在运气主要指获得成功的能力和禀赋，这些却都是高更所不可控制和无法预知的因素，由此从根本上来说就是运气。而由其他因素（条件）所引发的无法控制的事情则就是外在运气。这正如威廉姆斯所指出的：“无疑，并不是使得这项计划得以顺利完成的一切条件都在于高更本人，原因在于这项计划得以顺利完成的很多条件（因素）都是其他人的行动和约束所提供的，而外在运气的一个关键所在地恰恰就是这个事实。”③前往塔西提岛途中不可控制的危险、岛上居民对高更的无法预知的态度、其他潜在的天灾人祸等，这些都是高更或许面临的外在运气所包括的内容，而高更的成功恰恰就可能受到这些因素（内容）的影响。以上所述威廉姆斯对运气的划分，在某种程度上论证了运气中不可控制的因素——包括因能力不及和其他条件不允许而导致的无法控制的说法。不过，威廉姆斯的划分并未得到太多的认可和响应，在讨论运气的类型划分时，人们更多地诉诸内格尔的划分。④关于这一点不在本书的研究重点之内，所以不加以展开阐述。

---

① 潘书琴．论道德运气．华东师范大学硕士学位论文，2004：6.

② 伯纳德·威廉姆斯．道德运气．徐向东译．上海：上海译文出版社，2007：38.

③ 伯纳德·威廉姆斯．道德运气．徐向东译．上海：上海译文出版社，2007：38. 这里又重提高更的例子，似乎有啰唆之嫌，其实不然，在此重在于解读和论述“道德运气”这一主题，前两章中重在于批判功利主义和康德主义，侧重点有所不同。

④ 一个有趣的事实是：尽管“道德运气”的概念由威廉姆斯首倡并引发包括内格尔在内的许多哲学家的重视，但是在对“道德运气”的讨论中，威廉姆斯似乎并没有获得他在这个领域应有的声誉。很多哲学家似乎不知道威廉姆斯的存在一般，忽视了他对这个概念的奠基性作用，而言必称内格尔。也许，从中我们可以看到英美哲学界内部的隔阂，或者更根本的是，威廉姆斯除了提出问题，对于道德运气的讨论就再无其他贡献？具体关于威廉姆斯式的运气观，我们在第五章将展开论及。

内格尔对运气类型的划分则倍加精细和全面，运气在他看来主要可分为以下四种类型。

“一种是生成运气：你天生就是这么一个人，这个问题不仅仅只是你有意而为之的，同时这个问题还类似于诸如你的潜力和倾向以及性情等等。另外一种是摆在我们眼前的现实情境和问题，即使我们身处其中的所谓的环境的运气。此外，还有两种原因和结果紧密关联着行为：我们究竟是如何由先前环境所制约和影响的运气，以及人们的计划和行动结果所造成的运气。”①简单地加以比较分析，我们可以得知内格尔的生成运气（constitutive luck）有点类似于威廉姆斯的内在运气，即在生活中，除了你的天赋及能力不能控制外，你的性格、脾气、家庭出身及社会关系都是先于你的存在而赋予你的，不容你自愿选择和改变。正如齐默尔曼所言：没有人能够控制你的出生。生成运气的存在，是产生宿命论观念的主要原因。例如，范缜用偶然论来反对佛教的因果报应说时曾经说道：“人生如树花同发，随风而坠，自有拂帘幌坠于茵席之上，自有关篱墙落于粪溷之中。”②这句话的意思也就是说，人生如同树上开的花一样，风吹花落，有的飘落到屋里的草席上，有的飘落到墙外的粪坑之中。出生于何家，竟是如此偶然的事件，范缜想要避免因果报应的宿命论，却陷入了另一种更不稳定的宿命论，令人更为悲观，其中主要原因便在于无法摆脱生成运气的存在与影响。③

第二种运气是人们所处的环境的运气（luck in one’s circumstances）。总体而言，人们都处于一定的社会环境中。当某人进行某项行动时，他又面临着具体的情境。这些环境或情境不可能不对他的决定和行动产生影响，而且在很大程度上这些环境的存在是他无法选择和控制的，因而存在着所处环境的运气。中国有句古话“时势造英雄，英雄出时势”，这句话一针见血地指出了人们面临环境的运气：某人的确可能拥有成为英雄的天赋和潜质，但是倘若没有一定的社会土壤，他便可能泯然众人，成为一个平凡的“无名英雄”。内格尔举了一个政治例子来阐述环境运气的存在和内涵。在第二次世界大战期间，纳粹德国的普通公民本来有机会可以展现他们的英勇，即反对希特勒的法西斯统治；他们也有机会助纣为虐、为非作歹，而且其中有很多人就因为没有经受这一考验而理应受到谴责。但是很多其他国家的普通公民，他们并未处于纳粹的统治之下，即使他们具备某些恶的习性，倘若他们处于纳粹的统治下可能表现得更糟糕，但是因为他们并没有那种实际的表现，他们成为很幸运的人。由此可见，人们所处的环境也能构成一种无法控制的运气。

第三种运气是被先前环境所决定的运气（luck in how one is determined by

---

① 托马斯·内格尔．人的问题．万以译．上海：上海译文出版社，2003：31.

② 向世陵．中国哲学智慧．北京：中国人民大学出版社，2006：94.

③ 由于范缜无法合理解释生成运气的存在与影响，所以，以偶然论来取代因果报应说并不能给人以更坚定的信念来面对运气的横加干涉。

antecedent circumstances)。我们在上文论述运气的概念之时对这种运气已经提及，即那位医生受到的就是药物被毒药替换的这个先前行动的影响，这无疑是他所不可控制的。另举一例，某人由于财务纠纷对其合伙人邪念顿起并欲大开杀戒而后快，一日他拿着枪闯进合伙人的住宅而行动未果，原因在于他在行动之前由于时间仓促，匆匆忙忙行事而未来得及事先检查枪，可偏偏在这之前他的另外一个朋友把玩了这把枪而导致出了毛病以至于不能使用，对此他却完全不知情。结果很简单，他的谋杀计划由于受到先前行为决定的运气的影响而以失败告终了。我们在生活中显然就会认为：误杀病人的那位医生的运气真是糟糕到了极点，而谋杀未果的那位仁兄的运气真是相当的不错。

第四种运气在我们的生活中也是普遍存在的，它所指的是由人们的计划和行动结果所造成的运气（luck in the way one action and projects turn out)。上文所论述到的那位酒后驾车意外撞死小孩的悲催的司机身上所遇到的运气就是这第四种运气的典型，那个小孩从人行横道上是否会快速跑过并非他所能控制的——这是这位司机在当时的情况下所面临的不可控制的因素，并且这种不可控制不同于其他类型的不可控制，它既不是司机所处的环境，也不是由先前环境所决定的，更与司机的家庭、性格、爱好和脾气等毫无关系，可事情的结果就是直接由这种不可控制的因素所影响和促成的，所以又被齐默尔曼称之为结果运气（resultant luck)。将内格尔的前三种运气统称为情境运气（situational luck)，指包括某人的脾气、性格和环境等所面临的情境的运气，而将内格尔的最后一种运气称之为结果运气，这是齐默尔曼对内格尔的运气类型的划分所进行的整合。

由上文所述我们不难得知，导致运气不可控制的原因是他们进行划分的依据，也即他们作出划分的标准实际上是大同小异的，结果运气、齐默尔曼的情境运气、外在运气等产生不可控制的原因无关乎人的意志和能力，都是由于种种外在的其他条件所导致；而与此相对应的，内格尔的生成运气、威廉姆斯的内在运气等导致人们无法控制的原因则主要是由于人们的能力不及。所以，由于能力不及而导致的运气，诸如生成运气、内在运气等是一类，而由于其他人的行动、环境等种种条件引起的运气，诸如结果运气、情境运气等又是一类，笔者在本书中倾向于依照产生无法控制状况的原因将运气划分为以上这两种类型。由于对于那些因为能力原因导致的无法控制的状况，人们在一定程度上能够通过提高自身能力、修养、性格等各种方式予以避免，所以这样的划分具有某些实在意义。还是回到高更的例子，我们可以首先假设他能否成功只是在于他具有天赋与否而决定，那么如果他缺乏这种天赋，但是他能够意识并且通过后天的努力来弥补自己的先天不足，他则照样能够获得成功；反之很简单，如果他本来就具有成为画家的天赋，他就更是能够获得成功了。无法控制的情况在这个时候便不会由于能力不及而导致了，自然也就不存在内在运气一说了。而对于主观上很难改变并避免的由于其他人的行动、环境等各种条件所引发的运气，在这个时候我们也只能是“尽人事，安天命”，一切顺其自然，顺其自然一切，保持一颗平常心足矣。[①]

第二节　抛弃道德运气的康德式运气观

上文对运气的基本概念、运气与控制，以及运气的不同类型等进行了详尽的论述。那么，在我们的伦理生活中，对于运气及被运气所影响的事和人，我们到底应该采取什么样的态度去对待或评价呢？尽管这个问题自伦理学诞生之日就已经得到一种潜在方式的重视，可哲学家们[②]直到今天仍对这个问题争论不休，并且这种争论的趋势是愈发不可收拾。那么，哲学家们对于运气的讨论为什么会这般喋喋不休呢？对于伦理生活中受到运气影响的人类行为，我们到底应该怎样进行评价呢？“在进行道德评价时，即使人们的生活会受到运气的影响，但我们对于运气的作用始终不应该加以考虑；不具有道德价值的行为之所以值得责备，而相反的行为之所以值得赞扬，这毫无关乎运气的影响，只是因为其中的行为本身是否具有道德价值而已；所以，运气在道德的圣殿中没有丝毫的立足之地。”这是康德式的运气观对于上述所提的一些基本问题所作的回答。

说来话长，悠久的历史传统也是康德式的运气观所具有的，苏格拉底和柏拉图两大哲人自伦理学诞生之日起就强烈地拒斥运气，他们力争将人们值得过的生活（也即好的道德生活）奠定于理性、纯粹而稳定的基石之上，将所有未知的因素都摈弃于真实价值的领域之外；这个追求被康德一如既往地继承，道德概念的真理性、崇高性始终如一地被维护和持续，在康德的恒久追求道路上，人们道德义务必然性的依据和出路被坚持找寻不已，情感和运气自然而然就被抛弃了；康德以后，道德价值的真理性和崇高性经由启蒙运动启发心智的人们所普遍认同，人的意志自由被逐渐深入人心的“责任蕴涵自由”观念大加肯定，与此同时，道德责任也要求人们为其自由选择和决定而明确担当。开始于大哲柏拉图，扬弃于康德之手，一条康庄大道似乎已经由康德式的运气观逐步走出来了。

---

① 同时，这样一种划分对于理解亚里士多德的运气观是有利的。因为按照亚里士多德的说法，善良而又智慧的人们能够在运气面前不卑不亢，是因为有一部分运气（因认识和能力不及而引起的）是可以被实践智慧所驾驭的，而有一部分过分外在的运气是可以被人们所超越的。详见：〔古希腊〕亚里士多德，尼各马可伦理学．苗力田译．北京：中国人民大学出版社，2003：14-19.

② 从诗与哲学相争的传统来看，戏剧家、诗人及文学家一直都未放弃对运气的咏唱或谴责。不过，力图揭示他们的观点没有必要，首先本书重点在于论述威廉姆斯对道德运气这一概念的洞见，其次因为按照某种饱受争议的观念，就正如默多克所言：“理想的哲学风格是一种毫不隐讳、明确、朴素无华，以及坦白和一丝不苟的风格。”而文学的风格与此格格不入。详见：〔美〕纳斯鲍姆．善的脆弱性．南京：译林出版社，2007.

一、理性排斥运气

道德沦丧、价值迷茫是苏格拉底和柏拉图生活时代的一个特征。正所谓盛极而衰，雅典帝国在爆发伯罗奔尼撒战争之后开始走下坡路，希波战争后所积累的财富和帝国的威信几乎一夜之间被挥霍得一干二净，用“明日黄花”一词来形容过往的繁荣完全不为过。传统的道德信仰在人心惶惶的时代开始瓦解，更加推波助澜的是当时以牟利为目的智者学派的出现，他们完全混淆视听、误人子弟，到处兜售他们的辩论术，一种相对主义的价值观念弥漫着当时社会的每一个角落，传统道德的分崩离析无疑被加快了步伐。

在这样的时代背景下，曾经承担教化功能的荷马史诗等古希腊诗歌戏剧，早已不能维系那本来就脆弱至极的公道人心，恰恰与此相反，它们的负面效应开始逐渐显现出来。在柏拉图的《理想国》中，阿得曼托斯敏锐地指出：诗歌已成为蛊惑人心、颠倒黑白的工具。“求乞江湖巫人和各大祭司，四处奔走并大肆游说富家之门主人，削尖脑袋想要让人相信：对于很多坏人，诸神显然给以种种幸福；而对于很多好人，诸神则给以不幸的遭遇和灾难的一生。为作证于此，他们还引用诗篇描写了恶人的富足和为恶的轻易，‘名利多作恶，举步可登程，恶路且平坦，为善苦登攀。’”[①]

诗歌中描写运气[②]影响生活的篇章，竟然被用来教唆人们弃善从恶。在神的名义下，好人行善却因运气遭恶报，坏人行恶却因运气享幸福。这样的诗歌，并不一定会激发人们与命运抗争的悲剧意识，却很有可能教导人们听任命运之神的摆布。柏拉图“在非常年轻的时候，有志于成为一个悲剧作家”[③]。他相当清楚：在古希腊诗歌戏剧中，对运气的这般描述比比皆是；而且他也明白放任这些诗歌流传对城邦道德的可怕危害。因此，对于柏拉图而言，他要在《理想国》中论证“正义的人比不正义的人更幸福”的德福一致的观念，要在生活实践中恢复对道德的信仰，倡导一种值得过的生活，他首先必须面对的就是诗歌的这种负面效应。就正如他的两位兄长格劳孔和阿得曼托斯逼问苏格拉底那般，“在辩论中我请你不要仅仅只是证明正义高于不正义；你要证明这两者本身各自究竟是什么”[④]？而不是像诗人或者其他神的代言人，“真正谴责不正义、歌颂正义的人是不存在的，就算是真正愿意谴责不正义或歌颂正义，从根本上而言也不外乎是基于利禄、荣誉、

---

① 柏拉图．理想国．郭斌和，张竹明译．北京：商务印书馆，2002：52，364B-364D.

② 虽然在柏拉图的时代，似乎尚未明确地出现现代意义上的运气概念，但是毋庸置疑的一点是，柏拉图在《理想国》中提及的幸运或不幸符合运气概念的基本要件：第一，这些幸运或不幸影响了古希腊人的生活；第二，古希腊人认为这些事情不是人的意志和能力所能控制的，而是由神所决定的，因此，在这部分讨论中使用运气的概念是完全合理的。

③ 帕帕斯 N. 柏拉图与理想国．朱清华译．桂林：广西师范大学出版社，2007：10.

④ 柏拉图．理想国．郭斌和，张竹明译．北京：商务印书馆，2002：56，367D.

名声等这些方面考虑的”[①]。

诗人们在城邦中大肆宣传一种宿命论，过分夸大运气对生活的决定性作用，真正值得人们追求的生活的本来面目被错误地加以掩盖了。而运气所引起的不确定性是柏拉图所必须避免的，进而建立一种稳定、纯粹而又真实的道德价值。因此，在建构城邦之初，柏拉图就让苏格拉底站在诗歌戏剧的对立面，大张旗鼓地删定诗歌，甚至要将诗人赶出城邦[②]。实质上，这只是柏拉图拒斥运气、确立真实价值的宏大策略中的一环——正所谓“不破无立、先破后立”，只有将运气从城邦中扫地出门，才能建立起对运气免疫的道德价值。

柏拉图删定诗歌、驱逐诗人的标准是删除那些丑化神的说法，恢复神之所以为神的本来面目。排斥运气与神有什么关联呢？在蒙昧时代，人们往往相信：世间那些无法控制的事情仍是由上天的诸神所控制，运气或不幸都是神的旨意。不过古希腊的神话中投射了人性的影子，诸神的世界与人间社会一样，充斥着明争暗斗、尔虞我诈等丑陋不堪的现象，因此神对运气的安排，也全然没有固定而合理的规律。对此，柏拉图主张：第一，神是善的原因，而不是一切事物之因，因此，“对于荷马或其他诗人关于诸神的那种错误说法，我们就不能去接受了。……对于‘祸福变万端，宙斯实主之’的那种宙斯支配命运的说法，我们也不要去相信了”[③]。

另外，神在言行方面都是单一的、真实的，神并不会变幻自己的形式迷惑世人，也不会用谎言使人们误入歧途。这样，柏拉图就把神从运气的阵营争取到道德阵营之中，让神灵与运气断绝关系，从而为道德对运气免疫奠定了坚实的基础。不过，即使神不再决定运气，而且诗歌也不会教唆人们听凭运气摆布，这只是从现实层面为解决雅典现有的道德危机提供了可行的策略，在更深的理论层面，柏拉图仍然面临严峻的挑战，他必须论证“正义之人比不正义之人更幸福”。然而生活中，而不仅仅是在古希腊诗歌中，“好人遭厄运，坏人享幸福”的德福不一的现象仍然无所不在，而且毫无疑问，运气是这些现象最大的元凶。

柏拉图清醒地意识到这一点，他的策略是重新定义幸福的概念。按照日常的看法，幸福是与快乐联系在一起的，肉体上的快感、心灵上的愉悦都是产生幸福的原因和条件。不过，柏拉图认为这种观点并不是完全正确的，只是快乐也有高低真假之分，对自然需求的满足，如性爱、吃饭等，都是低级、虚假的快乐，而灵魂深处的快乐——这是由哲学沉思、理智生活所带来的快乐，才是真实的。因为正义之人倾向于追求理智生活带来的快乐，而不正义之人总是沉溺于肉体上的快感，所以从得到真实快乐的角度，正义之人比不正义之人更快乐、幸福，而且

---

① 柏拉图．理想国．郭斌和，张竹明译．北京：商务印书馆，2002：55，365E.

② 柏拉图．理想国．郭斌和，张竹明译．北京：商务印书馆，2002：107，401B-401D.

③ 柏拉图．理想国．郭斌和，张竹明译．北京：商务印书馆，2002：75，379D.

正义的生活比不正义的生活更值得过。如此而言，运气就不会对正义和不正义孰优孰劣的道德判断产生影响，人们在道德选择时，也不会再去考虑运气的干扰。

道德对运气产生免疫，柏拉图是怎么实现这个目标的呢？众所周知，苏格拉底和柏拉图对人类道德最大贡献之一就是提出“值得过的生活”的概念，苏格拉底有句名言：“未经反省的人生是不值得过的。”这句话表明：值得过的生活需要一种审慎反思的态度，需要对生活的细致反省，需要实现理智对欲望和激情的驾驭。柏拉图将灵魂划分为理智、激情、欲望三个部分，三个部分分别承担一定的功能，对应不同的对象。其中，欲望的功能是欲求，对外在的财富等的欲求；理智的功能是出谋划策，并对灵魂其他两个部分进行统治。柏拉图认为假如欲望挣脱理智的统治，就会“充满所谓肤浅的肉体快乐而变强变大却不再恪守本分，企图对那些它所不应该控制支配的部分强加控制支配，最后人的整个生命被毁坏”①。欲望的膨胀会使人贪得无厌，并推动人们去追求本不应该追求也控制不了的东西，如过多的财富等，它们的获得充满了不确定性，也容易受到运气的影响。物欲横流的生活是脆弱的、虚幻的，就如天上的浮云般变化多端。因此，柏拉图指出：值得过的生活，也即正义的生活，必须是灵魂各个部分各行其是、各尽所能，欲望听从理智控制的生活；那些欲望不受理智节制的、未经反省的生活就是不值得过的生活，是人们应该抛弃的生活。

通过明确我们值得过的生活，也即好的伦理道德生活的范围，柏拉图排除了运气的干扰。因为受运气干扰的生活，往往是欲望不受节制地追求财富、名利的生活，充满了太多的不确定性；而值得过的生活，由于受到理智的出谋划策，并经过人们的反省，常常是稳定、纯粹而又具有真知灼见的生活②。既然好的道德生活已经从充满运气的人类生活中被隔离、提升出来，拥有自己独立而稳定的地盘，那么即使他还需要人们不断地去践行和追求，而且事实上非常难以实现，但是无论如何，它再不会受到运气的横加干涉，古希腊人也不会由于受到运气的困扰，在“正义之人与不正义之人，孰优孰劣”的道德判断面前，严重失去应有的睿智和大度。柏拉图由此奠定了关于道德最基本的观念，即他告诉人们：我们应该过一种值得过的、稳定而又具有真实价值的生活。

斯多亚学派继承了柏拉图的道德观念，他们认为：一个理性存在者不是要“像羊一样，跟随前面的羊群，走上一条不是我们应该走的却只是所有人都走的路”③。而是要控制他的生活，并且用他的能动作用和理性选择来更好地指导他的

---

① 柏拉图 . 理想国 . 郭斌和，张竹明译 . 北京：商务印书馆，2002：169，442B.

② 在《理想国》和《斐多篇》中，柏拉图指出这样一种生活的典范是哲学家爱智慧的理智活动。这种活动具有纯粹性、稳定性及真理等特征，不需要任何外在的对象，也不会出现生生灭灭的变化，因此生活中的运气无法干扰这种活动。〔美〕玛莎·纳斯鲍姆 . 善的脆弱性——古希腊悲剧和哲学中的运气与伦理 . 徐向东，陆萌译 . 南京：译林出版社，2007：196.

③ 塞涅卡 . 塞涅卡道德文集（洛布古典丛书第 2 卷）. 哈佛：哈佛大学出版社，1990:101.

生活，与柏拉图一样，斯多亚学派也主张过一种独立于外在事物、顺乎自然的宁静生活，因为这样的生活具有真实的价值，也不会受到运气的干涉，即使是受到运气干涉，也不会失去它的价值。

芝诺第一个提出并使用“责任”（kathekon[①]）这个概念，他认为：由理性指导人们去做的诸如忠诚朋友和热爱祖国等行为是有责任的行为；由理性所贬斥的诸如疏远朋友和冷淡父母等行为是不负责任的行为。只不过芝诺的责任概念，比起康德以降主流的道德责任概念，仍有不少差别，它不是消极意义上的担当后果，而具有积极的态度，要求人们主动按照理性的指导去完成某些事情。在芝诺那里，责任等同于应该做的；而如今，除了芝诺所确定的意义外，责任还指对行为的后果的担当，而且似乎后一种意义更为广泛和常用。[②]

二、道德对运气免疫

在维护道德概念的纯粹性、稳定性及真理性方面，康德较完整地继承了柏拉图的观念。在《道德形而上学的奠基》[③]中，康德不仅认为：“一切道德概念都完全先天地在理性中有其位置和起源，……他们的尊严正在于其起源的这种纯粹性。”[④]而且在道德概念的认识路径上，康德与柏拉图有着惊人的相似之处，与柏拉图在“洞穴说”中提到的“从充满臆见的经验世界（洞穴）上升到理智世界（洞外）中，看到至真至善的理念（太阳），再返回到经验世界（洞穴）指导自己和人们的道德实践”[⑤]相仿，康德也赞同：通俗的道德世俗智慧必须先向理性的道德形而上学发展，并在道德形而上学中，“从一个一般而言的理性存在者的普遍概念中导出道德法则”[⑥]，才能下降到世俗生活中，“把道德建立在其真正的原则之上，并由此造成纯粹的道德意念，为了最高的公益把这种意念灌输给心灵”[⑦]。

不过，康德比柏拉图走得更彻底、更理性。在《理想国》中，人们在内心静观到理念的真实面目之后，在现实生活中并不能直接地实践理念，而是模仿理念，就正如手艺人一样，按照头脑中椅子的原型，在实际中仿造一把椅子。康德毫不留情地宣称：“模仿在道德领域根本不成立，实例只是用作鼓励，……它们使实践规则更为一般地表达的东西变得直观，但绝不给人以权利把它们存在于理性的真

① 从词源上说，责任一词派生于 kata、tinas、hekein（古希腊文中意为尽力而为），指人自身与自然的安排相一致的行为。宋希仁．西方伦理思想史．北京：中国人民大学出版社，2004：96.

② 显然，在现在日常语言中，这两种意义的责任都随处可见，在党和国家的文件中，我们常常能看到“……是政府义不容辞的责任”的提法；而后一种意义上的“追究责任、承担责任”的字眼，则广泛流传在人们的口语中，也能见诸报端。

③ 还有另外一种译法，即译为《道德形而上学原理》。

④ 康德．康德著作全集（第 4 卷）．李秋零译．北京：中国人民大学出版社，2005：418.

⑤ 柏拉图．理想国（第七卷）．郭斌和，张竹明译．北京：商务印书馆，2002：66.

⑥ 康德．康德著作全集（第 4 卷）．李秋零译．北京：中国人民大学出版社，2005：419.

⑦ 同⑥.

正原型置于一旁，且按照实例行事。"[①]在康德看来，模仿作为一种技艺，根本不如理性的自动运行、纯粹思辨有效。另外，如果说柏拉图在《理想国》中删定诗歌、驱逐诗人的行为是在意识到运气对道德的危害后的自觉行为，那么康德确实在理性的"宏大叙事"中不自觉地将运气排除在道德概念之外。在《道德形而上学的奠基》中，他让理性沉浸在一种自发自为的论证运动中，在运动的过程中，运气被理性压得粉碎以至于根本上无所谓存在。

康德在让理性思辨一个什么样的问题呢？其实很简单，他问的是"人们应该如何行动"，然而他的论证却远远超出简单的程度，细腻、繁琐而又冗长，就正如小脚女人的裹脚布。因此，想要全面展现他的论证并不是一个现实的考虑，就本书而言，必要的是理解康德是怎么想的，或者更确切地说，他有什么目的？一般而言，要回答"人们应该如何行动"的问题，首先必须思考"人是什么样的存在"的问题，因为只有了解人的本质属性和存在方式，才能进一步规划人的行动，正如亚里士多德知道"人是政治的动物"，才会进一步要求人们通过政治行动来确认自己的存在。[②]那么康德是怎么界定人的存在呢？康德认为人的存在具有双重性，兼具理性和感性，"假若我们认为我们自己本人都是自由的，那么我们就把自己本人当作成员搁进知性世界之中去，同时理解了意志的自律以及它的结果一起，也就是道德性；但是假若我们认为自己本人担负有责任和义务，那么我们就把自己本人当作既属于感官世界之中，而且同时也属于知性世界中"[③]。

一方面，人是知性世界的成员。在知性世界中，任何一个理性存在者，包括人类都拥有意志自由，并因此而依理性的因果性为自身立法，服从"不依赖于自然的，并非经验性的，而是仅仅基于理性的法则"[④]，实现自律。另一方面，人又是感官世界的成员。在感官世界中，人们因循知性世界中存在的因果性的显象而行动，只不过就像人类无法认识某些事物一样，从这些行为中我们并不能看出因果性，而只能看作符合欲望和偏好的自然法则，按照康德的观点，自然法则诉诸外在的对象（如欲望的对象是财富、名望等）因而是他律。尽管人类属于知性和感官两个世界，却未因此而产生抵触和矛盾，这是"因为感官世界的依据由知性世界所包含着，从而感官世界的法则的依据也由知性世界所包含着"[⑤]。所以，在知性世界中，我们必须服从法则；在感官世界，我们仍然会服从知性世界的法则，把它作为命令式，把合乎它的行为视为义务。人类就是沉沦于知性世界和感官世界的存在，受到自然法则，而在根本上是受到知性世界法则的支配。康德进一步举例论证：任何人，即使是最坏的恶棍，只是其仍然作为理性存在者而存在，当我

---

① 康德．康德著作全集（第 4 卷）．李秋零译．北京：中国人民大学出版社，2005：419.
② 阿伦特．人的条件．竺乾威译．上海：上海人民出版社，1997：68.
③ 康德．康德著作全集（第 4 卷）．李秋零译．北京：中国人民大学出版社，2005：461.
④ 康德．康德著作全集（第 4 卷）．李秋零译．北京：中国人民大学出版社，2005：460.
⑤ 康德．康德著作全集（第 4 卷）．李秋零译．北京：中国人民大学出版社，2005：462.

们向他明示心意正直、同情、仁爱的榜样后，他都会被唤醒其沉睡的理性，力图摆脱偏好和欲望，也即自然法则的烦恼，力图按照意志自律的原则来行动，以实现其人格的最大的内在价值。

因此，任何人都能够根据自由意志的普遍立法，出于义务而行动，而不是根据欲望和偏好，出于兴趣而行动，而且人们也应该如此行动。按照康德的设想，人是目的。作为目的存在，指的是人存在本身就是目的，是不依赖于任何条件的绝对价值；倘若人仅仅被当作手段来使用的话，他便只是作为实现更高价值而存在的相对价值。康德认为：人必定是目的，“因为若不然（没有理性存在者作为目的），就根本不能发现任何具有绝对价值的东西；但是，如果一切价值都是有条件的，从而是偶然的，那么对于理性来说，就也根本不能发现任何更高的实践原则了”[①]。在前面论述中，我们已经在知性世界中找到最高的实践原则，因此人是绝对价值，也就是其他价值的源泉。

人是目的意味着什么呢？康德认为，这就意味着人们在任何时候都应该被当作目的，绝不仅仅当作手段来行动。根据欲望和偏好来行动是不应该的，因为欲求的对象都是外在的对象，不在人本身，在欲求的过程中，人仅仅被作为手段而存在。那么人应该根据自由意志为自身的普遍立法来行动，这个时候，由于行动的根源来自于人本身，人就不仅仅作为手段而被使用，而且还被当作目的。由于人应该按照自由意志为自身的普遍立法而行动，而且自由意志为自身立法服从因果性的必然法则，所以如此而为的行动在任何条件下都是合理的。

康德指出：这样的行动，必定是出于义务的行动，因其动机为善而具有至高无上的道德价值。至此，我们完成了对康德的论证的追溯。通过追溯我们可以发现：康德的目的在于维护道德概念的绝对性、必然性，在于维护一个人之所以为人的尊严，还在于维护和激发人们从善的信心和决心。在康德的论证中，理性三次倾轧运气。

第一次他在面对感官世界和知性世界的鸿沟时利用知性世界加以统合，理性的必然秩序将感官世界纳入其中，从而使人的双重存在都处于确定性当中，彻底将不确定性的运气从纯粹实践理性批判的领域抹去。对于纯粹实践理性而言，它根本不值得考虑。

第二次是在他对道德形而上学的设想中，人们应该按照自由意志的普遍立法而行动。行动所依据的法则，在于任何时候、任何地点都绝对地适用，不依赖于任何偶然的特殊条件。因此，无论运气如何干扰人们的行动，都丝毫不能影响这些道德法则的适用性。在康德这里，道德对运气是先天免疫的。

第三次倾轧则在对运气的讨论中广为引用，讨论的是道德在实践中的情况。在谈到善良意志时，康德宣称：“即使由于命运的一种特殊的不利，或者因为不是

① 康德．康德著作全集（第 4 卷）．李秋零译．北京：中国人民大学出版社，2005：436.

亲妈般的天生自然穷瘠的装备，这种意志彻底不具备贯彻个人的意图的那种能力，假若在它做出了所有的努力，并且这里不仅仅只是某个全然的希冀，而是在我们使出了力所能及的浑身之力之后依旧毫无效果，随之所余下的仅仅只是善良意志，那么它也和一颗宝石那样，仅仅作为在自身那里就具有它自己全部价值的东西，独自就能闪耀光芒。”[①]也就是说，无论运气如何影响，在善良意志指导下的实践行为都具有至高的道德价值。

这段话被作为道德责任的判定无需考虑运气影响的观念的典型代表而广受威廉姆斯、内格尔等的批评，康德也因此被认为是“责任蕴涵自由”的道德责任观的始作俑者。然而，在了解到康德本人“更加复杂而且更加微妙的见解”[②]之后，我们意识到康德的宏大计划在于肯定人的道德性，并为人们过一种好的道德生活提供哲学和理性上的依据和指导。这段话只是他宏大计划中根本不值一提的花絮，人们是不是在断章取义呢?

三、对康德的发展

康德如果不是在主观意图方面，那么至少在客观效果上造成了道德责任判定的困境[③]——当然，按照他的道德哲学，他并不应该因此而值得批评——参照普遍的自由意志立法，出于义务而加以行动，只有这样的行动才具有道德价值，这是康德的道德哲学所指出的。对此，一些宽泛的理解可以很好地被设想出来。例如，一个人只有在意志自由的情况下的行动才具有道德价值；出于义务而行动才是负责任的行动；只有意志自由的行动才是负责任的行动；我应该出于义务而做的任何事情都是我能够做到的，因为这是由知性世界的因果性所规定的。这些理解，要么是对康德道德哲学的直接推论，要么是间接的。不过无论如何，正是这些宽泛的理解，才形成了某种道德责任观，并造成我们所关注的困境。通过某些宽泛的理解，后人继承并发展了康德式的道德责任观。他们对康德的发展，主要集中在以下三方面。

第一，在对责任的认识方面，康德所谓的责任即义务，指的是道德主体应该积极主动完成的行为，或者说做的事情应该是在理性的指导下所完成的。很明显，这仍然等同于古典意义上所谓的责任。例如，不自杀、自我发展与自我完善是对自己的义务，信守诺言、同情与帮助他人是对他人而言的义务。人们在任何情况下对于这些义务都应该积极履行，履行义务和担当责任是等同的，而不履行义务就是不负责任的行为。将这种古典意义的责任运用到道德评价时，现代意义的责

① 康德．康德著作全集（第4卷）．李秋零译．北京：中国人民大学出版社，2005：401.

② 玛莎•纳斯鲍姆．善的脆弱性——古希腊悲剧和哲学中的运气与伦理．徐向东，陆萌译．南京：译林出版社，2007：5.

③ 如果在道德评价时，不考虑运气的作用，对受运气影响而产生不同的结果视而不见，这从根本上与人们的公平观念相违背。

任概念便开始萌芽。如果某人不履行某项义务，他不仅在道德上是不负责任的，也即他没有在理性的指导下去做某事，而且他还应该为此承受诸如批评和谴责等东西——他本来负有责任去做某事，但事实上他没有做好或者根本上就没有去做，可作为道德主体，既然他在所有情况之下都应该积极担当责任、履行义务，那么假若他完成某件事情并没有以履行义务的方式而为之，进而他担当责任、履行义务就必须采用其他的方式，如接受责备、惩罚或奖励等，抑或为了力争恢复受损的后果而继续去履行该项义务。由此一来，也就产生了对于行为及其后果承受所应得意义上的责任了。安德烈将这种诉诸惩罚和奖励的责任称之为基督教——康德式的责任①，足以能够证明这种责任观念不仅与康德直接相关，并且在更远的渊源上，还与基督教的末日审判的道德不失联系。无论如何，在现代意义上，"当某人被我们确认为一个负有道德责任的行为者之时，那么对他抱有某种特殊的信念并不仅仅只是这里所意蕴的含义，同时还有愿意采取某些态度对待他，以及采取某些方式对他作出某种行为等都包含在内了。"②

第二，在自由意志与责任的关系方面，人是具有普遍立法意志的理性存在者，从而担当责任和履行义务就成为人之必需的了，这是康德所认为的。因此，我们担当责任和履行义务的前提条件就是我们作为人的自由意志的存在。这和康德所说的一致：理性对于它自身来说，任何外在于它的某个地方的指导必然都不会被它所接受，也就是说它不会受到自身之外的任何外在的干扰，因此"唯有在自由的理念之下的某个理性存在者的意志才是那个所谓自身真正的意志"③。所以在我们的实践活动领域，履行义务也才可以基于自身的意志出发，同时自由意志在任何时候都作为目的而存在。很显然，即担当责任和履行义务的首要前提便是意志自由，所有人都必须对他个人自由决定并付诸实际行动的行为承担责任。当我们追问，一个人为什么要为自己的行为负责时，按照康德的道德哲学，由于人只有拥有自由意志才会去担当责任、履行义务，所以"行为者自己的某个行为之所以应该由自身负责，原因在于恰恰就是行为者要为之负责的那个行为，要么是由行为者自身在原则上所能够加以控制的，要么是由行为者自己明确选择并负责完成的"④。这样，康德在论证人类必然会履行义务时所引出的自由意志，就成了现代意义上承受应得的责任概念的核心要素，意志自由是承担道德责任必不可少的前提，"责任蕴涵自由"的观念开始出现。

第三，在责任与控制之间的关系方面，"我应该"蕴含"我能够"⑤的观念的

① Andre J. Nagel Williams，and Moral luck. Analysis，1983，43（4），：205.

② 约翰•马丁•费舍，马克•拉维扎．责任与控制——一种道德责任理论．杨绍刚译．北京：华夏出版社，2002：1.

③ 康德．康德著作全集（第4卷）．李秋零译．北京：中国人民大学出版社，2005：456.

④ 张继选．道德运气与道德责任问题．香港社会科学学报，2001，（21）：11-18.

⑤ 在逻辑学中，A蕴涵B是充分条件假言判断式：如果A，那么B。前者A为真，则后者B则必然为真。因此"我应该"蕴含"我能够"的含义是：如果我应该做某件事情为真，那么我肯定有能力做某事。

确是康德所提出的，在对义务的定言命令式如何可能的阐述之时，他主张因为人的存在首先是作为知性直接的成员，由此人们的行为必然服从道德规则；而人们会意识到自身的行为应当服从道德法则，那是因为自身作为感官世界的成员被人们所直观。由此，不仅可能而且应该存在义务的定言命令式。然而，不仅可能而且应该的道德义务的论证并没有被康德倡导如下的观念，即当且仅当我们能够控制那些行为时，对于自己的行为我们便要担当责任。当康德提出“我应该”蕴含“我能够”时，他只是想要证明道德义务的可行性，对康德的进一步发展则是“责任蕴含自由”的观念。这个观念在积极的意义上指出：对于我们自由的行为我们应该承担责任，这与康德的本来意图仍然十分接近；而这个观念在消极的意义上则对康德的本意进行了篡改，进一步提出了对自己所应当承担的责任的要求，即对于那些我们就是倾尽全力也无能为力的事情，若还要承担责任则对于我们来说就明显是不适当的。在实质上成问题的是消极意义上的“责任蕴含自由”观念，所以并不是康德本人导致内格尔式的道德悖论，严格说来对康德的道德哲学的曲解是后人所为。

由此可见，康德主义的责任观念基于康德道德哲学的继承与发展演变而来——人们在道德评价中应该只对他能够控制的行为担负道德责任，而人们对于那些由于运气干扰而不能控制的行为则不应该获得不公平的责任或赞扬——这种观念与我们另一种公平的道德直觉完全不一致：既然这项行为都是由你干出来的，同时又产生了实际的后果，那么对于不负道德上的责任将会怎样？无疑，只要由你所做出来的那项行为产生了实际的后果，所谓一旦成为铁的事实，任何一个你都是无从找托词的。

概言之，我们这里所梳理的康德式的运气观，与康德、柏拉图、斯多亚学派等大哲紧密关联，他们对于运气和道德所持有的一致观点是：第一，主张道德是理性的功能和象征，道德概念具有真理性、稳定性、纯粹性等，道德是决定人之为人的根本因素；第二，认为运气没有能力影响人们对值得过的生活和行动的追求，要过上好的道德生活，全凭我们的理性能力，“不受控制的外在事件既不能有意义地强化好生活，也不能有意义地削弱它”[①]；第三，在进行道德选择和道德行动时，不应该受到运气的干扰和影响，在进行道德判断和道德评价时，对于运气的存在和影响也不应该加以考虑。只不过在达成共识的方式上，柏拉图与康德采取了不同的策略。柏拉图通过明确值得过的生活的范围，来实现道德排斥运气的目的，他认为只有那些稳定的、不受外界干扰的活动才具有内在价值，才是所谓道德的生活，因此道德是对运气免疫的；而在一切情况之下，只要某项行动是在理性的指导下出于义务而为之，那么不管运气以何种方式干扰行动的过程和结果，这项行动本身则始终都具有道德价值，这是康德所坚持认为的。柏拉图缩小了道德生活

① 徐向东．自我、他人与道德——道德哲学导论．北京：商务印书馆，2007：567.

的范围，而康德维护了道德活动的纯粹，他们两人从不同的方式，倡导人们发挥主观能动性，积极从事善行，过一种值得过的生活。

然而，这些哲学家旨在指导人们行动、生活的道德哲学却更多地被用以作为道德评价、赋予道德责任的依据：古典意义的责任概念意在促进人们主动行善，而由其演变而成的现代意义的责任观念却强调对后果的担当、对责任的追究；柏拉图树立一种值得过的生活的榜样，力图给人们以整全的启发，而现代人却在单一行动的对错方面斤斤计较，生活也因此变得支离破碎；康德在积极意义上阐发人类意志自由的意义，而有人却从消极意义上思考它的含义，以便在推脱责任时作佐证。从道德行动到道德评价，从自律到他律①，我们发现哲学家的道德哲学被误解、谬用。也许这就是出现本书所提困境的原因之一吧！正如柏林所言，问题并不在于哲学家，而在于哲学或者理性本身②。这也是威廉姆斯《在哲学与伦理学的限度》一书中所要表达的中心和关键思想。由此，通过上文不惜笔墨阐释运气的相关概念和康德式的运气观，这里便很自然地回到我们所要讨论的主题——威廉姆斯的“道德运气”观。

第三节　否定康德及对道德运气的洞明

威廉姆斯对道德与运气的清静探索和独特洞见，一方面引发了新一轮反思和批判康德道德概念和义务论的热潮，另一方面在道德哲学的公共讨论中把一个古老的话题重新拉了回来，使人们全新、深刻地认识了道德和运气。概言之，基于批判康德式的运气观这一基础，威廉姆斯式的运气观逐步萌芽和成长起来，由此也和道德免疫于运气的观点完全截然相反、水火不容，然而在柏拉图之前的古希腊悲剧和诗歌中可以发现共鸣和知音。一种基于经验却仍不失审慎的思想是威廉姆斯的运气观所代表的：一个价值多元化并且处处充满着价值矛盾的世界正是我们现在所生活的世界；道德价值在这个世界上既是脆弱的、有条件的，同时也并不是更高的③。一言以蔽之，道德很容易受到运气的干扰这一点是完全不容置疑的。

---

① 在此，笔者并不反对道德规范的机制化发展，毕竟面对越来越纷繁复杂的现代社会，必须要有客观而又有力的道德规范来指导人们的行动，以保证生活的稳定性，但是他律不能代替自律，而且从根本上说，他律的作用最终仍需自律的落实。详见：郑宇健．道德运气与规范性．世界哲学，2004，（6）：62-72.

② 赛亚·柏林认为，由于现实中对哲学概念的混淆和滥用，“教授在沉静的研究中所培育出来的哲学概念可能摧毁一个文明”。详见：Isaiah Berlin. 两种自由概念．陈晓林．http://www.douban.com/group/topic/2681509/[2013-3-10].

③ 因此，威廉姆斯的道德哲学深深根植于英国经验主义的哲学传统之中。这一传统的现代观点认为：“我们在日常经验中所遭遇的世界，是一个我们要在同等终极目的、同等绝对的要求之间做出选择，且某些目的之实现必然无可避免地导致其他目的之牺牲的世界。”详见：Isaiah Berlin. 两种自由概念．陈晓林译．http://www.douban.com/group/topic/2681509/. [2013-3-10].

本章将通过分别解读威廉姆斯、内格尔、纳斯鲍姆等大哲的道德哲学，进而再对威廉姆斯式的运气观彻底批判康德式观的运气观进行充分展现，以推进解决威廉姆斯伦理思想当中关于道德运气这一概念的重大理论争论问题取得实质性的进展。

一、道德运气

笔者是从 2010 年开始研究威廉姆斯伦理思想这一课题的，清晰地记得当时拿着威廉姆斯的相关英文介绍资料第一次读到“道德运气”这一词语时，感觉特别的陌生和不理解！随后便在一个小范围内进行了调查[①]，调查的结果自然和笔者预料中的差不多，除了三个在读哲学专业的研究生同学认为这个概念挺有意思的，其他人在听到“道德运气”这个词时都表示非常地困惑，甚至于还有人觉得这个概念比较无聊，谈讨中不禁“放声大笑”……的确，将道德与运气联系在一起，总显得有点不伦不类，非伦理学人士乍一听都会感觉有点奇怪。不过这恰恰体现出我们对于道德的认识是一种柏拉图 - 康德式的观念，即道德是一个具有纯粹性、稳定性的概念，它是一个人之所以为人的基本功能和特征，与不确定性、无能为力的运气根本不沾边。在很多人眼里，道德总是高高在上，值得人们毕生追求，应该被人顶礼膜拜的。按照纳斯鲍姆的说法，这是人类的天性使然，人类天生就有一种主宰自身和万物的形而上学的冲动，“即使说我们在很多方面是混乱的、贫乏的和无可控制的，植根于泥土之中，无可奈何地站在雨中；但在另一面，我们又是纯粹的、绝对积极的，足以自视为‘非凡、不朽、有悟性、独一无二、始终不渝和一如既往的’”[②]。在某种程度上，康德也会同意纳斯鲍姆的观点，而且在强调理性对生活的驾驭能力方面，他显然比纳斯鲍姆有着更为坚定的信念，以至于他对道德及义务的辩护，几乎达到偏执的程度[③]。尽管如此，康德的偏执并没有影响人们对他的追随，几百年来，康德的信徒遍及世界，康德的思想深入人心，普通人和哲学家们都在康德奠定的道德概念上思考和讨论道德问题并没有批评的声音。

就威廉姆斯而言，实际上前面我们已经有多处述及，他是一位很有洞察力的怀疑者，他不仅看到“现代人对道德的探讨确实受到了康德的影响”，而且敏锐地

---

① 调查的对象主要是工作和生活中的一些同事、同学的朋友，他们的特征是：文化水平较高，有着良好的道德意识和道德判断及推理能力。

② 玛莎·纳斯鲍姆 . 善的脆弱性——古希腊悲剧和哲学中的运气与伦理 . 徐向东，陆萌译 . 南京：译林出版社，2007：3.

③ 在《道德形而上学的奠基》中，康德论证人们应该出于义务而非出于兴趣和偏好而行动时，曾经讨论过这样一个案例：一个年届七旬的老奶奶，因为有着乐善好施、悲天悯人的菩萨心肠，总喜欢资助穷人，十年如一日，坚持了一辈子；另一个是年富力强的年轻人，小气而又傲慢，忽然有一天灵魂深处爆发革命，促使他意识到扶贫济困是一项义务，更是一项美德，因此他将大量的钱财捐献给慈善机构。按照康德的观点，年轻人是出于义务而行动的，老奶奶是出于兴趣而行动，所以年轻人的行动比老奶奶的行动更有道德价值，这样的推理和结论多么令人匪夷所思啊！

指出："那些探讨不仅过分狭窄、局限，而且导致道德在人类生活中的地位也严重被歪曲。"[①]由此，威廉姆斯首倡道德运气这一新概念，同时始终认为道德会受到运气的干扰和影响，以此来动摇和纠正受到康德影响的道德概念[②]。"道德被认为完全不受运气的干扰。然而，只要我们以一种怀疑的态度对待这个观点，那么那个道德概念原来所处的位置也就不可能不变了。"[③]威廉姆斯的怀疑是坚定而又彻底的，为了避免康德的影响，他不仅没有对道德运气进行定义，而且在使用案例时也尽量采用与日常理解的道德生活相差甚远的画家高更的案例。为什么威廉姆斯会拒绝定义道德运气呢？首先这并不是因为这个概念捉摸不定、模棱两可而无法理解和定义，而是因为倘若对其定义，就有可能陷入康德式的道德逻辑。这在本章的开头已经提及。威廉姆斯认为：以柏拉图、康德等为主要代表的道德哲学家总是喜欢在理性的名义下设定人们的道德生活，为人类提供一种或几种值得过的生活的图景，"他们处理这些问题是以这样一种方式，即似乎我们对自己的那种主观能动性的感悟，我们对自己所持有的那种遗憾的体验，在经过一番清理之后不仅与一个很简单的合理性图景非常相符合，并且实际上与那种图景已经非常相符合了"[④]。道德哲学家们是想通过提供合理的道德规范指导人类更好的生活，但问题的根本是：道德规范只适用于人类生活的一般情境，而在更多的时候，人类会遇到一些很不寻常（意外）的状况，在这些非常规情境下，人们无法只是简单地按照理想化的规范采取行动。很显然，运气干扰生活的很多情境就是非常规情境，道德规范在这些情境中无所作为，因为在道德规范的地盘上，完全没有运气的容身之所。在威廉姆斯看来，给道德运气进行定义，就像那些给生活作设定的哲学家一样，这是他所坚决反对的，也正因为如此，威廉姆斯被视为反理论运动的重要代表人物之一。

在引出高更的案例来反对康德式的运气观方面，威廉姆斯有着更加精彩的论述。实际上，这个案例在前文中已有多处引用，这里我们重复加以述及，也即高更的案例是个真实的故事[⑤]。保罗·高更是个巴黎人，出生于 1848 年，年轻时他先后做过海员、经纪人等工作，收藏和绘画是他闲暇时的喜好等。1883 年，高更忽然辞职转而全身心地投入到绘画当中，由此导致家庭的生计都成了很大的问题。然而，这对于他追逐绘画事业的梦想没有丝毫的影响，为了心底深处向往的那个单纯的艺术之梦的实现，他辞掉稳定工作的意志坚决，毫不犹豫地选择了离开欧洲，到南太平洋的土著人那里寻找自己的理想。通过对高更不履行养家糊口的义

---

① 徐向东 . 自我、他人与道德——道德哲学导论 . 北京：商务印书馆，2007：584.

② 实际上，康德在很多方面也是受到了误解的，因而受康德影响的道德概念并不完全是康德的道德概念，尽管两者之间存在一定的继承关系。这是特别值得提到的一点。

③ 伯纳德·威廉姆斯 . 道德运气 . 徐向东译 . 上海：上海译文出版社，2007：58.

④ 伯纳德·威廉姆斯 . 道德运气 . 徐向东译 . 上海：上海译文出版社，2007：33.

⑤ 潘书琴 . 论道德运气 . 华东师范大学硕士学位论文，2004：23.

务却去追求艺术、自我实现的案例的探讨，威廉姆斯对康德式的运气观从以下四个方面作出了详尽的回应。

其一，只有出于义务的行动，在道德评价时才具有至高无上的道德价值，这是康德主义者所主张的。暂且不论结果如何，只要其中的行为动机与理性规定的道德法则相一致，那么这种行为就是值得肯定和赞扬的。因此，在高更的案例中，康德主义者的做法可能会是：“通过形成一个在结果出现之前就能辩护那个选择（高更抛家弃子追求艺术的选择）的辅助规则，那个选择就可以由他尝试着在一个道德法则的框架中进行容纳。”①换句话说，对于这个非常规情境的出现，义务论者首先需要建构一个道德法则，然后再依据这个法则对高更的选择和动机进行评价。威廉姆斯指出，“试图在道德法则的框架中来为这样一种情境发现一个地位”②是荒谬的，因为无法建构出一个合理的道德法则在高更的计划完成之前对其行动的合理性进行辩护，正如威廉姆斯所言，“在这种状况，唯有成功才能为他的选择作辩护。如果他失败了，……那么他就做错了事情，但不是在人们日常所说的意义上做错了事情，而是在如下意义上做错了事情：既然在那种情形中他已经做错了事情，他也就没有根据支持这个想法——在履行他所履行的行动上得到辩护。另一方面，如果他取得了成功，那么他就确实得到了一个支持那个想法的根据”③。

如果高更得到了辩护，那么他只能得到一种当结果出现以后的回溯式辩护，这是由高更面临的特殊情境所决定的。道德运气概念的另一个提出者内格尔强调：人类往往面临很多在不确定情况下的选择，在作出这些选择时无法预见结果。因此，事先依据道德法则对选择作出某种评估虽然是可能的，但在很多情境中，如在两难困境中的选择，道德评估必须等结果出来，因为结果决定已经干的究竟是什么。而且从根本上来说，只要道德评判“确实依据结果做出之时，那么它就是客观的、永恒的，不会伴随着由于成败产生的观点的变化而变化”④。众所周知，中国有两句古话，一句是“不以成败论英雄”，另一句是“成者王侯败者寇”，即使是部分冲突的两句话，但都毫不含糊地要求在结果出来之后才作道德评判。由此可见，在很多特殊情境中，仅仅依据道德动机及道德法则，而无视整个事情的发展及结果就作出道德评价，不仅很困难，而且过于单薄，特别难以服众。

其二，由于高更对自己选择的辩护是在结果出现以后的回溯式辩护，所以高更是否得到辩护，这是与某些类型的运气联系在一起的。威廉姆斯认为：高更是否成功，不仅取决于内在于他的选择的内在运气，如高更是否具有成为一名画家的天赋；而且取决于外在于他的选择的运气，如高更不会在前往塔西提岛的途中遭遇海难、劫匪或者瘟疫等。如果是诸如自身能力等内在运气导致高更失败，那

① 伯纳德·威廉姆斯．道德运气．徐向东译．上海：上海译文出版社，2007：35.

② 伯纳德·威廉姆斯．道德运气．徐向东译．上海：上海译文出版社，2007：35.

③ 伯纳德·威廉姆斯．道德运气．徐向东译．上海：上海译文出版社，2007：34.

④ 托马斯·内格尔．人的问题．万以译．上海：上海译文出版社，2003：34.

么高更便不会为他的选择进行辩护；可换作是外在运气引发高更受伤或者死亡而失败，那么高更便没有机会为自己的选择进行辩护。唯有内在运气能够在对高更的回溯式辩护中使他对自己的评价产生有意义的影响。对于上文所述的决定辞职回家发展的桑切斯①——“塞翁失马，焉知祸福”的故事在美国的翻版中的主人公所作出的选择，一种富有意义的解释也可以让我们欣慰地看到，即桑切斯因为运气而最后以失败告终，但这只是意味着他根本就没有机会去完成这项选择，更不用说通过结果来为自己的选择进行辩护，而并不是他没有对自己的选择进行辩护。很显然，“没有进行辩护”和“没有机会进行辩护”在这里是完全不一样的。虽然结果都是失败，可是关乎他的选择的失败的原因是前者，并由此不能对选择进行辩护；而后者失败的原因不关乎选择本身，关键在于外在于他的选择的运气，所以后者完全可看作是他本人的失败，不可称之为他的选择的失败。

由此，在威廉姆斯看来，事情的成败和某个选择能否得到辩护很有可能都由运气决定。换言之，一旦某个人的选择没有获得成功，从而这个人不仅无法进行辩护，同时也要担当为此应该担负的道义上的责任，甚至还要接受应得的责备和惩罚。相反，这个人能够同时享受到成功的喜悦和外在的赞扬，而若只是因为外在运气的影响导致失败这一额外情况，那么这个人只是没有机会为他的选择进行辩护，虽然对于失败的痛苦无可逃脱，但是对他自己的选择则不必承担过多的责任。进而言之，“行动者遗憾”（agent-regret）这一概念由威廉姆斯提出用于表征人们对于自己选择和行动的那种特殊心理机制，即人们都会对于自己受到运气影响的某些行为的前期选择怀有一种“行动者遗憾”：“如果事情是另外一种情况，那又该多么的好啊！”这是人们面对运气常常想到的。除了这种类似的反省心理活动是这种遗憾所要求的，此外还要求人们具有一种特殊的表达，如酒后驾车撞人的那位倒霉司机除了必须承担事实上的法律责任，此外对于难过、致歉、赔偿

---

① “2001年9月10晚，桑切斯收拾好位于纽约世贸大厦中的办公室，熄灯离去。临走之前，他不忘凝神环视，因为他已经辞去投资银行的工作，永远地告别这个曾经朝夕相处的地方。桑切斯决定回到阔别已久的家乡圣多明各，开始一番新的更自由的职业追求。翌日，他的这个并非刻意而为的决定拯救了他的性命。10个星期之后，11月12日上午，他登上了美国飞往多美尼加共和国的飞机。也许，登机之时，桑切斯还在为他的这个决定感到庆幸并备受鼓舞。然而不幸的是，十几分钟后，飞机因故障失事坠落，机上无一生还。”（详见：〔德〕斯坦芬·科兰奈．偶然造就一切．刁晓瀛译．上海：上海人民出版社，2007:6.）从桑切斯的故事中，我们不难发现：第一，在桑切斯的生活中，运气扮演了不可思议的决定性角色，是运气让他摆脱了“9·11”的噩梦，也同样是运气让他客死他乡。造化这般弄人，真难免让人发出“人世间的大起大落，简直是太刺激”（这是周星驰电影《大话西游》中的经典台词。在这部被标榜为后现代经典的电影作品中，至尊宝用这句话来表达对人世无常的感慨。平心而论，人世的无常恰恰就源于运气的无常）之类的感慨。对此，也许有人会反驳道，令桑切斯死里逃生的是桑切斯回国的决定，而导致他死亡的同样是这个决定，因此是这个“决定”而非运气在这个故事中掌控着一切。当然，这种反驳并非没有道理，任何事情的发生都是多方面因素综合作用的结果，然而起到决定性作用的因素却是不可替代的。假如没有运气的干扰，桑切斯的这个决定并不会使他命丧黄泉；同样的，若不是他恰巧在被恐怖分子袭击的世贸大厦中工作，他的这个决定注定是平淡无奇的，不会产生死里逃生的戏剧效果。

的想法和行动也要有所表露①。而如果他不是这么表现和行动的，那么就必定会受到人们的一致责备。“行动者遗憾”这一特殊心理活动的存在，表明人们会加以考虑运气的干扰从而进行评价自己的行为。总的来说，通过回溯式辩护和行动者遗憾等概念，威廉姆斯不仅论证了我们的道德评价在事实上会受到运气的介入，同时运气还应该成为责任判定或自我评价中具有意义和价值的一个因素，这是威廉姆斯与康德式的运气观所明显区别的一点。

其三，如果高更的选择使其在艺术上取得了巨大成就，那么一方面他得到了辩护，另一方面“道德价值并不是失败问题的最高价值”还可以由他的成功加以证明。而这也正是威廉姆斯的高明之处。如果我们把高更的艺术追求与成功视为康德所谓的自我完善的义务，高更的案例则让人们看到自我实现的义务与养家糊口的义务之间的冲突，由此可以证明道德价值之间是相互抵触的；如果我们像威廉姆斯那样，将高更的艺术追求视为对另一种价值的追求，那么他抛弃家庭责任而追求艺术价值，并用成功为自己的选择作出辩护，这又显示出道德价值只是众多价值中的一种。或者说，在威廉姆斯那里，道德价值并非始终占据优势的那种不可置疑的至高价值，它仅仅被视为人类精神价值的其中一种而已。对道德本身而言，对于道德的限制在威廉姆斯看来是至关重要的。之所以能够加以讨论高更的案例，是因为威廉姆斯并没有把他置于道德的框架之内，也唯有如此才能全新地解读他的决定。当然，完全不存在与道德相互分离的高更，具有道德利害关系的世界是高更所分享的，道德生活的一部分始终是高更所代表的。由此，高更在道德旁观者的眼里是没有道德上的正当性可言的。而事实上，假若某种正当性是行为者通过努力便最终能够得到的话，那么行为者将不会完全沉默地对待旁观者的

---

① 2008年3月17号早晨7点多钟，湖北省当阳市市长驾驶一辆丰田霸道越野车从宜昌行驶到当阳市穿心小学门口将一名10岁小学生撞死之事，这位女市长的行为即受到了运气的影响。因为虽然所谓越线占道行驶的问题对于女市长而言是存在着的，但是她的意志并不能决定儿童是否横穿马路。女市长事发之后不仅承担了“停职候审”这一事实上的责任，同时还主动上门致歉并最后赔偿了20万元。此时，这种典型的“行动者遗憾”就在这位女市长身上体现出来了。行动者对自身状态的一种自我描述就是这个概念所指，而非任何其他旁观者的妄加评论，或者说，这个概念所指的只是行动者对自身的一种预期考虑，是行动者对自己直接作为行动参与者或对自己过去行为的那种心理反应。这不同于任何其他旁观者的遗憾，一是主体的差异：“行动者遗憾”的主体是作出行为的行动者本人，其他旁观者遗憾的主体是所有清楚这件事情的人。二是对象的差异：行动者对自身的一种心理反应的可能性状态是“行动者遗憾”的对象侧重所指，即行动者如何能做到其行为的另一面的心理反应，而人们对没有达到预期状态的事件的一种心理反应的可能性状态是其他旁观者遗憾的对象所指。自愿行为的案例不限于这种“行动者遗憾”，行动者对他有意识做过的事情则在价值上都必须承担相应的责任。“由于无知而导致不自觉行动的一个必要成分就是遗憾，如果不存在这种遗憾，那么行动就不是非自觉的，而是非自愿的。”这是亚里士多德在《尼可马科伦理学》一书中所暗示的。或许应该谴责一个没有认识到某些特殊情境并且毫无遗憾之感的人，这似乎是亚里士多德想要说的。总的来说，一个“希望”的成分在“行动者遗憾”中将可能含有，而这个“希望”只有在没有达到他当初作决定时的目标，也就是在行动者失败时才会来到。然而，行动者遗憾与做到已然状态的另一面的希望并不简单的等同，对道德上正当性问题的一个思考是行动者对其行动所必须具有的。

抱怨，原因在于并非行动者自身得出他们缺乏道德正当性这种结论。

追述康德主义者的设想：道德要变为所谓的那个最高价值，必须是稳定的、纯粹的、内在的、不应该被无法左右的运气所影响和制约。因此，康德主义者一方面主张无与伦比的道德价值，同时运用理性抵制、排斥运气，力争在我们的伦理生活中强制打造一个可以超越运气的道德阵地。不过威廉姆斯却通过高更的案例，一方面力主否定道德价值的稳定性、崇高性，另一方面还阐明了在道德概念之内排除运气的做法是多么令人失望、多么荒谬，为了达到一石二鸟的目标，立即将康德主义者从高高在上的云端狠狠地摔到现实的泥潭之中。“在反思伦理生活时，我们应该把伦理评价放在其他类型的人类价值、人类需要和人类计划的广泛语境中来加以看待。”[①] 前三个方面都是对康德主义的批判，而最后这一点在某种程度上似乎又是对康德本人的继承和恢复。具体关于威廉姆斯对道德运气概念论证的不足与缺失之处将在第六章加以梳理。只是这里需要再次阐明的是，因为康德的道德哲学旨在弘扬人类理性的作用，尤其强调道德主体的主观能动性。任何一个理性存在者，如果要作为目的而存在，而不仅仅被当作工具使用，在任何行动和评价时，都应该坚持主体性，依据自由意志来作出决定并对自己的行动、生活作出判断及评价。这就意味着：从最根本的意义上来说，尽管人是一种社会性的存在者，但对于任何人来说，自己才是自己这一切行动的主要决定者、践行者、责任承担者，他人的评价和行动都是无关紧要的。所以，就自己才是自己的主人这一本质而言，尽管其他人可以为你谋划，但却始终无法代替你作出最终决定；其他人可以向你提供帮助，但始终无法代替你完成某事、履行一切义务；其他人还可以对你指手画脚、评头论足，但无法代替你成为你行动的后果及责任的承担者。

高度肯定人的主体性，始终坚持从第一人称的角度，对高更是否得到辩护进行探讨和研究，这是威廉姆斯在论述道德运气时的一个显著特点，其对“行动者遗憾”的详细阐述也建基于此。威廉姆斯时刻提醒自己和读者：“即使高更最终能够得到辩护，也无需向他提供任何方式来向其他人（至少向所有其他人）表明他的选择是正当的。”[②] 当然这并不是说其他人没有权利和正当的理由评价或责备高更，而是说在高更放弃家庭追求艺术，最终获得成功及辩护的情境中，其他人对他的评价或责备没有多少实质性意义：对于那些因高更的选择而受到损害的人，如高更的妻子、儿女而言，一方面，在实际生活中，他们的评价或责备并没有影响高更最终的选择，因为高更没有改变初衷。另一方面，他们的评价或责备不会使高更对其选择的辩护有所折扣，因为只有行动者对自己行为的反思性评价才是具有决定性意义的，在第一人称的评价之后，行动者才可能意识到自己的责任，进而作出某种实质性的回应、改变或维持行为的状况；对于那些无关紧要的人，

① 徐向东．自我、他人与道德——道德哲学导论．北京：商务印书馆，2007：589.

② 伯纳德·威廉姆斯．道德运气．徐向东译．上海：上海译文出版社，2007：34.

他们的评价或责备就更不值一提了。总而言之，人类终归要从第一人称的角度作出行动、评价，这是一个无可否认的伦理事实，正如内格尔所言：“对于我们自己、我们最本质的东西、我们所做的事情，从根本上来说我们都不可能采用一种外在的观点加以评论。……我们拒绝把自己局限于外在的评价，对于其他人我们也继续延伸这种拒绝，我们承认他们的自我和我们承认自己的自我是相等同的。”①

对自身的行为从第一人称的角度作出评价，这就意味着我们要从整体上考虑自己的行为，无法对运气的影响置若罔闻，无论如何，这个行为都是关乎自己切身利益和状况的行为，我们必须顾及和审视行为的每一个细节，包括运气。同时，我们还不可避免地要直接面对运气所造成的后果，回顾事情的来龙去脉，反思并且得到经验或者教训。当然，我们也可以从第三人称的角度进行外在的评价，判定某个行为（包括自身行为）的责任，而且实际上，人们非常热衷于这么做。但是这种评价很难避免随意性，所谓“事不关己，高高挂起”，街头巷尾的议论虽然必要，但是很不严肃；即使是那些严肃的反思及评价，如公共知识分子的言论，也仍然会由于第一人称的缺场而难以落实。一言以蔽之，如果肯定根本性的第一人称角度的评价的意义，那么运气就应该并且必然地纳入到责任的判定中来。

总而言之，威廉姆斯尽管对于他采用第一人称视角的原因并没有作出解释，但这始终是他毕生所追求的“颠破”现代规范伦理学的事业的一部分，或者说是在力推德性伦理学事业的复兴，恢复古希腊时期所奠定的毕生实践美德（德性）、整全思考人生的伦理学传统，从而对现代道德哲学过分重视他律、以恶报恶、支离破碎的缺陷进行弥补等则是这个事业的主旨。这是我们应该具有充分的理由所相信的。因为尽管服从那些高度理性化的道德规范在高风险的现代社会是十分必要和重要的，但这不应该占据或成为人类生活的全部内容，“我应该成为什么样的人”和“我应该如何行动”这两个问题具有同样的重要性，更何况对于“我应该成为什么样的人”这一问题，按照某种柏拉图式的观念对于我们而言所具有的控制力更大。综上所述，内格尔和威廉姆斯在处理运气与道德责任的关系方面径直走到了康德式的运气观的反面。道德价值是最高的价值，这是康德式的运气观所称；而道德价值只是众多价值的其中一种，这是威廉姆斯式的运气观所指；道德是完全免疫于运气的，这又是康德式的运气观所称的；而运气肯定影响人们的伦理生活及评价，这又是威廉姆斯式的运气观所加以反驳的；运气的影响完全不应该在道德评价中加以考虑，这是康德式的运气观最后所坚持认为的；而由于运气的影响是我们生活中存在的一部分，所以客观上无法不加以考虑和处理，这又是威廉姆斯式的运气观在最后反驳的基础上所指出的。

---

① 托马斯·内格尔.人的问题.万以译.上海：上海译文出版社，2003：41.徐向东认为内格尔与威廉姆斯不同，前者主要从一个客观、外在的观点来探究道德责任问题，而后者更关心从内在的角度对自己的行为进行判断。的确，内格尔在举例论证“道德运气”这一概念存在时，主要是从外在的旁观者的角度出发作出评价，但当他提出解决道德判断困境的方法时，实际上他也充分肯定了从内在角度作出评价的意义。

二、悲剧的运气观

也许，我们接下来在此追溯古希腊悲剧中的运气观似乎含有反其道而行之之嫌，因为这和我们上文介绍威廉姆斯伦理思想的时间和逻辑顺序尤其不一致。可是，一方面，理解柏拉图和亚里士多德对于运气认识的一个重要前提就是古希腊悲剧的运气观，所以对于悲剧的运气观必须拿出一定的篇幅予以概要介绍，并且由于悲剧的运气观和威廉姆斯式的运气观这两者之间具有某些基本的共识，所以如此划分和归类也是具有一定的恰当性和合理性的。另一方面，古希腊悲剧之所以能够进入现代关于运气的讨论，这主要是因为它在最近经过了纳斯鲍姆的翔实分析和研究，由此，尽管古希腊悲剧自身具有一定重要性的伦理价值，但依据一贯“我注六经，六经注我”的诠释传统，它可以作为纳斯鲍姆对运气的认识而成为威廉姆斯式的运气观的一部分。这两个方面是我们必须加以强调的。

古希腊悲剧作家讲出了许多关于道德生活的真理，对于绝大部分哲学家，尤其是那些古板的理性主义哲学家而言，这样的认识毫无疑问是无知而又荒谬的。自从柏拉图将诗人赶出理想的城邦后，这群通过诗和戏剧把握世界的智者们也在道德的严肃讨论领域内绝迹。对于道德问题，他们要么被认为毫无洞见，要么只是被视为一些道德情感的表达者，总而言之在很长一段时间内他们根本上就不能够登上道德智慧的大雅之堂。不过，进入 20 世纪以来，他们面临的形势稍有好转。[①] 玛莎·纳斯鲍姆（Martha Nussbaum），这位被美国《新政治家》杂志誉为“我们时代十二位伟大思想家之一”的女性哲学家，以其独特的视角考察了古希腊悲剧中的运气与伦理，阐发回归悲剧的重要性，为诗学传统对伦理学的思考正名。[②] 实际上，在柏拉图以前的古希腊、荷马的两部史诗《奥德赛》和《伊利亚特》为古希腊人全部的道德思考提供了基础和标准。古希腊神话中关于诸神行为的描述，对于英雄们英勇尚武、舍生取义、崇尚智慧和认同命运的讴歌，在很长的历史岁月中，支配着城邦公民的精神生活，决定着他们的道德标准和价值取向。正如克塞诺芬尼所言：所有人最初都是根据荷马史诗开始学习的。[③]

荷马以后，赫西俄德、品达，以及三大悲剧作家埃斯库罗斯、索福克勒斯、欧里庇得斯等对古希腊神话的总结和改编继续为城邦公民的道德思考提供教益和资源。即使在柏拉图生活的时代，悲剧仍然享有较高的声誉，尽管喜剧的兴起和

---

① 也许这得归功于尼采，在《悲剧的诞生》中，他不仅宣称：“只有作为审美现象，世界的生存才是有充分理由的”，而且“这种艺术的形而上学已经流露出一种精神，这种精神有一天将冒一切危险来抵制关于生存的道德解释和道德意味”。(〔德〕尼采 . 悲剧的诞生 . 杨恒达译 . 南京：译林出版社，2007：7.）毫无疑问，尼采对诗及艺术的重视，影响了 20 世纪的很多哲学家和艺术家。

② 诗学传统的重视似乎已经蔚然成风，除了纳斯鲍姆，据笔者了解：以斯特劳斯为首的新保守主义赞同将柏拉图的对话当作戏剧解读；在国内，刘小枫的《沉重的肉身》也对许多影视作品、小说作出严肃而又富有成效的伦理学研究。

③ 宋希仁 . 西方伦理思想史 . 北京：中国人民大学出版社，2004：14.

流行已经使悲剧的地位一落千丈，但是在《会饮篇》中，苏格拉底曾经提到，有3万人在雅典酒神剧场观看了阿伽门农的悲剧。① 古希腊人对于戏剧，尤其是悲剧有着特殊的狂热，每逢戏剧节，一切事务都会停办，法庭闭庭，大多数公民，以及一切妇女、儿童、奴隶都能看戏，甚至囚犯也可以出狱看戏。② 由此可见，他们对于悲剧的喜爱非同一般，同时也不难推测他们的伦理生活和道德观念会在何种程度上受到悲剧的影响。

因此，纳斯鲍姆提出：对于古希腊人而言，“散文或诗歌等不同的文学形式，对于人类生活和人类问题等都可以进行深刻的反思。事实上，在古希腊视叙事诗人和悲剧诗人为伦理导师和思想家是被广泛认可和接受的。没有人认为他的作品与史学家或哲学家的思辨著作相比，不够严肃或者不够真实”③。运气的伦理作用被作为一个严肃的问题在古希腊悲剧作家那里得到重视，因此在讨论运气与道德责任的关系时，我们绝不可以遗漏他们的真知灼见。纳斯鲍姆在论证考察诗学传统对伦理学的思考的必要性时，曾经提到三点理由，使用这三点理由为我们的考察作辩护是合适的，这三点理由具体内容如下。

第一，柏拉图的道德哲学是在攻击诗学传统的基础上发展起来的，正是由于意识到悲剧中的运气观对城邦道德生活的危害，柏拉图才竭力排斥运气的影响，建立一个不受运气左右的道德领域。所以，进一步考察悲剧的运气观，不仅有助于加深对柏拉图的理解，更有利于提升我们对威廉姆斯所提出的“道德运气”这一概念的整体认识。

第二，“悲剧诗歌，因其主题和社会功能，极有可能研究或面对人类的生存和运气问题。另外，哲学著作却有可能可以忽略和避免这些问题”④。悲剧以其特有的文学形式，直面人类伦理生活的困境，如人类的生活受到运气的控制，人类的感情复杂多变等，而这些在哲学著作中都被抽象成理性的语言。因此，悲剧对运气的讨论是独到的，并非哲学可以替代的。

第三，“悲剧在促进个人探索的同时又促进了共同的讨论”⑤。悲剧并不是个人经验的一家之言，它综合了共同体中所有愿意生活在一起共享相同价值观念的人群的感受，因此一方面它是共同体对人类困境的共同讨论，另一方面它不会妨碍人们根据自己的经历进行个性化的理解，得到有益的道德教诲。

那么，悲剧诗歌对运气有哪些严肃的道德思考呢？人们从中可以得到什么样

---

① 柏拉图．会饮篇．王晓朝译．台北：左岸文化出版社，2007.

② 埃斯库易斯．古希腊悲剧经典．罗念生译．北京：作家出版社，1998：638.

③ 玛莎·纳斯鲍姆．善的脆弱性——古希腊悲剧和哲学中的运气与伦理．徐向东，陆萌译．南京：译林出版社，2007：15.

④ 玛莎·纳斯鲍姆．善的脆弱性——古希腊悲剧和哲学中的运气与伦理．徐向东，陆萌译．南京：译林出版社，2007：17.

⑤ 玛莎·纳斯鲍姆．善的脆弱性——古希腊悲剧和哲学中的运气与伦理．徐向东，陆萌译．南京：译林出版社，2007：19.

的道德教诲呢？首先，正如纳斯鲍姆从品达的抒情诗中所发现的，古希腊悲剧诗歌认为：人类的生活会受到运气的影响，个人在德性方面的卓越需要借助自己可能无法控制的外在因素。在《尼米亚》中，品达写道：

有人为金子而祈祷，有人为无边无际的土地而祈祷。
而我为我的同胞的喜悦祈祷，
直到我的四肢在土地中受到扭曲——一个男人
他赞颂值得赞颂的东西，
散布责备作恶者的种子。
然而，人的卓越
就像葡萄藤那样成长
得到了绿色雨露的滋养
在聪慧而公正的人当中，茁壮成长，
直达那清澈的蓝天。
对那些我们所爱的人，我们有各种需要——
无论是在艰难困苦中，还是在欢乐喜悦中，
大多数东西都尽力跟踪它能够信任的眼睛。①

“卓越”一词在古希腊人那里指“功能的完满发挥”，“人的卓越”则是指人过上一种兴旺发达的生活。品达在诗歌中指出：人是否能过上一种兴旺发达的生活，取决于众多不可控制的条件，就像葡萄树能否茁壮成长，不仅需要良好的天赋，还需要其他的外在条件，如合适的气候环境、称职园丁的细心照料等。从积极角度来看如是，从消极角度则意味着：人的生活，常常受到运气或其他因素的摆布。人们非常容易暴露在各种危险之中，受到攻击、强暴、饥饿、疾病的威胁。在电影《泰坦尼克号》中，杰克幸运地赢得邮轮的船票，并因此遇到一份纯真的爱情，同时他也不幸地与这艘巨轮沉在冰冷的大西洋底，从而失去了“有情人终成眷属”的机会。总而言之，不只是杰克这一例子所反映的如此，实际上人类的现实生活是相当脆弱的。不过，古希腊悲剧诗歌在意识到运气左右生活的事实后，并没有屈从于运气的淫威之下，反而是通过一种特殊的手段，将古希腊人面临的道德困境呈现出来，并力图在直观上对运气给予合理的考虑。“古希腊悲剧表明：好人会因为不受其支配的偶然事件而毁灭。……同时我们所持的美德观根深蒂固，丝毫没有因此而动摇，因为美德之为美德，应该可以出淤泥而不染，经得住外在环境斗转星移。”②

下面，我们将通过对埃斯库罗斯的悲剧《阿伽门农》开场部分的解读，认识

① 玛莎·纳斯鲍姆.善的脆弱性——古希腊悲剧和哲学中的运气与伦理.徐向东，陆萌译.南京：译林出版社，2007：ⅰ.

② 玛莎·纳斯鲍姆.善的脆弱性——古希腊悲剧和哲学中的运气与伦理.徐向东，陆萌译.南京：译林出版社，2007：31.

悲剧的运气观。在悲剧中，人物或情节的冲突往往是激烈而又难以调和的，因此，在某种程度上，悲剧所展现的图景是威廉姆斯所关注的非常规情境。

《阿伽门农》是埃斯库罗斯的代表作之一，故事取材于古希腊神话关于迈锡尼家族的传说。当阿伽门农攻克特洛伊凯旋时，受到阿耳戈斯国长老们的热烈欢迎，但是他的妻子却和他的仇人姘居，并对阿伽门农曾杀自己的女儿献祭一事怀恨在心，于是她与她的情人设计将阿伽门农及女俘卡珊德拉残酷地杀死，整个故事讲述了阿伽门农之死，然而由运气引发的道德冲突却是阿伽门农之死的原因部分，埃斯库罗斯以进场歌的形式描述了这部分故事。当古希腊的远征大军集结在近海准备出发时，连续的阴雨天气阻碍了大军的行动，也打击了士兵的士气。占卜师告诉阿伽门农，这是神在发怒，必须通过献祭你的女儿来免除这次灾难。阿伽门农听后几近失语，立即陷入由运气引发的两难困境中。一方面是宙斯的旨意，按照古希腊传说，阿伽门农攻打特洛伊乃是遵宙斯的旨意行事，如果不能够及时出发，触怒了神灵不说，如何安置这一大群军队更是一个不容忽视的现实难题；另一方面是自己的女儿，虽说古希腊人更重视公共生活，但是家庭责任仍然存在，任何父亲都不愿意让自己的女儿殉道。

面对由于不可控制的运气——连续阴雨天气导致的道德两难，经过一段时间痛苦抉择后，阿伽门农果断地将自己的女儿送上了祭坛，就像她只是一只无辜的小羊羔一样。埃斯库罗斯借歌队之口充分表达了对阿伽门农的同情和谴责，在这种情形下，置家庭责任不顾，这有损一个英雄形象，与古希腊人的卓越性也相违背，阿伽门农理应为他犯下的罪行受到谴责，乃至处罚（被他的妻子杀死）。于是歌队高唱：“他受了强迫戴上轭，他的心就改变了，不洁净、不虔诚、不畏神明，他从此转了念头，胆大妄为。”①

歌队所唱正是埃斯库罗斯所想，对于某些后果极其严重的行为，即使是受到运气影响不得已而为之，仍然必须因此受到严厉的责备和惩罚。埃斯库罗斯在描述阿伽门农之死的故事中用大段篇幅来展现阿伽门农曾经所面临的道德困境，其微言大义就是：“被逼无奈的凶手仍然是凶手，而且应当为他的行为付出代价。”②

由此，古希腊悲剧作家不仅充分肯定运气对生活的影响，而且还主张在道德评价时，应该充分而合理地考虑运气的影响：人们不应该因为运气而被免除道德责任，而是要从运气的苦难中得到智慧。于是，悲剧作家对于运气的思考就与威廉姆斯式的运气观不谋而合。只不过，悲剧作家的运气观以一种更为主动的态度面对运气，在《阿伽门农》中，埃斯库罗斯的歌队多次唱到：“智慧自苦难中来”、“惩戒之神自会把智慧分配给受苦难的人”。人类不仅应该客观地面对和评价生活

---

① 埃斯库罗斯．古希腊悲剧经典．罗念生译．北京：作家出版社，1998：50.

② 玛莎·纳斯鲍姆．善的脆弱性——古希腊悲剧和哲学中的运气与伦理．徐向东，陆萌译．南京：译林出版社，2007：53.

中的运气，更应该从运气的苦难中吸取经验或教训，形成智慧。

总之，威廉姆斯、内格尔、纳斯鲍姆（及其所赞同的古希腊悲剧作家们）从实际生活形成的客观经验出发，对“道德运气”这一概念作出更加现实也颇为公允的思考。在很多方面，他们规避了康德式的运气观所存在的问题。例如，康德式的运气观无法解释导论中提到的倒霉的司机和幸运的司机缘何会得到不同评价的问题；仅仅依据动机而作出道德评价，以及“责任蕴含自由”的观念，显然严重违背了人们的道德直觉。同时，在解释我们的现实问题之时，对于康德式运气观所面临的那些问题，威廉姆斯式的运气观都作出了很好的回答。威廉姆斯在伦理学中引入“道德运气”这一崭新的概念，其中对运气是如何影响到行为者对其行为的反思性评价是他的主要兴趣所在，也即行动者在他们自身能力的范围内究竟是如何证明其决定的合理性和行为的明智性的。换言之，为行动者寻思获得一个道德的正当性并非威廉姆斯探讨“道德运气”的目的，他的真正目的在于探讨行动者的生活、正当性或者正当性的缺乏与道德之间的关系。行动者失败而产生“行为者遗憾”的正当性与否，唯独关联于内在运气，对于旁观者来说则完全不应该加以丝毫的指责和苛求，再换言之，对此旁观者则完全不应该对行为者予以半点“不正当”的评价。抑或生成的运气，抑或干扰人们的选择（行为、决定）和结果的不确定因素，运气之于道德生活则明确质疑了道德：道德概念本身究竟支持的是什么？它理所当然真的一定会影响人吗？威廉姆斯认为道德并不是无条件的、终极的，道德本身相对于瞬息万变的生活和具有自由意志的人来说有着无法回避的局限。此外，以案例引发的问题为切入点加以考察道德，绝对不是摒弃道德；绝对不可离开道德生活而质疑道德或重新丈量道德，任何一个人的生活仍然只是其道德生活的一部分，在具有道德秩序而又复杂的人类生活中，我们的行为和社会制度给予认可的特殊意义是完全无关的。这也是威廉姆斯申明的一点。

第五章　对威廉姆斯伦理思想的评价

通过前几章对康德主义的质疑、对功利主义的批判及对道德运气的洞明，可以看出有一个思想主旨始终贯穿其中，即“道德的限度应该成为道德上的一种重要东西”[①]，道德在我们的生活中应该有一个限度，这是威廉姆斯所主张的。“道德责任必定是无法逃避的……也许在其他一些情境中我可能无法选择地背负一个责任，而只要我处于任何某个责任之下，那么它就必定是无法逃避的，哪怕这个体系及其规则的约束是强加于我个人身上的，但是这也无法成为我选择逃避的理由……责备便是这个道德体系所特有的反应。”[②]这也是威廉姆斯在批评康德道德体系时所说的原话。威廉姆斯和亚里士多德的这种伦理观是相互吻合的。非道德的哲学思辨生活在亚里士多德的《尼各马可伦理学》一书中被视为最高幸福，而这恰好就是“高更问题”所要表达的一种伦理观：伦理学应当关注的不仅仅是道德、责任和义务，而是人的幸福生活。[③]换言之，古希腊人提出的“我应该如何生活”的这个问题仍然是伦理学所要关注的核心问题，也即我们的伦理学研究和对伦理生活的反思必定是内在地从一个第一人称的观点来进行的。总的来说，威廉姆斯是20世纪哲学伦理学领域颇具建树的人物。他以“我应该如何生活”的古老传统命题为切入点，质疑理性主义的道德哲学，主张伦理学的不可法典性，“颠破”现代规范伦理学中的见解，对德性伦理学的复兴起到了很大的影响作用。他的这种“颠破”具体体现在他对康德主义和功利主义的批判，以及对“道德运气”的洞明，并试图利用“内在理由”和“实践必然性”等概念来重申伦理生活的本质和复杂性上。由此，本章首先结合国内外学者对威廉姆斯相关批判的回应对其思想加以简要的分析和评价，继而阐述威廉姆斯对德性伦理学复兴的重要影响，最后对威廉姆斯重申的伦理生活的本质和复杂性问题进行梳理。

第一节　“是非”兼有的威廉姆斯伦理思想

关于威廉姆斯在对康德主义的批判、对功利主义的批判、对道德运气的洞明及对道德概念的实质等诸多方面进行研究所作出的贡献，国内外学术界给予了充

---

① 伯纳德·威廉姆斯．道德运气．徐向东译．上海：上海译文出版社，2007：56.

② Williams B. Ethics and the Limits of Philosophy. London: Fontana Press，1985：177.

③ 关于亚里士多德伦理学与“高更问题”的比较，参阅：余纪元．亚里士多德论幸福：在柏拉图的（国家篇）之后．朱清华译．世界哲学，2003，（3）：102-103.

分重视与高度评价，甚至部分伦理学人认为威廉姆斯的一些思想主导了近 30 年来西方伦理理论的思维定式。然而，更多的除了对威廉姆斯伦理思想的肯定和褒扬，同时也还始终不乏有着一些否定和批判的声音，以下便对威廉姆斯的“批判”的是与非加以梳理和评述。

一、关于对康德主义的批判

关于威廉姆斯批判康德主义的论述，玛莎·纳斯鲍姆指出：“威廉姆斯认为康德主义把道德义务（moral obligation）视作它的主要概念，由此在伦理道德生活中没有很好的关注情感和人际关系等内容的必要性和重要性。威廉姆斯论证表明康德把‘一个人的道德职责（moral duty）究竟是什么’视为伦理学的主要问题，但是无形中却把‘一个人应该怎样生活’的这么一个最具原始性和概括性的问题的重要性忽略了，从而把人生完整性所应拥有的种种承诺的重要性也忽略了。总体而言，威廉姆斯对康德的质疑在很多方面有顾此失彼的嫌疑，或者说有失公允而缺乏同情，比如在论述康德美德和教育的思想上就存在这样的问题。当然，威廉姆斯的论述很好地体现出了那个时代有影响的康德主义的大部分特性，这一点是无可非议的。”从中我们不难得知，玛莎·纳斯鲍姆认为威廉姆斯对康德主义的质疑在一定层面上是那种“单向度地透视”，尽管同时她对威廉姆斯对那个时代的康德主义质疑作出了一个基本的认可评判。作为拥护伦理理论的一分子，玛莎·纳斯鲍姆最终还是指出：“不管怎样，我仍然不明确的一点是，威廉姆斯除了明确不同意康德主义内容中的一些特殊部分，那么如何证明像康德的诸如‘最低限度的不道德是什么’这样的理论会是损害性的。与此同时，还有一点不明确的是，威廉姆斯的批判是否能够给亚里士多德那样的理论留下一点点空间呢？”[①] 这是玛莎·纳斯鲍姆在那篇著名的纪念威廉姆斯的文章中所写道的。

此外，Robert B. Louden 在《对道德体系的批判》一文中就威廉姆斯批判康德主义的相关方面进行了透彻的分析，同时全方位地提出了驳斥。第一，从道德义务这一概念来说，Louden 认为威廉姆斯所质疑的道德义务概念不是真正意义上康德的义务概念，而仅仅只是一种典型的道德义务概念而已。“威廉姆斯支持这个提出的用法，即一般来说道德义务始终并不指向我们自身而总是喜欢指向别人。……然而，对自身的那种责任便是义务中最为基础和重要的一种，这是康德所支持和主张的。”典型的道德义务概念和康德的道德义务概念这两者之间存在以下几点区别：对于前者来说，道德体系的一个固有的反应特征便是对其他人的指责；对于后者来说，更为基础的一种则是自我的责备，尽管行为者和个人的所有计划无法相互吻合，然而行为者和个人的道德计划就不会被这种自我关注的愿景所分离。反之，行为者个人同一性的承诺在典型的道德义务概念中就无从被遵守。很显然，

① 玛莎·纳斯鲍姆 . 悲剧与正义——纪念伯纳德·威廉姆斯 . 唐文明译 . 世界哲学，2007，(4)：22-32.

强调自身的义务这一点使康德的道德哲学与德性伦理学传统之间更加切近，并且与此相同的一点是，威廉姆斯正打算经由批判康德主义从而重返这个传统。并且相比较而言，康德主义中所强调的义务概念比威廉姆斯意义上的义务概念要宽泛很多，即对消极的义务和积极的义务、完全的义务和不完全的义务、自己的义务和他人的义务等都是康德的义务概念所涵括的。此外，论及道德义务和行动这两者之间，康德道德义务中的"一些最重要的道德义务所关心的是具有普遍意义的目的和理性，比如我们自身的完善和其他人的幸福等"①。而始终紧密相关具体行动的则是威廉姆斯意义上所谓的道德义务。

针对相互矛盾和冲突的道德义务这一问题，康德所给予的回答是完全否定的。原因在于对康德而言，真正使行动者处于所谓的纯粹的义务之下的那个根据是绝无仅有的。所以，威廉姆斯所指出的具有多样性而无从修复的价值之间自始至终是无从相容的。不存在某种唯一的标准评价它们从而加以约束我们的实际义务的观点，这和康德的观点实质上是没有任何关联的。而对于道德义务行为中的情感的作用，毋庸置疑康德丝毫不接受情感左右理性行动者的行为。当然这并不代表道德中的情感就不存在丝毫的积极或消极的作用和影响。理性行动者所产生的依据道德律而展开行动的动机的重要前提就是基于对道德律的那种敬重的情感，理性和情感对于任何一个道德的行动者而言必定是一致的。客观来说，"一种道德情感"的发展是康德道德哲学所特别重视的。另外，针对实践必然性这一概念，假若我们选择行为不是基于道德的考虑，而只是因为出于假言命令，这是康德愿意接受的那种日常的观点。真正意义上的实践必然性只存在于某个行动者依据善的本身而并不计自己个人的计划和欲望的时刻。但是就威廉姆斯而言，真正意义上的实践必然性只存在于行动者运用理性进行分析如何依据自己的个人筹划和欲望展开行动的时刻。Louden 指出，当我们在现实中面对极其矛盾的选择而困惑不已时，康德至少给予了我们一个可供借鉴的基本标准，进而可以按照这个基本标准进行评判和检测我们实践慎思的最后结论，而威廉姆斯却不能够提供给我们任何东西。

就康德而言，义务确实就由伦理实践必然性所代表，原因在于人类是一种有限的理性存在者，因此道德对于他们的要求就必然由一种"应当"的义务所形成。然而，由于情感的功效正好在于促使理性去采取某个行为，所以上述并不代表着人类是不愿意和被迫行动的。Louden 进一步指出，存在不完全义务总是能够被完全义务所打败的观点，从而使之愈发靠近传统的道德核心观点，这是康德所认为的。威廉姆斯在这个层面的问题上所质疑的正是这种在一切以伦理为基础的实践必然性的审视中，道德义务完全就不具有绝对的优先性而撇开任何其他的考虑。它仅仅只是所有伦理考虑中的一种，最终行动的选择由行动者对具体现实的综合慎重考察和个人的根本计划所决定。如此说来，威廉姆斯再次否定了康德主义盘

---

① Louden R B.The Critique of the Morality System .Cambridge:Cambridge University Press，2007：114.

算把人从自己的根本计划和欲望中抽离出来，从而按照道德义务的规定，却对除此之外的其他的道德考虑展开行动的彻底忽略的做法。尽管康德意义上的行动者能够经由内心对于道德法则的一种敬重之情而更加倾向于履行道德义务，但由于这个道德法则对于我们每一个人来说都是同样的，所以它依旧是外在于个人的，这是威廉姆斯所说的："道德法则在道德行动者的理念王国中便是法律。尽管所谓是一个理念的王国，然而行动者却始终是毫不务虚的，要说这个道德法则是个真实的法则，那是因为它是每个行动者通过理性向自己颁布的。"[①]

在论及康德道德体系的"纯粹性和自觉性以及情感性"这个最后的特性时，Louden 指出，威廉姆斯所主张的义务总是把情感作为前提的思想，即新休谟主义版的情感论，正是康德不赞同的。然而，这并不代表康德始终把义务和情感对立化，"为了可以很好地享受或者说体验到在一切场合遵循道德的规定行动所带来的那种乐趣，并且在任何可能的时候恰如其分地代表他们诸如'给人帮助之时的同情情感'的道德情感，真正的德性之人始终是能够培养自己个人的情感的"[②]。而 Louden 认为，在究竟如何理解和界定"最根本的自觉性"这一概念的问题上，这也许是威廉姆斯和康德的最根本的不统一。在威廉姆斯看来不过是一种幻觉的"自由意志"，但对于康德主义而言有着那种顶梁柱般的重大意义和价值，一旦它不存在，整个人类将从根本上不会具有道德行为，更不可能成为自身行为的真正主人。康德对于人类及其行为的一切自然主义拒绝发表申明，相对自然主义的一种道德心理则是威廉姆斯所强压我们认可的，同时所有排除了人类的心理因素和社会因素的有着无比"纯粹性的"那种道德体系也是威廉姆斯所反对的。而 Louden 认为这种不包括所有经验性影响的哲学仅仅作为康德道德哲学的第一步，接下来第二步应该是和道德形而上学相对应的一种道德人类学。就这一点来说，不管是威廉姆斯还是对那些出于个人愿望而把哲学纯粹化的康德主义者们，应有的、很好的都没有由他们对这个经验性的东西所给予。

很多哲学伦理学家担心我们在面对具体的困境时严重缺乏标准，这一问题同样也是 Louden 所忧虑的。比如，在麦金太尔看来，在论述道德生活中威廉姆斯所最缺乏的便是那种指导性或方向感，而正如我们在科学史中所找寻的，即不论是对于个体的生活内部还是对于历史中的两代人生活之间，那种指导性或方向感不但以普遍性和非个体性作为前进的目标，同时又利用了指导性或方向感。"由于对于康德主义者们和功利主义者们来说普遍性和非个体性是任何道德所具有的特征，所以他们不会为这种指导留下任何的解释的余地。"[③] 然而客观来说，威廉姆斯在这个问题上也并不是没有向我们提供任何东西，实际上他表达了两个方面的内容：

---

① Williams B. Ethics and the Limits of Philosophy. London: Fontana Press，1985：191.

② Williams B. Ethics and the Limits of Philosophy. London: Fontana Press，1985：191.

③ Macintyre A. The magic in the Pronoun "my". Chicago Journals，1983，6：18-26.

一方面，由于哲学理论不能够为我们提供行为指导的统一标准，所以我们必须具有在生活中面对各种困难的勇气；另一方面，尽管他认为诸如“应当”和“不应当”、“对”和“错”等不具有任何文化和语境意义的伦理上“单薄的概念”对于我们的行为没有任何的指导意义，可伦理道德上一些“厚实的概念”是他肯定和赞可的，其中的主要原因则在于这些概念共建于同一文化共同体中，从而我们能够一致理解和认可这些概念的内涵及其使用，所以这些概念就针对属于某种特定文化的行动者来说，不但既是伦理道德知识的真正对象，而且又确实不乏指导行动的实在功效，由此我们可以基于这些概念获得指导，并针对我们自身的计划，尤其是结合具体的境遇从而进一步开展具体的行动。这是威廉姆斯实际上所表达的两个方面的内容。

然而，笔者始终认为，关于 Louden 对于威廉姆斯的驳斥，从总体上来说已经非常到位了，但其中的公正性严重缺失，因为他评判威廉姆斯主要是站在康德的立场上展开的。或者说，Louden 认为威廉姆斯对于康德道德义务的批判真正针对的是传统的道德义务概念，是基于一种对他人的义务从而批判康德的，而不是真正的针对康德的道德哲学本身。其实不然，威廉姆斯在《哲学与伦理学的限度》一书中已经很清楚的论述了在道德体系内部针对他人所履行的义务存在一种压力，并且针对个人所履行的义务还存在一种责备。与此同时，道德义务到底相互矛盾和冲突与否？对于这个问题的论争，笔者更加倾向于把这种分歧视为他们所在立场上的根本矛盾的一种体现，也就是说其中两者的观点实际上毫无关联。康德认为有限的行动者依据实践理性所颁布的命令从而实施行动是道德义务的缘由，但与此截然相反的是，威廉姆斯认为根本上就完全不存在这一虚幻的缘由。真正存在的唯有那种不可避免的具体义务之间的相互冲突。在威廉姆斯看来，必须具有一种想要去采取行动干某件事情的欲望是义务产生的重要前提，这是情感和义务两者之间的关系，威廉姆斯在他的《内在理由与外在理由》一文中对这一点有详细阐述，这里不加以展开论析。

很显然，在针对实践必然性这一概念展开批判时，威廉姆斯尝试从康德主义绝对命令的笼罩中把经由赋予人的计划和欲望以重要性从而将人抽象出来。因此，笔者认为假若我们依据 Louden 所言：“这对于康德而言只是假言命令，甚至于还远远不算是运用真正的实践必然性概念从而阐述威廉姆斯。但这对于威廉姆斯来说就是故事的结局。”由此，对威廉姆斯就康德实践必然性概念的批判又是歪解了威廉姆斯的本意，或者至少也是颇显轻率地认识和解读威廉姆斯学说的一种体现。因为威廉姆斯非常清楚，唯有按照善良意志本身而不含有任何欲望和目的去行动的行为，才是康德所认为的真正意义上的实践必然性的行为，只是威廉姆斯始终反对这一点。在威廉姆斯看来，令人尤其费解的是“假言的和定言的”这两者之间的差别，行动者实施行动从根本上来说是由于具有某个目的，而其中的这某个目的和那个使他选择继续生活下去的根本筹划必定相关联，把行动者从他个人的种种经验性因素中抽象出来是使康德道德哲学绝对命令下的行动者成为抽象的行动者的根本原因。

针对 Louden 指出的康德后期重新返回经验的部分没有被威廉姆斯所关注，这一点在笔者看来并非如此，尽管威廉姆斯在专著中对康德后期经验性的部分确实缺乏论述。论及主要原因，威廉姆斯指出，这样第一步和第二步的概括可能就没有客观合理性。因为个人计划和各种欲望及情感在行动者身上在第一步就断绝了，个人完整性严重被分离，从而参照普遍性意义而行动，最后便以非个体的个体而了结。在威廉姆斯看来，这一步是完全不可能达到的，由此分析它之后的第二步重返经验的部分，似乎就毫无意义可言了。从根本上来说，“最终的正义”理想的实现是使一切运气失去存在的可能性，这是威廉姆斯在批判道德体系“纯粹性”的过程中所清醒地认识到的和指出的。威廉姆斯指出，这或许只是一个幻想，这类似于他在《羞耻与必然性》[①]中所阐释的，即境遇和运气等各个方面必定影响着我们的伦理生活，理性的控制绝对不可能完全施加于世界之上，如此宗教似的概念若被完全接受的话，那将无益于我们很好地认识和面对现实，反之只会造成我们严重地曲解生活。

威廉姆斯和休谟的很多思想和观点在 Louden 的文章中被展开加以比较分析，在 Louden 看来，它们之间有着很多的相同之处，甚至于威廉姆斯被视为“新休谟主义版本的情感论”[②]。同时，玛莎•纳斯鲍姆也有着同样的看法[③]，即威廉姆斯和休谟的很多思想几乎一致。然而，尽管情感的重要性在威廉姆斯对康德进行批判的过程中被反复提及，同时指出“当某个欲望是 A 所具有的，他是通过做那件事而满足某个欲望的”促成一个行动的内在理由，并且表示“准休谟式的一种模型”即这种模式。[④]但我们仔细考察威廉姆斯对康德主义的批判就会发现，威廉姆斯重视情感的重要性的真正目的，只是对那种规则化处理我们伦理生活的康德理性主义理论表示否定，从而使我们重返原本真实而复杂的伦理生活，并且那个生活也并不是完全忽略反思和理性。或者说提高情感的地位并使其成为理性的主人并不是威廉姆斯重视情感的重要性的根本目的。另外，威廉姆斯始终强调道德反思的重要性，不过他也是反复地申明这种反思必须是第一人称的。当某个人的道德生活是从“我”的角度去分析和研究时，这个人的道德情感必定是有其一定地位的，而不可能轻易被理性抹去。因此，就威廉姆斯和休谟这两人之间的关系而言，其中从威廉姆斯他自己归纳的对于休谟的态度便恰如其分地阐明了这一点：“休谟的反讽精神和怀疑主义给人印象尤其深刻，我个人非常地尊重他。”[⑤]显然，对理性化

---

① Williams B. Shame and Necessity. California: University of California Press，1993：preface.

② Thomas A. Bernard Willams .Cambridge: Cambridge University Press，2007：114.

③ 玛莎•纳斯鲍姆 . 悲剧与正义——纪念伯纳德•威廉姆斯 . 唐文明译 . 世界哲学，2007（4）：22-32.

④ 伯纳德•威廉姆斯 . 道德运气 . 徐向东译 . 上海：上海译文出版社，2007：145.

⑤ 详见本书第三章，在此不再加以论证。

道德哲学的批判和否定是威廉姆斯坚定不移的一点，可那种真正的所谓的“新休谟主义版本的情感论”并非与威廉姆斯如影随形。这是我们必须明确的一点。

另外，值得一提的是，针对不少学者把威廉姆斯和麦金太尔一并视为“反理论”的哲学家这一问题，假若我们主张把伦理理论化看作是哲学伦理学所应当具有的普遍形式或结构，从而必须考虑一种普遍的解释和规则；但是却把那些具有普遍性的规则而并不能满足各种情况之下广泛而有所区别的要求看作是反理论化，相反更为关键的则是我们辨别道德的明显或细微差异的能力及道德语境的敏感性。那么，从威廉姆斯反对伦理理论的非个体化和普遍化的这一特征来看，他确实非常切近“反理论”的思潮。可威廉姆斯也意识到假若我们完全抛弃了理论，那么接下来所留下的也许仅仅是一些传统的和毫无思想的经验。这一点正如纳斯鲍姆所说，有些人攻击伦理理论的根本出发点是基于对人类日常直觉和习俗道德的拥有十足的信心，而威廉姆斯明确直言他个人严重缺乏这种信心，他一直以来持有一种轻视的态度看待那种沾沾自喜的习俗主义。“极度空洞和超级肤浅的日常思想”由威廉姆斯一度提及，同时公开地斥责那种盘算使我们重归日常直觉的“粗俗的维特根斯坦主义”是“超级荒谬”的。因此，即使威廉姆斯和麦金太尔等确实反对伦理理论化，但他们在人类行为和道德判断中会始终主张机遇和传统的重要性。但是，和麦金太尔不同的一点是，任何的伦理理论并不是威廉姆斯本质上所拒绝的，反之他在人类行为中接受并重视理论的那种无法被取代的指导地位，那些抽象的、空洞的和从本质上曲解人类生活的伦理理论才是他所拒斥的，以及那些盲目地运用道德原则，忽略人类的实际生活境况的做法才是他所真正拒斥的。由此，我们总的来说并不能把威廉姆斯视为真正意义上的“反理论”主义者。这是我们特别需要明确的一点。

论及威廉姆斯的思想和相对主义两者之间的关系，尽管诸如科学领域那样的客观性在他看来是我们在道德的领域中所必然不可能获得的，但他并不属于相对主义阵营中的一分子，相反他一贯以来对他们持有坚定的批判。“威廉姆斯从根本上来说就从未完全丢弃过启蒙运动，尽管他的大部分批判聚焦在启蒙运动以来的理性主义上。的确，威廉姆斯对理性主义客观性的批判一直没有间断过，他在早期论述笛卡儿的绝佳美文中就已言之昭昭，并且又戏剧性地重新浮现在《真理与诚实》（*Truth and Truthfulness*）这一著作中，他在该书中对客观性和真理的重要意义和价值进行了突出的捍卫，对后现代主义和福柯式的批评进行了有力的驳斥，对于任何具有活力的人类社会都要将客观性和真理等观念置于中心并依赖于它们，以及对于真诚和正确性等种种类似的德性都必须崇尚等思想作出了深刻而出色的证明。”[①]其实，除了其在生前的最后一本著作中突出地捍卫了客观性和真理的重要价值和意义，同时威廉姆斯曾经在撰写他的《哲学与伦理学的限度》这一巅峰之

① 玛莎·纳斯鲍姆．悲剧与正义——纪念伯纳德·威廉姆斯．唐文明译．世界哲学，2007，(4)：22-32.

作中有明确阐述，正如纳斯鲍姆所言：“这本书不是关于事情可能是的样子，而是关于它原本就是什么的样子，以及关于那些我现在所希望和讨论的。这些希望是基于一些假设的前提而出发的，尽管这些假设被有些人认为是消极的。不过，从根本上来说它们都是基于个体生活的意义、真实性、真理这三样东西的信念的。”[①]从中我们不难得知，为了捍卫人类社会中的客观性和真理的重要地位，我们对那种自然科学似的客观性才应该持以反对的态度，并且通过对自然科学似的客观性加以批判获得包含历史于其中的一种“反思的社会的理论”，这才是威廉姆斯批判理性主义客观性的真正目的，而绝非为了取消真理的客观性。

二、关于对功利主义的批判

在关于对功利主义的相关回应和批判论述上，其实自现代功利主义复兴以来，批判不止，讨伐不断。例如，典型的以麦金太尔为代表的德性伦理学和威廉姆斯为代表的“以行动者为中心”的伦理学，还有以德沃金和诺齐克为代表的权利理论，以及以罗尔斯为代表的契约理论等著名理论都是和功利主义对立的。后面两种理论都把注意力重点放在了行动者的道德地位上，所以可以被视为同一大类，也即它们主要针对功利主义的最大幸福原则，为了全体幸福总量的最大化可以不顾个人的利益。权利理论以个人无法侵扰的权利作为理论依据，主张行动应该拘于不侵扰个人权利的范围之内。其中这些权利涵括自由权和生命权等。诺齐克认为：“不存在……为其自身利益而做出牺牲的社会统一体，只存在具有个人生活的差异的个人。”[②]而罗尔斯所主张的是一种普遍的个人权利观，“每个人都拥有一种基于正义的无法袭扰性，哪怕以整体的社会利益作为名义，这种无法袭扰性也不可能被僭越”。在他的名著《正义论》一书中，罗尔斯建基于契约论极力构建一种正义理论从而取代功利主义。而前两种理论主要关注的是行动者的道德人格，所以也可视为一大类。有些国内学者把威廉姆斯和麦金太尔的伦理学统归为德性伦理学这一类。[③]但是，尽管这两人对传统德性伦理学的复兴持有一致的赞同性见解，同时也都作出了各自的尝试和努力及很大的贡献，但笔者始终认为威廉姆斯和麦金太尔还是有着很大的差异，他们不可以笼统地划分在一起加以论述。实际上，这一点在上文已经分析过了，即麦金太尔绝对是德性伦理学的代表，这一点在哲学伦理学界完全不存在异议。麦金太尔基于个人的内在德性角度出发，从而进一步对功利主义理论明确地提出反对态度和批判意见，期望发展出一种关于道德个性和道德功能的共同主义的观点，重新回归亚里士多德的古老传统，最后重建以

① Williams B. Ethics and the Limits of Philosophy. London: Fontana Press，1985：198.

② 罗伯特•诺齐克．无政府、国家与乌托邦．何怀宏，等译．北京：中国社会科学出版社，1991：32.

③ 牛京辉．英国功用主义伦理思想研究．北京：人民出版社，2002，（4）：213.

德性为中心的道德理论。①而威廉姆斯曾经明确表达过，他所谓的道德完整性本身并不是指美德这一概念，它只不过是在维持人格的同一性承诺，而作为一个道德行动者，具有这样的同一性承诺是其第一必要条件。②所以，把威廉姆斯归入德性伦理学的行列是完全不妥的。

其实，激起回应最多的莫过于从完整性这一角度切入。首先，批评威廉姆斯对完整性的界定。比如，达米安·考克斯（Damian Cox）认为，完整性往往指的是为之努力的事物是有所值的，但同一性的完整性概念撇开了把完整性视作德性这一普遍性立场。更有甚者，完整性与行动者认同的承诺被同一性的完整性理论紧密关联，人们也许会因为自欺或无知从而将信念和承诺授予个人的完整性，那么就可以说他们的完整性丧失殆尽了。他们最深刻的主要信念和愿望共同作用时便聚集在个人的完整性上了，但我们所希望的基于完整性的行动不只是局限于一些特殊重要的情形，而是泛指种种不同的众多境遇之中。③其次，不满和质疑威廉姆斯批判功利主义侵犯个人完整性的观点和论证。归纳起来主要有如下三种。其一，展开反驳并加以修正威廉姆斯对功利主义的批判观点。比如，谢夫勒（Samuel Scheffler）试图弱化功利主义的中庸之性，认可对个人的生活筹划予以另加的重视，然而被如此加以修正之后的理论就没有了后果论的那种固有特性，几乎就不是所谓的功利主义了。皮特·雷尔顿（Peter Railton）就威廉姆斯批判行动功利主义不具有道德慎思这一观点展开驳斥并加以修正，他对一种没有任何形式要求的道德慎思的功利主义进行刻画，并且主张道德理论主要是刻画道德上正确的行动，而并非自动地就应该涵括所谓正确的道德慎思，所以不必要求某个人以一种严厉的功利主义方式经营生活，只要认可某个行动功利主义者对正确行动的分析即可。④其二，由阿西福德（Elizabeth Ashford）就威廉姆斯评判忽略完整性的那种道德理论的荒谬性展开了批判性回应。他认为威廉姆斯错在把维护个人完整性视作一种理论合理性的准则。然而，在我们的道德实践中，个人的完整性是不可能不受到侵犯的，原因在于给予我们的道德要求有些苛刻，所以有时候出于避免痛苦的行动所带来的利益，从而必定会违背同一性所应遵守的承诺。⑤由此证明了某个人在面对生活中的巨大不幸时要维护个人的完整性是多么的不容易，所以我们可能会把它视为功利主义的一大德性。其三，由斯宾塞·卡尔（Spencer Carr）针对威廉姆斯所提出的功利主义要求行动者违背个

① 牛京辉．英国功用主义伦理思想研究．北京：人民出版社，2002，(4)：213.

② 这一点在第三章第五节中已述及，在此不再论证。

③ Cox D, Caze L. Should we strive for integrity. Journal of Value Inquiry，1999，(33)：519-530.

④ 但这种试图分离道德上正确的行动与正确的道德慎思的方案困难重重，问题的关键是它看起来是与道德上正确的行动分离了，但如果一种道德理论对于应该怎样做没有提供清晰的实践指导，人们又如何赞成它呢？详见：Railton P. Alienation，consequentialism and the demands of morality. Philosophy and Public Affairs，1984，(13)：72-134.

⑤ Ashford E. Utilitarianism，integrity and partiality. The Journal of Philosophy，2000，(8)：421-439.

人信念这一观点展开了最具有影响力的批判回应。在他看来，功利主义要求行动者接受功利主义的思想，同时行动者把这些思想置于首要的位置，从而充分发挥它们在生活中的同一性承诺的重要作用，由此我们以它的那种承诺过生活是功利主义所要求的，而并不是要求我们过那种缺乏同一性承诺的生活。比如，如果文中多处列举的乔治本身就是一个功利主义者，那么他就必然不会由于接受了那份研究工作而认为违背了自己的个人信念和承诺，也即真正的功利主义者不存在失去个人完整性这一说法。然而威廉姆斯把作为真正功利主义者的乔治随心而动和作为非功利主义者的乔治被要求而行动这两种情形完全混淆不清了，作为行动者的个人完整性在后者中实属被侵犯，但在前者中完全得以保持。当某个人根本上就不同情功利主义，但实际中却又按照功利主义所要求的行动，那么所谓的个人完整性就是真正地被侵犯和破坏了，但是功利主义道德理论自身的可靠性和这样的完整性丧失并不存在任何必然的联系，同时这样的完整性丧失从根本上也不能归咎于功利主义。①

具体来说，鉴于 interity 这个词在西方伦理学中具有极为丰富的内涵，所以对于道德完整性这个概念，就学者们对于威廉姆斯的定义所提出的疑义又可以概括为如下三个方面。首先，威廉姆斯基于呵护人格的同一性立场从而对道德完整性所作的界定，和我们固有的关于一种值得褒奖的道德完整性的德性的思想之间发生了严重的脱离。依据道德完整性的主流观点把它视为一种应该褒奖的德性，但是威廉姆斯将道德完整性与这种主流观点加以区别，接受起来比较困难。其次，威廉姆斯的道德完整性理论把行动者的人格同一性承诺和道德完整性紧密关联起来，然而依据同一性承诺从而加以展开的行动，在很大程度上是因为信息不全或者由于不正确的理解。同时，我们也有可能是由于自欺或者无知从而不能够精当地认识和接受他们最深层次的承诺和信念，还有部分人坚定不移地对自我展开不真实并且不正确的描绘，这部分人在这些情况之下所认识到的同一性承诺都是自己虚假的同一性承诺，依据这种不真实的同一性承诺从而展开的行动就不可以说是对他们道德完整性的呵护。此外，我们很有可能因为外界压力或胆小或意志软弱等，从而缺乏依据自己的关键承诺实施行动，在这个层面上也完全能够说他们缺少道德完整性。② 换句话说，真正的人格同一性承诺是个非常复杂的概念，其中存有很多情况必须加以反复审视，在他们看来，威廉姆斯将人格同一性承诺和道德完整性紧密关联起来的处理过于简单化和轻率化了，其中的说服力远远不够。在笔者看来，这确实是威廉姆斯应该进一步斟酌和修正及完善的一个重要地方，同时，包括还有人格同一性承诺如何界定及其与道德完整性的关系等，都值得我们进一步加以讨论。但总体来说，威廉姆斯对功利主义的批判主要是从其后果论的结构

---

① Carr S. The integrity of a utilitarian. Ethics，1976，(4)：241-246.

② Cox D.Integrity. http://www.science.uva.nl/-seop/archives/win200l/entries/integrity/[2013-06-18].

特征入手的，即其中的两个独特之处，一方面是发现了功利主义的消极责任原则，另一方面是指出功利主义对行动者过于苛求，分裂了行动者个人的道德完整性。在威廉姆斯看来，功利主义的这两个方面的不足主要源自其后果论的结构特征。

对此，雷尔顿（Peter Railton）在他的《疏远、后果主义及道德要求》[①]一文中还给予了积极的回应，同时很好地为后果论进行了正面的辩护。其一，在雷尔顿看来，后果论对个人来说是怎样的“分裂”与“苛求”，这主要依照行动者所处的外在环境和个体的实际情况这两大方面的变量而随之发生变化。假若外在的一些东西，如社会资源和财富可以分配得更为公平化，社会制度可以更多地为人们服务和负责，同时人们也心甘情愿地接受更为普遍的责任的话，那么我们相信每个人的日常生活就不可能由于善的目的而那么频繁地被侵扰，从而也就不存在个体的道德完整性或者人格同一性被侵犯和破坏这一说法了。因此，依据雷尔顿的思想，从根本上来说要想减轻道德规则对于我们日常生活的侵扰，那么改变诸如现存的社会制度和政治制度等一些外在的东西，立足于长远和倡导善行相比较必然能够有着更好的效果。其二，威廉姆斯对后果论的消极责任原则的驳斥主要定位于它过于苛求行动者个人这一层面，而雷尔顿则更多的是把目光放在其社会影响这一层面上。雷尔顿自己也坦白，后果论要求彼此为对方做得比我们实际要做的有过之而无不及，所以说后果论制订的道德标准是非常苛刻的，或者说缺乏人性化。然而同时他也指出，这个道德标准并不规定绝大部分人为了达到某些最大化的善，由此而过着那种使人几乎崩溃的糟糕生活，这个最大化的善在经验上相当于最大多数人的最好的可能生活。在这个层面上来说，雷尔顿表示后果论的行动方式和威廉姆斯用一种冷落自己的意义上的思想分析自身、分析自身的道德承诺及怎样行动的方式是不一样的。其三，针对威廉姆斯驳斥后果论分裂个人的行动和他的基本意图的相关联系，这一立场在雷尔顿看来完全过于保守了。雷尔顿指出，每一个人主要在年轻时期形成各自的基本意图，而由于受到社会政治、经济和文化及家庭教育等成长环境的熏陶和影响，所以它不可能是中规中矩的。威廉姆斯没有想到假若发生某些变化，行动者的生活也许更加让人满意、更加具有价值和意义，而只是一味主张要以行动者最初设定的意图为标准，但是完全不可接受对这个意图的冷漠。雷尔顿举妇女解放的例子加以驳斥了威廉姆斯，即妇女在现代社会和个人生活方面逐步获得了很大的平等权，从而分裂了很多男人的基本意图，然而这种分裂也许因为更多的人在社会大道上得到了自我发展而相互抵消或扯平。[②]雷尔顿的意思也就是说，尽管后果论过于苛刻只是斟酌事态和后果的最大善从而在很大程度上侵犯了个人完整性，但这从根本上来说并不是纯粹的理

① Railton P. Alienation, consequentialism and the demands of morality. Philosophy and Public Affairs，1984，(13)：134-171.

② Railton P. Alienation，consequentialism and the demands of morality. Philosophy and Public Affairs，1984，(13)：134-171.

论问题，或者说并不是后果论这个理论的自身问题，严格来说应该是整个社会和个人相互共同作用的结果，因此把责任全部归罪于后果论显然是错误的。换言之，我们所生活的整个社会环境是在不断地发展和变化的，那么与此同时我们个人的道德生活和最初的基本意图自然都会随之发生相应的变化，所以说不能因为功利主义间或侵犯了个人的基本意图和完整性就对它进行全盘否定，就这个理由而言是完全不必要也不充足的。由此，雷尔顿认为威廉姆斯本质上偏离了后果论，而并没有做到真正切实地评价后果论，而威廉姆斯“以行动者为中心”的道德原则从根本上来说则是造成这一偏离的最主要原因。

然而，追述“以行动者为中心”这一观点，它是由舍夫勒进行批判后果论之时最初提出来的。后果论在评判善恶之时秉持的非个人立场，被舍夫勒界定为“行动者中立”（agent-neutral，或称“行动者中庸”）的立场。[①] 而所谓“以行动者为中心”的理论在这个意义上就可以是和舍夫勒所相对的理论。而“与行动者相关的道德”一方面主要包括了“与行动者相关的许可”这一内容，另一方面还主要包括了“与行动者相关的限制”（或者“义务论的限制”）这一内容。这种道德观点同意行动者自主选择产生最大化效果与否的行动，即其中的“许可”所指，而这一道德观点偶尔不同意行动者自主选择产生最大化效果的行动，即其中的“限制”所指。“与行动者相关的限制”包含在“以行动者为中心”这一理论中，因此不规定行动者应该选择那些产生最大化效果的行动，特别是在产生恐怖后果概率很大的时候。同时“与行动者相关的许可”也包含在“以行动者为中心”这一理论中，因此行动者又似乎不得不在能够产生最大化效果的存在方式之时，才能够致力于坚守个人的道德立场和道德原则。实际上，“以行动者为中心”这一理论是在一定程度上把后果论的最大化效果要求约束在一定的限度之内，否定为了追求最大化效果而不顾个人的一切或者说侵犯所谓的个人完整性，而是肯定个人在其中的自由选择的权利。行动者中心原则所赋予行动者的那种“许可”特权能够提供足够的空间让行动者关注和坚守自身的意图和承诺，从而使个人的道德完整性不会受到破坏和侵犯。然而，雷尔顿明确指出，“为行动者关注和坚守自身的意图和承诺，这并非唯独是威廉姆斯道德哲学理论的特权，就是接受建基于后果论之上的道德理论同样也是可以做到这一点的”[②]。

此外，关于威廉姆斯对功利主义的质疑和批评还有其他众多的回应甚或是痛击，这里有必要加以阐述。比如，针对威廉姆斯批判功利主义所举的乔治和吉姆的两个例子，詹姆斯·雷曼（James Lenman）提出了不同的见解并加以了驳斥。在詹姆斯·雷曼看来，威廉姆斯认为只要严格按照功利主义，那么乔治必定应该

---

① 牛京辉.英国功用主义伦理思想研究.北京：人民出版社，2002：184.

② Railton P. Alienation，consequentialism and the demands of morality. Philosophy and Public Affairs，1984，(13)：134-171.

接受那份研究工作，而吉姆则必定应该同意杀死其中某个印第安人，其中的论证前提是功利主义对最大化利益的明显性增进。真的就是如此吗？雷曼指出这完全可以说是威廉姆斯曲解了功利主义，或者说是威廉姆斯强加于功利主义之上的，“原因在于完全能够按照功利主义本身的不明显性进行解释”①。雷曼的意思也就是说，一般人不能够换位思考吉姆所处的位置，从而就无所谓面临那种道德困境的感受，功利主义实际上在面临很多生命危险之时也并不能够很明确地或者说很好地告诉人们究竟应该如何去做。而马丁·霍利斯（Martin Hollis）指出，真正具有意义的那种个人生活通常体现在如下三种方式：第一种方式是完全内在的，即它可以给予个人非常满足的任何想要的那种生活；第二种方式是完全外在的，即以所谓的绝对的善作为指导从而对所有人完全开放；第三种方式是完全理性的，即始终严格按照某个目的从而坚持过着那种利益衡量的生活。不过，尽管威廉姆斯一直强调那种生活是属于某个人的，但是以上三种方式必定都存在很大的可能性，所以我们根本上就不可能准确地评判吉姆和乔治拒绝或接受的选择对他们来说究竟是正确还是错误，其中的最根本原因在于“他完全可能由于不变中的万变随时调整他的情感反映形式，进而对他的个人信念和计划进行重新制定，以及更改他的承诺等”②。因此，马丁·霍利斯认为，威廉姆斯对功利主义的批判是不全面的，或者说具有片面性。而徐向东教授指出威廉姆斯对功利主义的批评内容主要包括如下两个方面：一方面，功利主义把每一个人的道德思维简单而强制性地还原为一种后果主义的精细算计，但是现实生活中我们完全不可能对任何相关的后果进行简单而精细的计算；另一方面，功利主义确实以非个人化的方式看待和评判道德行动者，但事实上某个中庸式的道德理由根本就不存在。

概言之，上述回应与批评并没有最终解决问题，既未强有力地辩护功利主义或后果论，也没有根本上威胁到威廉姆斯的论证。比如，就雷尔顿对威廉姆斯的回应来看，其中的批判就几乎没有什么杀伤力。这也和雷尔顿自己所认识到的一样，威廉姆斯以关注行为者的道德人格为切入点，洞见了以事态作为核心价值的功利主义严重忽视个人的这一重大毛病。很显然，这一评价也是完全合理的，或者说是成立的，威廉姆斯关切个人的基本意图更是不可非议的，而雷尔顿是站在经验的这一立场反驳威廉姆斯的，他所论述的也存在一定的合理性，但是其中始终有一点是我们所不能理解和接受的，即由于个人的基本意图可以改变，那么对它的破坏和侵犯就可以吗？或者是合法的吗？如果真的是这样，那我们所生活的这个世界将变得多么的吓人？！因此，威廉姆斯批判功利主义是从其理论基础“幸福”这一概念开始，重点指向其后果论结构，而后果论的福利最大化是和后果

① Lenman J. Utilitarianism and obviousness. Utilitas，2004，16（3）：322-325.

② Hollis M. The shape of a life// Altham J，Harrison R. World，Mind and Ethics：Essays on the Ethical Philosophy of Bernard Williams. Cambridge：Cambridge University Press，1995.

论评判行为的正当与否的前提紧密相关的，假若行动者在追逐福利最大化方面没有做到全力以赴，那么这个行动者就必定要为后果中的一切缺陷负担所谓的消极责任。所以，在威廉姆斯看来，后果论完全忽略了行动者个人，或者说分裂了行动者个人的道德完整性，违背了行动者个人的道德人格同一性承诺。功利主义一方面对于行动者个人的幸福无法保证，另一方面也不能够保证所有相关者的最大幸福。威廉姆斯批判功利主义的这个大致路径是很清晰的，总体来说也是很成功的。尽管在他之前对功利主义批判的理论大多也是基于功利主义作为一种后果论的特点出发，但往往停留在后果论的结构特征上，甚至沦为只是对后果论的批判，而对于功利主义本身的独有特征并没有抓准。但威廉姆斯从行动者的角度切入，由此一个恰当的切入点便成就了一个独到的批判。对个人完整性的呵护和对消极责任原则的批评极大地冲击了功利主义理论。而这种从人出发，深入行动本质的批评策略是基于批评者自身具有的强烈的人道主义精神，是与他关注人、关注人性的道德哲学紧密关联，与他把哲学看作一门人文主义学科的态度相一致并具有吸引力的。或者说，威廉姆斯以呵护个人完整性为出发点，进而以行动者为中心展开的质疑、论证，这与他对个人生活意义的关切这一道德哲学思想相吻合，不但一针见血地痛击了功利主义的要害之处，同时还体现了他对个人品质和人性的伦理关怀的莫大重视，对现代伦理学理论的缺失起到了很好的弥补作用。在运用伦理学涵括人性和品质的向度之后，那么应该给予其何种规范性权重，威廉姆斯提出了这么一个迫切而不乏意义的问题，并且什么是人性的事实及与它们相关的具体理由，这是必须清楚的一点。一言以蔽之，威廉姆斯对功利主义的质疑和批判及其引入的这一系列相关问题，为进一步拓展与深化当代道德哲学研究提供了一些较好的新思路与方法。①

---

① 这里需要补充的一点是，尽管笔者认为威廉姆斯对康德主义和功利主义的批判总体上来说是成功的，所持态度也是很赞同的，但我们与此同时也需客观而清醒地认识到威廉姆斯的批判尚存如下几点不足。第一，威廉姆斯观点中的道德如果不能修正不偏不倚性，那么应该由其他一些途径来代替现存的道德形式，可究竟哪种道德使总体化利益不亚于个人计划的实现，或将优于哪些有利于更大范围内公正实现的道德，这是我们迄今为止还不清楚的一点。即使它不会促进公正，但必定有着一定的优越性，可能最为理想的选择是那种所谓中间地带的道德。第二，对威廉姆斯批判的同一性、完整性理论进行重审和反思。一个道德畸形之人是否具备完整性？完整性的论述与功利主义者的承诺是否相容？这是完整性的正确论述所必须能够解决的两个关键问题。尽管威廉姆斯在 *Replies* 中对完整性的论证过程加以了阐明，澄清了人们日常使用的值得赞扬的品质不是完整性，并且完整性也不是唯一值得景仰的品质，不具备完整性并不见得就一定不好，但他对此语焉未详、未及要害。在完成个人根本计划与承诺的过程中是否具有规范性约束？这是威廉姆斯的完整性思想的致命弱点。原因在于仅仅只是出于自己最核心的承诺，具备完整性之人又可能时而完全做出骇人听闻的事情，反之则走向了另一种道德错误。第三，个人道德完整性之外的社会维度被威廉姆斯所忽视，社会维度鼓励分外之责而挑战个人理想，而功利主义恰恰就提倡这一点。一个人能够坚持自己所深刻认同的生活，即完整性的生活，可一个道德之人在追逐超越自己的过程中，必须时刻反省自己的进步，不但要与自己的承诺和理想不相违背，而且必须与伦理共同体的理想和行为不相违背。道德的超义务行为和完整性通过鼓励他们按照假定的理想调整评判自己的品质和行为，这对伦理共同体的成员提出了全新的挑战，它能引导我们基于外在的视角判断个人道德动机的正当性。详见：潘红霞．论伯纳德·威廉姆斯的功利主义批判．湖南大学学报（社会科学版），2012（5）：101-105.

三、关于对道德运气的洞明

关于对道德运气的相关回应和批判论述，反观威廉姆斯提出的“道德运气”这一概念，即旨在表达“评定一个人在道德上的好坏在很大程度上存在运气之说”这样一种观点。在国内学者潘书琴看来①，威廉姆斯最初提出“道德运气”这一概念时曾说，对于我们的行为经验和遗憾的判断，传统的哲学家进行了简单的理性设想，并认为它们本来就是一致的。威廉姆斯在批判康德的理性概念时指出，“我”应当蕴含着“我”能够，而由于生活是变幻莫测、多姿多彩的，太多偶然性的东西会穿插于生活中，理性在现实中受到各种条件的制约，它所能够完全控制的范围其实是有限度的。只有在纯粹的理性思辨中存在、完全独立于生活的“直觉”或道德观点是没有的，我们中的大多数人理解人生则主要是依照感觉的相关经验和生活中的常规情境的思考。所以，对于康德的纯粹观念中的关于正当或合理性的概念来说，我们每个人都有义务去加以思考和质疑。威廉姆斯认为，虽然“道德运气”从传统的道德理论来看确实是个子虚乌有的概念，但它在哲学中的地位是绝对不可抹杀的，它给道德哲学的思考带来了很多全新的启发，引出了康德的某些理性概念自身所涵括的某种不可摆脱的夸张性。只不过潘书琴进一步分析批判指出，威廉姆斯的论述过程不是很清晰。在潘书琴看来，威廉姆斯因为反对康德的道德观而提出“道德运气”概念，但他却没有对此概念给予界定。威廉姆斯以高更为例解释“道德运气”的概念，他想说明传统道德观中的正当与运气是紧密相关的，他首先从传统的道德观出发阐发了高更的选择没有什么正当性可言，但他却将“合理性”与道德上的“正当性”等基本概念在论述过程中混为一谈，并对高更抛妻别子等所应该承担的道德责任问题避而不谈，转而为追逐自己理想的高更从运气的角度展开辩护，寻求道德上的正当性给予高更的选择。高更在传统的道德理论中已经失去了道德正当性，但从内在运气的角度来分析则始终不乏道德正当性，这是威廉姆斯所认为的。可是，对于内在运气和正当性这两者到底是怎样相互关联的，威廉姆斯没有给出有力的论证过程，他只是给出了一个干巴巴的结论。此外，威廉姆斯对于道德运气的内涵及其外延都没有解释清楚，在整个论述过程中道德运气和运气也被他混为一谈，尽管他在论述过程中为了说明道德运气而提出了一些新的概念、观点、范畴，但仅仅以此系统地解释道德运气，很显然他的论证从总体上来说都只是混乱的碎片而已。

张继选则在《道德运气与道德责任问题》一文中②对威廉姆斯的洞见作出了大量具体的回应。在张继选看来，威廉姆斯对道德运气问题的处理，以及他的合理性证明观念（the conception of justification），其中的重要目的之一便是为了不区分

① 潘书琴．论道德运气．华东师范大学硕士学位论文，2004.

② 张继选．道德运气与道德责任问题．香港社会科学学报，2001，（21）．

非道德和道德[1]，因为威廉姆斯认为，根深蒂固地种植于康德主义意愿性观点中的往往是那种被我们视为道德的东西，但是排除所有外在的和非意愿性的因素是康德主义的意愿性观点在道德特性的认定过程中所要求的，或者说就是要求超越于道德运气的制约，然而同样的道理，如果我们在展开伦理思考的很多重要方面难以超越道德运气，那么向康德主义的现代道德责任观念发起挑战就是道德运气概念提出的初衷。如果暂且不加以区分道德和非道德，撇开普遍意义上的正当性问题，可行为者究竟是否表现出意愿性行为才是我们考察道德运气问题的关键，这是张继选进一步指出的。如果高更最后成功了，这说明尽管受制于运气的摆布，但表现出高更在自己的艺术理想追求中作出了积极的努力，显然这从本质上来说就属于一种意愿性行为。假若高更选择的合理性由他的成功所证明，那么他选择的正当性证明也就受到成功所依赖的意愿性行为的作用了。没有辅之以任何积极的行动，而完全仰仗于好运气的某种“成功”究竟怎样能够证明当初选择的合理性，这是完全难以想象的。如果没有意愿性行为，那么就完全可能没有任何的选择或决定产生，而以康德道德哲学为代表的基本道德观念，和通过意愿性行为来确认道德特性又是一致的。所以，真正的所谓摧毁现代道德基础的目的，是威廉姆斯通过道德运气概念所不能够达到的，但是当他首先严肃思考道德运气这一问题时，他所提出的这个新概念，以及随后促发的相关论争确实扩展了现代道德理论的论域，提出了一系列非常具有启发性的问题，这是张继选所认为的。

的确，威廉姆斯更多的是在提出问题及探讨解决问题的思路，在实质性的论证方面，他做的工作甚少，很不完备。此外，李凌在《论运气与道德责任》[2]一文中也对威廉姆斯洞明的“道德运气”观点提出了回应质疑：难道威廉姆斯式的运气观就臻于完善、无懈可击了吗？毋庸置疑，答案是否定的，威廉姆斯式的运气面临另一种危险，正如柏拉图在批判古希腊悲剧诗歌所意识到的那样，将道德的全部内容完全建立在对运气思考的基础上是不稳定的，道德大厦会时刻面临倾覆的危险。认同运气可能会导致宿命论，而宿命论的泛滥会令整个社会处于一场是非颠倒、善恶不分的灾难之中。威廉姆斯要想以道德运气为武器瓦解康德主义精心建构的道德概念，却在建设新的道德大厦方面语焉不详。也许威廉姆斯只是在表达一种反理论的倾向，然而覆巢之下，岂有完卵？没有建设性的批判和反对，极有可能导致思想上的真空。对运气过分的强调，会使得我们对生活中的运气也同样过分地关注，从而容易导致追逐“善”和“好”的迷失，进而在这种迷失之时如果没有新的指引，那么人类正确行动的能力便将丧失殆尽。另外，难免会有人说：“让人们对无法控制的运气担负责任，就恰如将人类的恶归诸宇宙般的不公与荒谬。”面对这样的质疑如何从根本上进行解答，这是李凌进一步认为威廉姆斯

① Statman D. Introduction to virtue ethics. //Statman D. Virtue Ethics. Edinburgh University Press，1997：8.
② 李凌 . 论运气与道德责任 . 中国人民大学硕士学位论文，2008.

的运气观所无从作出回应的。这也正如斯劳特（Slote）所言：“针对具体行为的特性而言，如果道德运气是可以加以考虑的，可能的并且是可以接受的话，那么，也许把一定的德性作为德性的地位就取决于一种宇宙性的运气。”[①]很了然的道理，过分考虑运气的做法断然行不通，全然抛弃运气的做法也绝不可取。在威廉姆斯式的运气观和康德式的运气观中间寻求中道，这是我们所应该做的。[②]

总的来说，在生活的道路上，人们常常会遇到各种各样意想不到的运气，犹如半路杀出一个程咬金，全盘打乱设想之中的完美计划，不同程度地影响人们对于物质、金钱、权力乃至精神上的追求。人们时常受到各种突如其来的干扰，很难一帆风顺地做到心想事成，在奇妙、伟大的大自然面前束手无策而表现得不堪一击，这似乎已经成了人类当前生存的基本状态。对于生活，人们无从把握，甚至是完全就没有能力去改变和掌控，面对着“命运之神”的种种玩笑，它似乎又将人们的生活搞得哭笑不得甚至是一塌糊涂。所以，追逐理想和追求幸福生活的我们对于运气就更加应该认真地加以反思和拷问，确立一种合理地、正确地对待运气的态度和方法，如像亚里士多德那样不偏不倚、不卑不亢地对待和处理运气。指引人们合理的看待和应对生活中的种种运气，从而正确地行动和优雅并幸福地生活，这才是研究道德运气的理论价值和实践意义。这么说来，威廉姆斯对道德运气的论述自然就有着不可忽视的重要性。基于生活从行为者主观角度的思考出发，威廉姆斯首次提出“道德运气”这一概念的根本目的不在于抛弃道德、摒弃责任，他只是客观的质疑和批判传统的道德观，强调自己的个人行为和相应的道德责任，更多的只能从行为者自身出发加以看待。应该充分考虑实际的具体情境和其他各种突发因素的干扰而不苛求行为者，这是对于旁观者而言；不能由于各种所谓好或坏的运气的出现和存在而逃脱责任，这是对于行为者而言。在威廉姆斯看来，德性伦理的重要性在责任伦理占据主要地位的今天是丝毫不容忽视的，所有外在的归咎、弥补和惩罚等在某种程度上来说都逊色于行为者出于自身内省对责任的理解和承担。概言之，威廉姆斯在批判康德主义和功利主义这两大代表性现代规范伦理学在无视人类生活的实际境遇，而抽象地运用道德规则去扭曲生

① Slote. Goods and Witness. New York: Oxford University Press. 1986：57.

② 中道式的运气观应该主张：不能仅因为运气的不同而进行不同的评价，也不能对不同的结果进行相同的对待，因此，我们对道德责任的认识，既要求能够对运气免疫，又要求一个人能够对自己的行为承担责任。所以，中道式的运气观应跳出康德奠定的道德概念的限制，从而转向传统的德性伦理学，在威廉姆斯所提倡的更广阔的价值视野中理解运气问题。换言之，以调和式的运气观应该实现一种均衡和中道，不仅保留康德式的运气观中的有益成分，而且接受威廉姆斯式的运气观对前者的批判，做到真正意义上的“扬弃”，更为重要的是，它引导我们去关注亚里士多德的德性伦理学。也即亚里士多德要告诉我们的：面对无处不在的运气，不卑不亢、不偏不倚的态度方为正道；在世俗生活中，我们应该让自己的灵魂寻找到合乎德性的现实出路，而不是被运气弄得一塌糊涂，或者只是“退居内在城堡”，这需要我们去培养一种良好的实践智慧。显然，这是笔者倾向于认同的运气观。详见：Berlin I. 2013. 两种自由概念 . 陈晓林译 . http://www.douban.com/group/topic/2681509/[2013-3-10]. 方熹，江畅 . 三种道德运气观述要 . 哲学评论，2013,（12）：212-221.

活的本来面目，简单化我们对生活的理解方面是比较客观而成功的。它始终在提醒我们保持一个清醒的头脑，特别是在一些具有勃勃雄心的哲学冒险面前，更是要时刻不忘哲学与伦理学的限度，对于还原主义倾向及那种企图对人性和人类生活理解的简化理论始终保持警醒，始终不放弃分析和研究人性的复杂性、人类生活的多面性和整体性等，这些是威廉姆斯伦理思想的哲学意义。很显然，威廉姆斯身体力行了他的哲学理念，他通过展示运气的体验在人类伦理生活中的重要性，而从根本上撼动了道德的基础，他的一生以批判康德主义和功利主义而著称，他确实“颠破”了现代规范伦理学。

第二节　有力推动了德性伦理学的复兴大潮

一、规则伦理学及其限度

伦理学人皆知，规则伦理学和德性伦理学在一种道德类型学的意义上来说是伦理学的两种基本形态[①]。然而，进行规则伦理和德性伦理的这种研究伦理学问题的思路充其量不过是一种逻辑上的简单划分和归类，但是我们在客观的现实道德生活中进行这种归类是很困难的。实际上，一切伦理学的知识类型都只是概括和构建我们现实道德生活中所认同和接受的一些道德要求和原则及理想等理论而已。而经由众多哲学伦理学家对于伦理学理论的论述中，我们可以确证这一点。例如，在弗里德里希·包尔森看来，首先必须确立人生的目的或者至善，其次确定实现这一目标的方式方法或手段，这是伦理学的使命。[②]这一方式方法或手段具体来说，指的就是我们能够通过一种什么样的内在品质和行为类型，从而实现或达到那种所谓最好的或者至善的生活。西季威克则认为以下两个方面不外乎是伦理学所应该研究的：一方面是研究人类合理行为的最终目的，即对人的善的本质及其获得这种最终目的的方法的研究；另一方面是研究人类行为的合理准则和真正的道德法则。[③]概括来说，伦理学的知识体系主要可分为以下两大类别：一类是知识主要偏重于对客体现象的道德责任性，以及担受这一道德责任性的理性能力的论述和证明；另一类是知识主要偏重于对道德目的性，以及实现这一道德目的性的道

---

① 关于道德类型学的说法，一种是文化现象学意义上的道德类型学；另一种是哲学意义上的道德类型学。前者的含义是指一种依据某种特定理论图式（这种理论图式往往带有思想家自身的理解和解释特征）来规定、区分和解释道德的特性、功能和作用，以及它作为一种特殊文化现象在人类生活中运作的特殊理解方式。后者是指作为一种描述、解释、区分和论证关于道德现象之探究的理论方法，表达着伦理学家所建构的特定道德哲学体系的样式。（详见：万俊人．比照与透析：中西伦理学的现代视野．广州：广东人民出版社，1998：397-401.）显然，我们这里关于规则伦理学和德性伦理学的分析，是在后一种意义上进行讨论的。

② 弗里德里希·包尔森．伦理学体系．何怀宏，等译．北京：中国社会科学出版社，1988：10.

③ 亨利·西季威克．伦理学方法．廖申白译．北京：中国社会科学出版社，1993：26.

德力量的论证，以"个人主体的自觉建立和实现精神的自由和人格的价值"就是德性伦理的理论宗旨。[①]这是作为当代著名新儒家代表的成中英所指出的。一般普遍意义上来说，"我应该成为一个怎样的人"与"我应该如何去做"这两个方面的主要内容，即涵盖了伦理学的基本问题。简单来说，前者可以被划定为"德性生活怎样可能"的问题，它主要以人自身的人格的完善为目的；后者可以被划定为"道德秩序怎样可能"的问题，它主要以人的行为的完善为目的。德性伦理学则主要圈围着"我应该成为一个怎样的人"这一根本问题的分析和研究；后者伦理学则主要圈围着"我应该如何去做"这一主要问题的分析和研究。伦理学的两种最为基本的理论形态由此说来就是规则论和德性论了。很显然，功利主义和康德主义完全属于规则伦理学的主要范畴，而上述哲学家所诉诸人的内在品质从而达到人生至善的伦理学理论类主要属于德性论。

从伦理思想发展的轨迹来说，德性伦理在思想启蒙之前的传统社会一直居于主导地位，规则伦理是现代社会结构转型的产物，关于这一点，我们在前文中已经述及。现代伦理学对于行为准则的研究应该更加关注和重视，因为人的努力能够获得的善正是限于伦理学所研究的善，正当行为由至善或终极目的而确定则并不具有什么根本性意义和可行性，有关行为正当与否的研究正是伦理学在这个意义上所主要看重的，这是很多思想家所认为的。无论是功利主义集大成者西季威克，还是当代最为著名的权利伦理代表罗尔斯都坚持这种观点，这些我们已经在前文提到过了。关于现代伦理的宗旨和性质的论述上，最具有代表性的人物是弗兰克纳，他主张提供一种具有普遍笼统意义上的规范和原则是伦理学的第一要务，进而借以解答我们应该做什么或者什么是正当的问题。在弗兰克纳看来，用以指导和调节社会成员行为规范的体系就是道德的本质。在界定伦理学中的正当和善这两个最基本的概念上，罗尔斯曾经就是参考了弗兰克纳关于目的论的理论。[②]通过前面威廉姆斯对康德主义和功利主义的批判中我们可以看出，规范（规则）伦理学作为一种典型的现代性道德理论类型，现代理性主义的客观知识化和普遍同质化的一种价值权威诉求是它实际上最想表达的，现代社会的那种最基本层面上的公共秩序和伦理规范，甚至只是某一种形式的可普遍化"底线伦理"是它最为重视的。因此，我们的现代规范伦理学始终在不同程度上体现为一种统一化的日常性社会外在约束和道德规定，甚至于往往是社会对义务和权力的一种制度化安排的诉求，最终成为法律规范和政治伦理的一种最为直接的表达式。归纳而言，第一，从伦理上论证道德规范制度化的伦理制度学，而伦理思想的全部发展轨迹由这种规范（规则）伦理学的思想思维贯穿于其中；第二，从伦理上论证社会制度道德性进而形成的制度伦理学，现代性伦理的中心话题可以说就体现在这一点

---

① 成中英．文化、伦理与管理．贵阳：贵州人民出版社，1991：129.

② 约翰·罗尔斯．正义论．何怀宏，等译．北京：中国社会科学出版社，2003：23.

上；第三，从伦理上论证我们当今社会的诸多现实问题进而形成的应用伦理学。以上这三个方面便是现代规范（规则）伦理学所关注的集中主题表现。这是我们应该明确的一点。

而从所谓的价值取向而言，从根本上支撑着规则伦理的是自由主义。展开而言，有着两个最为基本的前提性假设存在于这一现代伦理学的理论形态当中：一方面，趋利避害是人的本性所在，追求利益是人的根本目的，享有自由是人的天赋属性，约束性或让步性的规则则是人与人之间的关系所需要的；另一方面，我们每个人选择如何做人从根本上来说都是自己的事情，任何人都有权选择和决定自己的人生和生活，这一权利是不容任何社会或个人干涉或侵犯的，只是不管我们想要成为什么样的人，其中有一点基本上是律法式的，即这个人的外在行为都必须具备道德上的正当，这个人的外在行为都必须符合社会的普遍道德规范。因此，伦理学必须以社会生活的现实为出发点，从而探索和制订普遍的道德行为规则，反之重视和探究人的内在品质则没有多大的必要性。这是规则伦理学所主张的观点，也即在规则伦理学看来，评判我们每一个人的行为在道德上好坏或者善恶与否，只要看其中的行为符合道德规则与否。由此说来，规则伦理学实际上就是一种道义论伦理了。所以在这一理论看来，人的行为的道德本质和意义首先在于它所具有的伦理正当性，而并不在于它所体现的内在价值或者它所达到的目的。所谓人的行为的伦理正当性并非某单个道德主体自身行为价值或目的的实现程度，而必定是伦理的。人的行为的伦理正当性与否的根本评判依据则在于它是否符合具有普遍道义性的道德规则。道德规则的正当性和合法性在于它们为人的自由提供了可靠的伦理保证，为我们的道德实践制订了正确合理的权利范围和相对应的义务承诺，或者说它们对人的道德行为的权利和义务进行了合理公正的要求。道德规则的基本评判尺寸则在于行为合乎道义与否，伦理学的第一要务也就是制订具有普遍有效性的道德规则。

依照理性原则从而制订行为的道德规则就是现代规则伦理的理论诉求，人的内在品质则不再作为现代规则伦理学的终极目的进行把握和追求，人的行为只要是在既定的规范和原则之内就具有道德价值，反之则不具有。从道德实践这一层面来说，现代规则伦理和德性伦理之间加以比较，我们不难得知前者具有他律性和外在性，后者则具有超越性和内在性，也即现代规则伦理学在于力争阐释现代社会的任何成员都必须遵守的基本道德的根据和范围及内容，很明显地也就注定了它是一种普遍主义的底线伦理。具体而言，其中的"'普遍'包括了两个方面的含义，一个方面是指它无一例外地规定我们任何一个人；另一个方面是指追寻和力求我们任何一个人的认同和赞可从而达成共识。其中的'底线'作为一个比喻也包含两个方面的含义，一个方面是指它始终作为我们人的行为的一种最基本和最起码的界限，我们人始终有所不为，但必然不可以完全为所欲为。另一个方面是指这里的'伦理'并不是我们人生的最高理想，也不是我们人生的全部，而只是一种非常重要的下面的基础，拥有一种相对于价值理想的优先性。然而要这样的道德显然又必定是最为起码的和最为基本的，所以'普遍'与'底线'这两者始终是相互联系在一起而不可分开的"①。

无可辩驳，现代规范（规则）伦理对于我们的现代道德生活的阐释是具有很大的合理性的，合乎现代社会道德的基本要求是它的理论目标，然而这种理论上的合法性和实践上的合理性并不代表它能够全面而系统的说明和阐释多姿多彩的道德生活。而这也正是威廉姆斯所要表达的一个主旨。但是，一旦这种普遍化的规则伦理离开了人的内在德性资源的强有力支撑之时，那么它的耽溺就很容易演化成为一种单纯而冰冷的纯规则主义的，乃至是偏执的律法主义的，最终变成失去内在价值动力和人格基础的纯粹符号式的一种生硬表达，而非客观真实并富有成效的道德价值资源。"不管具有多么高的理论程度的'可普遍性'，也不管具有多么大的实践'普适性'，面对现代人日益稀罕但又瞬息万变的'私人'道德生活问题，'现代性'的规范伦理学必然不可能统统地给予充分料理。"②或者说，作为道德类型学意义上的一种规则伦理，基于道德实践的意义和层面上来说，"单向性"的倾向在很大程度上是它的理论要求和价值关切所存在的。我们将从以下三个方面加以全面解释和细致说明这一点。

其一，规则伦理学的理论预设具有"单向性"。规则伦理学的理论前提是人之为人的避害趋利的人性，规则伦理学主义者们认为，人之天性即不断追求自由和利益，为了有效分配它和人之间的利益保证，就必然需要一种协调性的规则，道德在此意义上只是被作为它和人之间的一种契约。新自由主义权利伦理所主张的"原初状态"和功利主义者所表达的"资源的中度匮乏"，它们同样体现了把规则视为人们在利益追求中的一种妥协或让步。一切利益其实都是有条件的、偶然的、不确定的企求，它还远远不足以使生活变得富有意义和价值。相对于具有超越性和内在性的生活目的而言，规则和利益只是具有暂时性的外在性和目标，它们始终只可以是手段性或工具性的，而真正的目的论问题是规则和利益究竟有利于我们人去做什么的问题。实际上，我们的道德内容及道德目标远远不如人类生活的现状丰富和复杂。人生活的目的一般体现为所想要或者期望的东西，然而伴随着整个人类生活的有对高尚品德的追求和对精神境界的完美的追求，而并非我们对美好生活的向往和追求仅仅限于浅层面的感官满足的物质利益，前者是具有更决定性意义的因素。无数先哲的思想和人类生活的历史及本书多处都证明和明确了这一点。

其二，规则伦理学的"规范性"具有"单向性"。伦理学所必须面对和解决的根本问题被规范伦理学全然抛弃，"规范问题"和"伦理学问题"被规范伦理学几

---

① 何怀宏．底线伦理．沈阳：辽宁人民出版社，1998：191.

② 万俊人．关于美德伦理学研究的几个理论问题．道德与文明，2008，3：17-26.

乎混为一谈。如何通过利益上的妥协和让步从而明确和制订一种能够获得我们公认的准则是"规范问题"所直接关联的，"应该"这一意义始终涵括于规则之中，经由"应该"这一形式所体现出来的行为就是规则，规则表明行为的某种"度"，它始终盘算着说教我们选择不去做某事。"伦理学问题"的主旨则在于审视一个规则到底怎样才是正当的，或者说支持和拥护这个规则的正当的终极价值究竟是什么。这么说来，由于我们是否必须认可和接受某种伦理制度或者道德规则的存在和隐没，有待于进一步考察它是否是道德从而再作评判，所以说规则伦理的论证不存在终极论证的真正意义。无可辩驳，若是从道德存在的特殊价值性和人际社会特性这两方面加以审视，道德的基本特性确实就是规则性。然而"真正广义上的道德一方面涵盖个人的德性或美德，另外也涵括整个社会和人际的道德规则，道德的唯一本性并不是规范性。从根本上来说，道德是整个社会和人际的事情，而并不是纯粹个人的事情。除非我们对于其他任何相关方面都毫不顾及，而只是把伦理学紧紧的限制在道德规范这一问题的考察层次上，否则伦理学仅仅被规范伦理学视为一门明确和制定道德规范的科学，那必然是无法加以论述和证明而取得充分的正当性和合理性的，或者说这样的伦理学理论就必定是有所缺失的。"①

其三，规则伦理学的调节范围具有"单向性"。规则伦理主要由于它的稳定性和确定性，所以它对我们现实生活的品格确实具有导引的作用。但是，一方面，也正是由于它的稳定性，它才容易被贯彻和实施到我们的现实道德生活中，另一方面，也正是由于它的确定性，从而使得一些具体的规则和一些具体的行为总是确定地一一相互对应。作为一种普遍的行为准则，规则自身不具有内在于个性和人格的特征，整个社会外在的公共行为领域才更多地体现了它的功能所在。更多的时候一种外在的律令是规则所始终表现的，特别是规则在没有得到个体真正的认可和接受时，它与个体的很多具体行为往往都会存在着一种距离甚至会不断地出现矛盾和冲突。再甚至于，经由演化封闭性和僵化性的规则完全可能取代确定性和稳定性的规则，因为现有的规则在面对瞬息万变的境遇和行为之时，完全有可能就会出现不适用或者说不够用的情况。规则伦理学只是关注人的外在行为而把人视为仅仅只懂遵守外在规则的思想，人的全面发展的要求和这种严重缺乏道德主体性及道德品质的机械物显而易见地分道扬镳了。"原则之下的道德唯独关心我们做了还是没有做，究其原因则在于这是规则所要求的。在这种伦理学范围之内，除了原则和按原则行为的意志甚或是能力是我们所拥有的之外，真正的道德性质很有可能从根本上就无从可言了。"②

① 万俊人．浮求普世伦理．北京：商务印书馆，2001：121-122.

② 汤姆·L 彼彻姆．哲学的伦理学．雷克勤，等译．北京：中国社会科学出版社，1990：226.

二、对德性伦理学复兴的影响

由上述对规则伦理学及其限度的分析，我们就不难理解德性伦理学复兴的主旨，即德性伦理学的复兴关键在于告诉时代的世人要深度地反思人生的意义，由反思人生的意义而扩展对人的生存方式、生存理想、存在结构和存在理念等诸多问题的重新理解。所有这些问题合起来也就构成了新的时代语境下关于“人的问题”。换言之，对规范伦理学的拒斥是德性伦理学复兴的契机，是德性伦理学家的一致所向。而威廉姆斯在伦理学中的见解往往被认为是“摧毁性的”或“破坏性的”，他对康德主义和功利主义的批判使他在道德哲学领域初露锋芒，这也是他最重要的影响。结合他对伦理生活的本质和复杂性的阐释，我们可以得知，他对德性伦理学的复兴有着很大的影响作用。规则伦理学的研究主题或实质性内容是道德（以及作为评价对象的行为）。它通过“正确性（rightness）”和“错误性（wrongness）”两个评价术语来对行为是否符合规范进行道德评价或判断。一个行为/行动如果符合既定的规范在道德上就是“正确的（right）”，反之就是“错误的（wrong）”。简言之，规则伦理学主要讨论的是基于行为与规范之间的评价关系，行为与规则之间的一致性或不一致性恰恰构成了道德评价的根据。而德性伦理学拒斥规则伦理学的要旨在于：它要立足于“行为者”而不仅仅是行为来对规范（或道德）伦理学作一个德性论的“还原”，它要把行为者看作是一个统一的人性整体，从而给行为评价提供前道德的评价依据。[①] 威廉姆斯的道德哲学思想则有效地透析出了这个要旨，他以“道德”为不可能也没有必要把它奉作金科玉律的哲学基础，而更经常以“伦理”为思考道德规范的学问。在他看来，“道德”只是那些道德家们为我们的行动建立起来的“障碍”，一种“特别的约定”。没有了这样的道德约定，我们可能会生活得更好些。他“以行动者为中心”对道德和道德要求的这一本质探究，可以说已经主导了近30年来当代西方的伦理学思维。他对康德主义和功利主义这两种互补性复合伦理制度价值困惑的凸显和缺陷的暴露进行了彻底的批判，明确地提出了历史语境的重要性和个人的独特性这两个思想。这些我们已经在前文多处提到过了。同时，这些也正是拒斥康德主义和功利主义这两大代表规则伦理学的关键。由此，威廉姆斯本人经常被认为是“反理论”的哲学家。但事实上，他一方面坚持道德哲学对道德无能为力，另一方面也强调，只要我们改变态度，就能够改变我们的生活。这或许是矛盾，但是并不尽然，或者说它更像一个悖论：拒绝道德和它的哲学论证并不意味对他人漠不关心，如果一个人同情他人，希望他人幸福，接受或者拒绝道德哲学，肯定不是举足轻重的影响因素。所以，我们看到他坚持反思道德的反思是输送了道德知识，然而终究还是希望道德哲学可以对人生有所帮助的。尽管他和麦金太尔等都反对伦理理论

① 方德志．德性复兴与道德教育——兼论亚里士多德的德性论对德性伦理复兴的启示要求．伦理学研究，2010，(3)．原文做“规则”，在此用“规范”。

化，一贯以来坚持道德判断和人类行为中的传统和境遇所占的重要性。然而和麦金太尔有所区别的一点是，威廉姆斯非常重视理论在指导人类行为中的无法更替的重要地位，他从根本上来说并不反感和排斥一切伦理理论。正如笔者在上文已述及的，威廉姆斯所不接受的只是那些从本质上扭曲了人类对生活的认识和理解的、没有什么本质内容的或者肤浅而抽象的规则伦理理论，以及排斥那些忽略人类的实际生活境遇而固执地去抽象地采纳道德原则的错误做法，因此我们明确并不能把威廉姆斯视为真正意义上的“反理论”主义者。这是尤其值得阐明的一点，即为威廉姆斯正名。

反观规则伦理学及其限度，进而德性伦理学的复兴，最早可追溯到安斯库姆发表的《现代道德哲学》一文，该文第一次站在德性伦理学的立场对密尔的功利主义和康德的义务论提出了批评。由伊丽莎白·安斯库姆发起，经过中坚的麦金太尔的美德追寻和新亚里士多德主义者赫斯特豪斯对德性伦理学的成功辩护，再到致力于建立完整的德性伦理评价体系的斯洛特，德性伦理学在拒斥规则伦理学的学理中逐步显示其完善的真实面目，与功利主义和康德主义（功利论或效果论）之间形成现代规范伦理学的三足鼎立的格局。而关于当代德性伦理学的总体特征，荷斯特豪斯有一个比较简要的阐述：“关于德性伦理学的一个共同信念是，它不告诉我们应该做什么。这个信念是纯粹在这样一个得到表达的假定中被表明的某种东西，即‘以行为主体为中心’而不是‘以行为为中心’的德性伦理学关注是（being）而不是做（doing），关注好（和坏）的品质而不是正当（和不正当）行为，关注‘我应该是什么类型的人’的问题而不是‘我应该做什么’的问题。”①这里笔者想说的是，威廉姆斯的学术兴趣尽管很广泛（包括早期希腊思想、知识论、心灵哲学、伦理学和政治哲学等），但针对德性论而言，他并不是一位体系建构者，或者说他不是一位系统哲学家：他的哲学并不涉及建构那种以一些明确地表达出来的根本原则为基础的说明结构或辩护结构。在德性伦理学复兴的过程中，简要归纳起来可分为三个阶段：一是提出反理论（anti-theory），主张伦理学的不可法典性，属于“破”的阶段；二是反思追问“我应该如何生活”，倡导德性品质对人之好生活的贡献力问题，属于“构”的阶段；三是建立德性伦理学的具体评价体系，走向以休谟为代表的 18 世纪英国道德情感主义的亲近，属于“立”的阶段。准确来讲，威廉姆斯处于第一个阶段。在声势浩大的反主流规则伦理学阵营中，威廉姆斯作为其中的一分子，起到了为主将安斯库姆和麦金泰尔充当左膀右臂的关键作用。话说到此，虽然他不是德性伦理学家，他只是支持某些德性伦理学的主张，但当他首先严肃思考道德运气问题，当他所提出的内在理由和实践必然性等这些概念及其随后引发的一系列争论扩展现代道德理论论域之时，他的哲学最为重要的便是要在一个广泛的文化和历史背景中来理解某些哲学思想、观点

① Hursthouse R. On Virtue Ethics. New York: Oxford Press, 1999：17.

和论证。在威廉姆斯那里，对现代道德的批评并不意味着完全抛弃伦理承诺，全盘否认人类生活需要依靠和珍惜的一切价值。威廉姆斯所要批评的是那种以责任、义务和自主的意志的概念为核心的现代道德体制，因为他认为那种道德观点忽视了伦理生活和伦理经验的复杂性，没有充分认识到特定的道德主张和伦理判断总是与历史条件和生活处境息息相关。概言之，威廉姆斯一生都在试图理解和揭示人类的伦理生活的复杂性和多样性，他认为和道德规则相符合的任何一个人的行为也许是经由种种区别的进路，如习惯，情感，理性，信念，直觉，对后果的预期，有关因果、来世、天堂、地狱的观念和对上帝的爱，以及上述进路的某种结合等，所以威廉姆斯始终希望人们通过对真理、真诚和个人生活的意义的思考来采取某种道德规范，最终寻求适合“我应该成为什么样的人”的合理的德性伦理形态，实现一种超越、一种自由、一种不被自己主观情欲所主宰的状态，用康德的话来说，就是“自己为自己立法”，就是剔除了经验成分的目的王国的成员，就是一种意志自律；用中国哲学家的话来说，就是一种“从心所欲而不逾矩”、“圣人应物而不累于物”的理想境界。显然，威廉姆斯对德性伦理学复兴的影响是不言而喻的。

第三节　率先重申伦理生活的本质和复杂性

一、我应该如何生活？——苏格拉底的问题

我们到底应该怎样生活？或者说我们究竟想要什么样的生活？一般来说，一个人的发型和着装及举止言谈等，在一定程度上就能够反映出这个人他对自己生活的态度和认定。然而，一个人究竟应该怎样生活？大部分人听到这个问题都会不以为然。的确，乍一听这好像确实不是一个什么问题，想必大部分人从来就没有真正停下来好好思考过这个问题，包括笔者本人大体也是如此，在进行本课题研究之前就真的没有认真考虑过这个问题。工作、学习、生活这三者密不可分，学习工作化，工作学习化，学习生活化，生活学习化，一个人的生活无非就是这其中的表现形式之一，从而这似乎也就是很简单的事情，没有什么问题可言。在某种程度上可以说，一些哲学问题似乎和我们的现实生活完全不沾边，再甚或有些人会像嘲笑泰勒士的那个婢女一样嘲笑这样的问题，继而对哲学学科和哲学人士用有色眼镜看待。因为在大多数人看来，类似这样的问题只有在哲学家那里才有提问和回答。事来则应，事过则往……这应该就是我们大部分人所谓的生活状态吧，对于“一个人究竟应该怎样生活”这个问题，有些人或许从来就没有引起过丝毫的注意，特意加以探讨和研究似乎就显得有些多此一举了。然而，一个人究竟应该怎样生活？威廉姆斯在他的代表作《哲学与伦理学的限度》一书中，一开始便引出了这个古老、传统而原始的苏格拉底的问题。在威廉姆斯看来，这并不是一个子虚乌有的问题，反而是一个从根本上来说关涉着我们每一个人的生活

的大问题。威廉姆斯通过和其他一些类似的问题加以分析和比较，指出和强调了这个问题的特性之处，即这个问题不是类似于对诸如“一个人应该怎么做”这样的问题的回答，这个问题本质上是一个严肃的问题，因为它需要发问者认真细致地思考和研究个人生活，它紧密相关着发问者对个人的认识和设定。此外，它并不引导发问者应该如何回答这个问题，也从未给出过任何相之对应的半点答案，唯独指向发问者自身才关乎这个问题的所有分析和回答，同时也唯独取决于发问者自身的回答。这是威廉姆斯指出的苏格拉底关于这个问题的另外一个特性。

在威廉姆斯看来，一个人究竟应该怎样生活？这应该是我们每一个人都应该去认真思考和面对的问题。而每一个人有着自己的一种独特的生活态度和生活方式，每一个人对生活的认识、理解和感悟及设定都是截然不同的，或者说，我们每一个人的幸福感也是不一样的。在某种程度上完全可以说，没有思考的回答实际上也是一种回答，因为即使某个人也许真的从来就没有好好地想过这个问题，但不曾想过就并不意味着没有作出回答。某个人也许就会像上文所述的那样进行回答，即事来则应，事过则往，走一步看一步，顺其自然；也有可能完全就是跟着别人屁股后面跑，别人做什么他也就跟着做什么，而对自己的生活几乎从来没有过思考，但是即使这样，其中也是反映了这个人对自己生活的一种认识和态度。威廉姆斯借用苏格拉底的这个老问题，其主旨在于告诫我们思考自己的生活：这到底是不是一种理性的生活？而不乏有人会肤浅地认为，哲学家所思考和研究的一些问题基本上和我们的现实生活没有太大关联，至少没有什么直接的关系。假若哲学家始终坚持认为某个问题非常关键，那么接下来很显然地就是应该告诉我们究竟如何去做。“那么是否还是在进行洗脑式的道德说教呢？”、“又要给出一套规范（规则）吗？”在不少人的心目中，哲学家一开口便是要给出我们一大串联的道德规则，其中告诉我们必须怎么做，要怎么去做。而实际上，对于这种洗脑式的道德教化，我们早已烦透了。“凭什么必须听你的呢？”、“就是单纯地为了我好吗？退一万步来说，就算真的对我会有很多有利之处，但是假若我压根就不想听，我死活就是不愿意接受那又能拿我怎么样呢？”、“我一贯以来就是非常地讨厌别人说教式地告诉我应该如何去做！”……那么，遇到这样的个性之人或者说面对这样的回应之时，我们的哲学伦理学家又应该如何应对呢？威廉姆斯在他的代表作《哲学与伦理学的限度》一书的第二章中重点阐述和论证道德的阿基米德点时指出，“即使存在合理的道德辩护，但是我们又能对非道德主义者（amoralists）的他如何解释和说明呢？的确，我们完全能够把这个合理的辩护正式地摆在他面前，然而我们又凭什么期待他就会接受这个所谓合理的辩护呢？或者说他究竟因为什么必须选择倾听呢？就非道德主义者的他而言，或者是对于更加理论性的他的那些朋友，一个令人惊恐的家伙在此书中完全可以被相对主义者们所定义或刻画，或者说就是一个很大的威胁，然而就是对于这样的人，我们的伦理生活究竟存在合理的哲学辩护与否，那到底又有多大的影响呢？”①

很显然，我们任何一个行为人必然能够坚守个人的立场而完全拒绝其他的一切道德说教，拒斥哲学伦理学家劝告或者要求我们该选择如何行为；尽管哲学伦理学家有着充分的理由坚信他们的建议确实有益于行为人，尽管他们的确是在考虑行为人的幸福美好的生活，而且他们的建议也很有可能千真万确地有益于行为人，但是他们始终不能通过这样的途径或方式践行自己的思想理论，因为上述的种种可能益处最终都不能成为他们撒播或种植思想于行为人身上的有力理由。就“一个行为人真的会受到一套规范的好处吗？”这个哲学伦理学家所给出的问题，在威廉姆斯看来，人人都有着自己独一无二的问题境遇，对于生活人人也都有着自己独一无二的规划，体现出人人对于自己独一无二的认识和规定。康德主义者和功利主义者的道德哲学是抽象的、宽泛的、肤浅的，他们一致严重脱离了行为人的问题境遇，这是威廉姆斯批判他们的一个共同缺失。每个人有着自己独一无二的思想性情，有着自己独一无二的基本生活规划，这些都由行为人独一无二的问题语境所决定，问题语境的千差万别影响和制约着行为人对不同生活的规划，这是威廉姆斯所认为的。同时，还有着“道德运气”这一实际概念的存在。忽略行为人的具体问题语境而脱离行为人的实际生活的道德规范就是抽象的、片面的、肤浅的。威廉姆斯明确指出，哲学伦理学家都是以一种回顾式的方式为他们各自的理论展开辩护的，关于这一点笔者在前面几章中都有所述及，即威廉姆斯通过阐释哲学伦理学家们那种回顾式的理论辩护，一方面透彻地批判了诸如康德主义和功利主义等这些不合理的道德规则，另一方面也表明了道德规范的形成和确立必然是一个不断发展和变化的动态过程，绝对不存在某一套一成不变的道德规范。

换言之，假若某一套道德规范没有反映和体现某个行为人的思想意愿，也没有结合这某个行为人的具体问题语境加以考虑，而我们还是要求这个行为人接受这某一套道德规范，那么接下来似乎就只有依靠强加或者强迫了？然而，我们中的任何一个行为人认识和接受某一套道德规范的过程必然不是强加或者强迫。在上文多处我们已经述及这一点，即在威廉姆斯看来，道德规范从本质上或者说从根本上来说绝对不应该是强加或者强迫于行为人意志之上的。在这里最想要说明的一点是，拒斥那些没有紧密结合行为人具体问题语境加以考虑的道德规范，并不是不领情于哲学伦理学家对于我们现实生活的关注和研究，也不是完全否定或者不认同众多哲学伦理学家的工作，而只是反映了一个完全不同的时代背景，关注和强调人的时代性便是威廉姆斯其中一个基本而重要的思想。“现在的我们已经不是在苏格拉底的条件下了，这是我们不应该忘记的一点。同时对于苏格拉底和柏拉图来说，沉思性是哲学的一个最大特征，以及为了定义和批判我们日常实践和理论所涉及的态度，从而远离我们的日常实践和理论也是哲学的一个特征，这

① Williams B. Ethics and the Limits of Philosophy. London: Fontana Press，1985：22.

是需要阐明的一点。然而，如此普遍性地具有沉思性和说服力是我们现代生活的一个写照，如此高度自我意识的基本建构，以至于不能够那么容易地把沉思性等这些品性和其他的一些活动区别开来，例如暂且不谈需要意识到自己完全是虚构性的甚至是作为比较流行的一种小说，但不得不意识到自己是社会法律的一种创造物，同时愈发意识到自己也作为商业、医疗、应用科学等理解的一种物品。而哲学在我们的现代世界中对于沉思性不能作出丝毫的声称，尽管现代世界中的哲学对沉思性还可以有其他一些特别的使用。"[①]这是威廉姆斯在《哲学与伦理学的限度》一书的开始部分中所指出的。总的来说，现代语境普遍肯定和尊重个人的个性、价值、选择，某一套行为规范完全可以由我们每个人独立自主地选择，从而赤裸裸的强加在这里似乎就不存在了，不过仅仅只是特指选择之时，难道这就是一种理性的生活吗？这是威廉姆斯提醒我们应反思的。

那么，一个人究竟应该怎样才算理性的生活呢？很显然，结合上文分析答案必然是，我们任何一个人具体分析自己的个人问题境遇，从而在具体的实践生活中加以清明和规划自己，继而实施规划直至最后实现自我。哲学伦理学家不能够具体地给出某一套行为规则，或者说绝对不可能在并不了解我们的问题境遇之时就武断地建议或告诉我们必须如何去做，威廉姆斯反复强调和阐明这一点。退而言之，尽管那些基于对我们具有一定的了解和认识的基础上的建议很有可能对我们来说确实是有利无害的，但是就算如此，假若作为行为人的我们始终无法或者说没有认识到这一点，那么所有一切建议都是毫无意义和价值的。建议或者告知我们应该如何选择行动，必然不是要把某个人的想法强加于其他人身上，我们任何一个人对自己的认知和规定是一个自然和自觉的过程，从根本上来说如何行动是行为人对自己的认知从而加以规划个人的过程，最终的取决还是在于行为人对自己的一种认知。这是我们需要特别明确的一点。而针对威廉姆斯没有给出什么实质性的东西这一点"非也"批判问题，为何非要其他人制订某套行为规范？为何非要其他人告诉自己该如何行为？为何要告诉某个人该如何行为？究竟是否能够做得到？其他人会接受吗？是否在这之前行为人就一无所知吗？……都是威廉姆斯所指出的。并且对于一切类似的问题，如当哲学伦理学家给出我们某一套道德行为规范时，当任何某个行为人认可和接受某一套道德规范之时，我们必须清楚和谨记上面的一连串问题，并随时认真思考和细致审视自己的回答，这也是威廉姆斯在《哲学与伦理学的限度》一书开篇就已经指出的："在本书开始之初需要阐明两点。一是尤其需要作者本人清楚记住的，即当这些问题仍然处于论争之中，如果它是值得我们认真注意和思考的一本特别抽象的、富有争议性的著作，那么这个作者他该做出了多么大的声称。"[②]其中的意思也就是说，针对哲学伦理学家所

---

① Williams B. Ethics and the Limits of Philosophy. London: Fontana Press，1985：2-3.

② Williams B. Ethics and the Limits of Philosophy. London: Fontana Press，1985：1.

给出的某一套行为规则，我们任何一个行为人应该或者说必须加以思索和分析它与自己的实际情况是否相切合，究竟是否真的适用于自己。“另一点是告诉广大读者的，即对于这个问题我们的哲学伦理学如果真的能够作出回答，那么这必然是一件非常严肃和麻烦的事情。不仅仅只是在大学里研究这样的一门学科，还有围绕这个问题具有大量专门而系统的文献的一个研究对象，能够对于我们任何某个人所承认的生活的基本问题给出解答？无法理解和明白如何真的就能够给出解答。除非和苏格拉底所相信的一样，那就是读者个人会把这个答案视为他自己个人本来就会给出的那个答案。”①

二、对伦理生活复杂性的重申

由前面几章和本章开头所述，传统社会衍生出的康德主义和功利主义这两条交叠互补的伦理规范路线，曾是检验人们行为的伦理依据。实际上，以康德主义和功利主义这两大规范理论为核心的现代道德哲学已经把古希腊人提出的“我应该如何生活”的问题转变为“一个人要服从什么道德规则”的问题。而威廉姆斯对康德主义和功利主义的质疑，正是与他对每一个个体那里所体现出来的人类生活的本质、意义和复杂性的认识相联系的，也正是这种认识构成了他批评这两种理论的基础。在《哲学与伦理学的限度》中，威廉姆斯已经表明，我们不可能从一个外在的“阿基米德式”的起点来为“我应该如何生活”这个问题寻求一个系统化的答案，或者一种被称为“伦理理论”的东西。康德主义和功利主义这两大规范伦理学理论无法对这个问题提供一个可接受的解答。因为在他看来，伦理生活的本质和复杂性并不允许我们从任何一个单一的观点来理解和处理我们日常的伦理经验，或者说，没有任何的道德规则或伦理原则能够为探究“一个人应该如何生活”的问题提供指南。这个苏格拉底式的问题既然是（而且必须是）从第一人称的观点提出来的，那么它就取决于我在世界中的处境和我对生活的理解和体验，它就要求一种自我反思，但这种反思乃是来自一个人所特有的观点，而不是来自西季威克所说的那个“宇宙的观点”。一个人所特有的观点就是因为他在世界中所占据的独特位置和他所具有的独特体验而具有的观点。因此，这样一个观点本质上是不能用一个普遍的观点或者任何其他人的观点来取代的。在他的著作中，他已经反复论证说，当我们有可能能够在自然科学领域中对实在获得一个“绝对的”概念的时候，②在伦理生活的世界中我们不可能达到这样一个概念，因为我们并没有任何一个“自然而然的”、独立于任何人类观点的“伦理实在”在那里引导

① Williams B. Ethics and the Limits of Philosophy. London: Fontana Press，1985：2.

② 在后来已经摆脱了那种单纯的语言分析方法的元伦理学领域中，威廉姆斯作出的一个主要贡献，就是表明在道德领域中我们不可能取得我们有可能在自然科学领域中所取得的那种客观性。自然科学旨在对实在获得一个“绝对的”的概念，也就是说，对物理世界本身获得一种不依赖于人类所特有的观点和旨趣的认知和理解。当然，这并不意味着他将否认“客观性”的概念在伦理生活领域中是有其地位的。

我们的伦理研究，“伦理生活必定存在于人们的倾向中，而正是这些倾向中的内容在不同的社会中造成了分歧，在对现代社会的不同解释中产生了争执”[①]。并非所有的道德话语在任何地方都总是有着同样的预设、同样的社会语境和同样的文化含义。在伦理生活世界中，只有当一个人自觉地接受了一个伦理生活的必要性，从他自己的观点来真实地和诚实地审视他自己的行为、选择和决定，我们才有可能在每个人都在追求一个有意义、有价值的生活的同时把一个和谐宽松的伦理共同体建构出来。为此，除了思考苏格拉底的这个老问题，威廉姆斯进一步试图利用内在理由和实践必然性的概念强化了他的这一观点：伦理生活必须是以一个人的第一人称观点来过的生活，而人类伦理生活的本来面目和复杂性是不容曲解和低估的。

在《内在理由与外在理由》一文中，[②]威廉姆斯对“行动的理由”提出了独到而深刻的论述。在他看来，一个“行动的理由”概念至少必须满足我们的两个基本直观。其一，它必须在对那个行动的正确说明和阐释中发挥有效的作用和效果。假若行动者正确地加以慎思，那么其中这个行动的理由应该或者说必须是他能够认识到或者能够具有认知接近的东西，而且，他在恰当的条件下采取行动的那个动机也必须由那个理由所构成。其二，那个行动也能够或者说必须由那个行动的理由提供些许理性支持，即使那个行动的理由所提供的支持分量没有起到决定性的影响和作用。假若行动者的行动还没有被某个理由以某种方式合理化，由此我们便不能够说行动者是因为那个理由而作出选择行为。威廉姆斯从第一个直观中推断说，某个要视为一个行动理由的东西必须想方设法、紧密关联被他称为“行动者的主观动机集合”（agent’s subjective motivational set）的那种东西。就展示了行动者的承诺这一点来说，如评价的倾向、情感反映模式和个人忠诚，以及种种生活计划这样的东西等都应该涵盖于这样一个动机之中。[③]这是威廉姆斯表达的观点。简而言之，任何一个行动者在他的生活中真正非常在乎和关心的东西就体现了他的主观动机集合。当我们对某个人说“他有理由做某件事情”之时，或者说他真正拥有理由做那件事情之时，那是唯有当他能够通过实践慎思把他的主观动机集合和我们赋予他的那个理由联系起来的时候。这是威廉姆斯所进一步认为的。所谓“内在的理由”，威廉姆斯指的就是这种能够与行动者的主观动机集合发生慎思联系的理由；如果一个行动者通过实践慎思无论如何都不能把人们赋予他的一个所谓的“行动理由”与他的主观动机集合，那么这个理由对他来说就是“外在的”。据此，威廉姆斯提出了一个大胆的见解：“行动的唯一的合理性就是内在理由的合理性。”显然，这个见解很容易激起批判——难道仅仅因为一个人无论如何都无法把道德理由与他的主观集合联系起来我们就说他没有理由服从道德要

① Williams B. Ethics and the Limits of Philosophy. London: Fontana Press，1985：201.

② 《内在理由与外在理由》在前面几章中已有述及，这里展开探讨主要是为阐明威廉姆斯对伦理生活的复杂性问题，详见：伯纳德·威廉姆斯．道德运气，徐向东译，上海：上海译文出版社，2007：144-161.

③ Williams B. Moral Luck. Cambridge:Cambridge University Press，1981：105.

求吗？类似的质疑引发了“是否确实存在着‘外在的’行动理由”这个进一步的问题。限于篇幅，这里只能简要地指出威廉姆斯提出“内在理由”这个概念，其最根本的目的在于批判理性主义的道德哲学，尤其是那种抽象化和系统化的道德理论，从而表明现代道德哲学在什么意义上没有真实地面对我们的伦理经验。具体点说，威廉姆斯想要表明，道德理由的可应用性，不像道德理性主义者所设想的那样，仍然是取决于道德行动者的实际动机，只是对那些具有正确动机的人才适用，也即不论是道德理由还是道德动机都不是无条件的，而是它们的有效性取决于行动者的实际处境和心理状态。同时，威廉姆斯大致同意道德是社会稳定剂的说法，但他利用“内在理由”这个概念还阐明了，一个人完全有可能拒绝道德的语言和实践，而不沦为非理性的人。比如，他或她照样可以演绎数学，照样可以用逻辑来思考问题，照样可以有条不紊地来安排他或她的未来。换言之，我们通常归纳在理性名下，或因理性而联想到的东西，一个人并不因为拒绝道德而有所缺失。他或她可能同样懂得道德语言，只是否定道德语言及其被认为是由它所传达的理念，对个人的行为选择具有强制作用。所以说，拒绝道德语言，并不必然意味着此人是一个不道德的人，是“个人主义者”（egoist）或者“自私自利”（selfish）。如果我们想要强制性地对行动者（当事人）施加道德责备，那么那种确实存在的外在主义只是把我们置于道德说教的状态。[①]

针对实践必然性[②]这一观点，威廉姆斯认为“康德主义要求行动者必须运用他应该如何做的观念操作自己个人，所以很自然地就用他的那种很异乎寻常的方式成为一个索福克勒斯式的英雄”[③]。然而他所主张的却是埃阿斯[④]自杀之前所说的“现在我要去我的行为处事方式要求我去的那个地方”这句话中所分明体现出来的实践必然性。威廉姆斯指出，所有康德主义姑且认定的那种特别的关系并不存在于道德义务和“应当”这两者之间。不同的语境中“应当”这个词有着不同的含义，如它可以表示一种深谋远虑、或者一种道德感受、或者某种事态是有所期望价值的、再甚或一种可能性等。就算不曾出现道德义务的问题，但我们在有些情况中也会追问“我应当做什么”的问题。或者用他自己的话来说，我们每个人都有自己的“根本计划”（ground projects）——这种计划是“根本的”，是因为若没

① 事实上，威廉姆斯对道德说教的厌恶是与近年来世界各国寻求以自主、尊重、不伤害等理念为核心内容的道德权利意识的发展这一背景相呼应的，他的哲学努力不断彰显个体决策空间在道德上是不可随意侵犯这一重要的权利意识，时刻透露出伦理学作为研究人生存意义本质的一门学科，对于个体有权利选择如何过好生活的深切关怀。作为一个哲学家，他使西方传统的道德说教彻底转向人们的大众生活。Williams B. Making Sense of Humanity.Cambridge:Cambridge University Press，2004：44.

② 伯纳德·威廉姆斯．道德运气．徐向东译．上海：上海译文出版社，2007：176-185.

③ 所谓索福克勒斯式的英雄，指一个很善于抓住实践必然性，并特立独行的人。

④ 埃阿斯，亦称大埃阿斯（古希腊文：Aías），希腊神话人物忒拉蒙之子，阿基里斯的堂兄弟。特洛伊战争中，希腊联合远征军主将之一，作战勇猛。埃阿斯在特洛伊陷落后，因为丢失了阿基里斯的铠甲，陷于疯狂而自杀身亡，没有回到自己的祖国。

有这种计划，一个人就会觉得自己的生活丧失了意义。但是，“某个一般的‘应当’被康德使用一种无法修复的方式引入了”，任何一个理性存在者的实践理性是这个“应当”的存在地，也即这个“应当”是这样要求理性行为者的行动动机的：“假若 A 做他应该做的事情，那么一方面他做 X 必须有意地，另一方面他做 X 必须是由于一个特定的动机而来，即从‘他做 X 是根据他应该做 X 的这个思想而来的。”威廉姆斯则认为根本不存在这样一个可以从具体的境遇中抽象出来的，一般意义上的具有统一的语言结构的“应当”。这一点在上文已经提及，也就是我们所说的“应当”意味着“能够”。加以展开讨论的话，也就是既然实践意义上的“应当”意蕴的是某个行动者在归纳分析自己个人的根本计划、自己个人所处的环境，以及动机与约束的情况之下所形成的一种认识。由此，道德约束的分析肯定也是其中的一个方面，道德理由对具体情景中的行为者所提出的约束和要求，顺理成章地出于行为者所慎思的一切约束和要求之中。

而谈到道德必然性与义务的关系时，威廉姆斯也认为，道德必然性这个词只有和行为者的品格①、行动相联系时才有它特定的意义，而在这个意义上所发生的所有严肃的例子也还是属于道德必然性的，与义务没有什么特别的关系。也就是说不存在一种和行为者的品格，以及他的可能性的行为相脱离的、完全出自道德律自身的必然性的行为，实践慎思中的具有必然性的道德行为也应该是某个具有特定品格的行动者，对于所有可选择的行为经过慎思后所采取的道德的行为。即使这个行为蕴含着道德的必然性，我们也不能把这个行为看成是义务的行为。在一种真正的实践必然性的慎思中，在我对自己的可能行为的慎思中，必然有一些方面是不能被我的慎思所包含的，而有一些虽然可以被我考虑，甚至对我来说有着极端的重要性，但是却因为各种原因而最终不能成为我的选择。当我在我的慎思中断言我不可能做某个行为时，我认识到了自己的某种无能，这种无能可以被广泛地称为“品格的无能”（incapacities of character），而行动者正是在对自己所能够做的事情的慎思中，发现限制及自己的无能，从而发现自己的品格的。也即这个实践必然性完全是个人的，因为个人的无能既为自己的品格带来了限制，同时也通过这种限制为品格的形成提供了条件，从而这种无能就部分地成为了自己品格的本质。所以，当行动者在一个实践推论的语境中具体把握自己所处的环境（乃至整个世界的状况）时，他必然地对自己的能力与无能有一个理解，当他断言“我必须做某件事情”时，他达到了一种对自我的发现。这才是威廉姆斯所赞同的实践必然性的本质。

由此可知，我们所生活的世界是这样一个世界：在这个世界中，最重要的东

---

① 一个特定的个体具有他自己的一套欲望和关注，或者就像威廉姆斯经常所说的那样，每个人具有他自己的生活（根本）计划，而那些计划有助于构成一个品格。而品格的差别为个体不是相互可以取代的这个思想提供了实质。伯纳德·威廉姆斯．道德运气．徐向东译．上海：上海译文出版社，2007：7-22.

西并不处于理性的控制下，甚至并不处于人类的控制下，而是，我们的生活在各个层面上都受到了情感、境遇和运气的影响。所以，当理性主义的道德哲学家把理性提升到最高的地位，用一个纯粹的理性意志来作为伦理生活的支柱时，他们就忽略了人类价值的多样性和异质性这么一个不可避免的事实，并错误地认为道德价值是不受运气支配的。也许只有在威廉姆斯对人类生活和人类处境的这一理解的背景下，我们才能恰当地理解他的备受争议的“内在理由”学说，以及他对道德运气和实践必然性等概念的观点。实际上，在威廉姆斯的思想中有一个正面的东西，那就是对行动的动机和理由的本质的思考，这个东西几乎贯穿了他的整个伦理思维，并成为我们理解他的思想的中心线索。他所做的一切也就是要把伦理生活的本来面目及其在人类生活中的地位向我们揭示出来，抵制任何简单化的理论倾向，并在这项工作中把哲学或者哲学反思本身的限度展示出来。用他自己的话来说，每个人都有一个生活要过，而这个事实就规定了什么东西对于我们的生活来说是重要的。在这个意义上，凡是使我们能够过一个可以被合理地认为是有意义的生活的东西都是伦理上重要的东西。因此，从“每个人都有一个生活要过”这个事实中，我们就可以发现什么东西是一个人为了过一种有意义的生活而需要和希望的东西。[①]换言之，威廉姆斯认为人遵守伦理规范，动机纯然则是出于自然，是大多数的人天性使然而已。假如有人缺乏这样的道德本能，那么很显然哲学对他也是无能为力的。哲学论证并不能将道德移植到他心中，表明他必须要做道德人。哲学所能做得最好的事情，由是观之，就是向先已具有道德要求的人作出解释，告诉他们这些要求的来龙去脉。

① Williams B. Morality: An Introduction to Ethics. Cambridge:Cambridge University Press，1972：95.

第六章　走出现代规范伦理学的困境

前五章，我们以威廉姆斯对康德主义和功利主义这两大代表性现代规范伦理学的批判为主线，详尽地分析威廉姆斯对“道德运气”这一概念的洞明，深入讨论威廉姆斯对伦理生活的本质和复杂性的阐释，指出威廉姆斯对西方当代德性伦理学复兴的影响，考查威廉姆斯给伦理学运思带来的启发，试图对威廉姆斯的伦理思想进行专门系统的研究。然而，尽管我们的讨论是从威廉姆斯伦理思想研究的文本开始的，但实际上，我们的思考范围已经不仅仅停留于此。在回答“威廉姆斯对现代规范伦理学的‘颠破’”基础之上，我们其实同时也对威廉姆斯所做的工作与当代西方德性伦理学的复兴过程进行了某种“衔接”解读，以将当代西方德性伦理学的复兴推向一个更为明晰化的理论高度，对规范伦理学的正确发展之路探寻提供了有益的启发。因此，与其说本课题是一种完全关于威廉姆斯个人伦理思想研究的文本解读，不如说是尝试着以威廉姆斯对现代规范伦理学的批判为基础，就当代西方德性伦理学的复兴和规范伦理学的发展之路提出些许观点。在书稿行将结束之际，我们将简要地展示这一思路。话说到此，实际上在现代伦理学领域，德性伦理学至今已经成为与康德主义和功利主义这两大主要类型的现代规范伦理学鼎足而立的思想主流之一。德性伦理学在当代复兴的核心问题便是基于规则的伦理学与基于德性的伦理学的地位的争论，其实质也就是关于规则与德性之关系的争论。奠基于前五章的论述，本章通过进一步分析认为，德性伦理与规则伦理应该是相互协作理解和检审道德生活的，德性伦理学与康德主义、功利主义三足并举才是现代规范伦理学的正确发展之路。

第一节　规则：康德主义和功利主义的理性狂妄

伦理学人都知道，近代以来居主导地位的道德哲学曾一直表现为规范伦理学的两种形式：功利（结果）主义和康德主义。[①]这一点我们在前文已经谈到过。它们关注的是正当行为的最终标准问题，它们之间的差异很小。伊丽莎白・安斯库姆在 1958 年发表的作为当代德性伦理学复兴标志的《现代道德哲学》一文指出：

---

① Smith A. The Theory of Moral Sentiments，See Editorial Introduction by Kund Haakonssen. Cambridge：Cambridge University Press，2002：vii.

“从西季威克直到现在，道德哲学领域负有盛名的作家之间几乎没有什么差异。”① 丹尼尔·斯塔特曼（Daniel Statman）认为，这些理论有着共同的主张：“所有人都受到某些普遍义务的束缚（义务论的义务优先于某种善概念，结果/功利主义的义务来源于某种善概念）；道德推理（moral reasoning）不过是对原则、准则或规则的运用；德性的价值来源于正当或善概念。”②它们通过“正当性（rightness）”和“不正当性（wrongness）”两个评价术语来对行为符合规范与否进行道德评价/判断。一个行为/行动若符合既定的规范则在道德上就是“正当的（right）”，反之就是“不正当的（wrong）”。它们主要讨论的就是基于行为与规则之间的评价关系，行为与规则之间的一致性或不一致性恰恰构成了道德评价的根据。它们的共同特征则是以道德义务或者道德规则为核心，通过道德规则来规范人们的道德行为，只不过它们的道德规则的合法性基础不一样，康德主义的道德规则的合法性是基于一种普遍的实践理性，而功利主义的道德规则的基础在于善的最大化。简言之，无论是讲究效果的功利主义，还是提倡非目的的康德式的义务论，它们都在努力按照完美而狂妄的理性之客观化逻辑融合不同的道德规则，力图把道德建构为一种刚硬、普世的律法式规则，使之成为连贯一致的体系，借以建立一套可运用于整个社会的普遍性规则。深论之，其中的“规则”都是建立在各自抽象的人性论假定之上的，再由假定的人性论推出某种“规则”，然后对行为是否符合该规则进行正确性或错误性的（道德）评价，体现出一种“前后一贯性”认知原则。③

在当代社会中，上述以规则为核心的伦理思想占据着主导地位，这种规则的制订则来自于启蒙运动中理性的绝对统治地位的确立。这一点在前文中我们也已经谈到过，即康德认为，人是一个有理性的存在者，只有理性才能决定人之为人和人的道德价值，只有从人的理性出发，承认人是理性的存在者，才能为道德寻找到真正的根据。而从功利主义的角度来看，任何行为都要以功效来评价，那么就必然要求对行为的后果有清楚的认识和预见，即重视理性的判断力和明智的计算，把理性作为实现功效最大化的工具。④它们力求使道德判断摆脱一切经验的、偶然的、外在因素的影响，只受绝对理性的支配。功利主义也好，康德主义也好，都与人的心理没有关系，与行为主体的过去和未来无关，与人类行为者的偏好或欲望无关，都是“徒见规，不见人”。这种规则伦理学在行为引导上的结果则是，使人要么因外物（功效）而活，要么为规则（责任）而活，其出发点和落脚点无非只是为行动建立规则。根据规则伦理学的逻辑，道德之于人的意义就在于遵守

① Anscombe G E M. Modern moral philosoPhy. Philosophy，1958，33（124）：1.

② Statman D. Introduction to virtue ethics. // Statman D. Virtue Ethics. Edinburgh University Press，1997：3.

③ 方德志 . 德性复兴与道德教育——兼论亚里士多德的德性论对德性伦理复兴的启示要求 . 伦理学研究，2010，(3)：63-68.

④ 杨豹 . 探寻理论化的德性伦理思想的复兴之路 . 道德与文明，2011，(2)：68-75.

规则，因为规则承载着道德的价值。从另一角度来讲，道德的价值被附着在形式的规则之上，而规则总是以一种静态的、非连续性的方式存在，由此，道德价值就成了一种非连续的静态价值，道德价值的载体也就非人化了。[①] 也即那种理性的狂妄使得只以规则的方式提供对行为的一般指导，而未曾看到运行这些行为、拥有这些动机、遵从这些原则的主体或行为者，特殊的语境、历史和个人都没有出现，失去了对主体的关切。在麦金太尔看来，进入近代以来，由于对亚里士多德哲学的摒弃，道德的建设演变成对道德规则的论证，其结果是道德只意味着对规则的服从，即成为所谓的“规则的道德”。显然，这种规则化的道德带有将道德工具化的倾向。那么，只是根据狂妄完美的理性而简单地为行动建立规则，如此缺失与疏离主体而抽象干枯的学说，究竟如何以此来对待人呢？“借用图尔阂的表达说，在原则的暴政下，人消失了。按照功利（结果）主义和康德主义（义务论）的看法来生活，意味着只关心原则、规则和义务，而不是真实的人”[②]。在这种情况下，德性伦理学应运而生了。

第二节　德性：回归古典伦理学主张的强劲未来

上文所提由安斯库姆发表的《现代道德哲学》一文发起对现代道德哲学的猛烈抨击，随后便开始了对康德主义和功利主义彻底的批判，挑战冰冷、完美而狂妄的理性的绝对权威，颠覆传统道德哲学中过分关注规则的统治地位，这便构成了追寻德性的起点。实际上，德性伦理虽然古已有之，但在近代曾被忽视了多年。作为对古典德性伦理的复兴，安斯库姆的工作代表了当代道德理论的最新进展。何谓德性？依威廉姆斯所指出：“德性是一种关于行动、欲求和感受的内在化倾向／秉性。但它是一种理智倾向／秉性。它涉及行为者对判断或者实践理性（practical reason）的运用，因而它不仅仅是一种习惯。”[③] 或者，按江畅先生所说：“德性是人运用理智或智慧根据其谋求生存得更好的本性的根本要求，并以生存得更好为指向培育的，以心理定势对人的活动发生作用，并使人的活动及其主体成为善的善品质，即道德的品质。”[④] 换言之，德性伦理以德性为核心，规范伦理围绕规则打转。规则伦理学关注可普遍化的规则，德性伦理学关注人的美德和幸福生活。规则伦理学将建立道德规则视为宗旨，他们认为那些规则能够为人们的道德行为提供理性指导，然而，在现实生活中，“那些拥有复杂规则的道德哲学家在

---

① 刘丙元．从规范到德性：当代道德教育哲学的本真回归．理论导刊，2010，（1）：34-42.
② Statman D. Introduction to virtue ethics // Statman D. Virtue Ethics. Edinburgh University Press，1997：7.
③ Williams B. Ethics and the Limits of Philosophy. London: Fontana Press，1985：36.
④ 江畅．德性论．北京：人民出版社，2011：30-31.

解决实际问题上，并不比医生、警察及其他职业者更为高明”①。在德性伦理学家看来，规则伦理把人的道德行为规约为道德规则，这是对于人类道德生活的简单化、机械化的理解，而正确的应该是坚持更多地用道德情感和社会的传统来追求道德行为的价值。因为一个人为解决困境而给出的建议是否合理，最终取决于其道德品格而不是规则体系。若某人已经具备了高尚的道德品格，并且敏锐而富有同情心，那么他必定会作出正确的行为，而无需规则的指导和帮助。规则对于道德上正确的行动既不充分也不必要。德性伦理所作出的种种探索，则都力在证明道德的根基就是人本身。正如皮彻姆所说：“在道德生活中，人们考虑最多的，常常不是不断地固守原则或规条，而是更倾向于可信的品性、善良的道德感和依据真实的感情行事。”②在德性伦理学那里，道德的根据又重新回到了行为主体。它的崛起，说明了道德不只是公共的规则，而是包括了个体或团体自愿接受的道德品性与道德理想及源自个人的道德情感等。

具体而言，如前文我们所提到的，自麦金泰尔《追寻德性》的出版，一批回到古希腊德性论的著作接连推出，反主流规则伦理学（拒斥康德主义和功利主义）声势浩大，德性伦理学异军突起，从而演化为一场名副其实的“德性伦理学运动”，整个复兴运动阵营中展现了一批星级大腕。其中，较早期的有伊丽莎白·安斯克姆、费丽帕·福德，扛鼎的有阿拉斯代尔·麦金太尔、玛莎·努斯鲍姆，相呼应的有伯纳德·威廉姆斯、约翰·麦克多维尔和迈克尔·斯洛特，后起之秀有罗莎琳德·荷斯特豪斯及朱丽叶·安那斯等。拿威廉姆斯来说，他认为理性是情感和欲望的仆人，他强调情感和欲望等非理性因素在道德中的重要性，他对直觉、情感、欲望等非理性在引导人们获得道德价值方面有信心。在这一点上，威廉姆斯和休谟的立场是相当接近的，他把道德行为看成源自人的意志和情感的行为，理性在道德领域也有自我限制性。针对康德主义和功利主义理性狂妄的错觉，威廉姆斯崇尚反思和直觉主义的方法。他曾问道：有没有道德哲学的阿基米德基点？他认为那是不存在的。他“诋毁人类事物中哲学理性的志向，反复强调非理性情感的重要性”③，寄希望于“反思”（reflection）——一种思考方式，能够鼓励人们采取合乎人性的规范，即通过对真理、真诚和个人生活的意义的思考，来采取某种道德规范。同时，他指出，“我们所需要的批判都来自直觉的彻底批判。他自称为方法论上的直觉主义者，并坚持认为正确地反对缺乏批判性的保守主义能够通过方法论的直觉主义本身来表现”④。伦理史上著名的“苏格拉底的问题”（Socrate's question），⑤涉及的就绝不是一件普通的小事，而是

① Statman D. Introduction to virtue ethics // Statman D. Virtue Ethics. Edinburgh University Press，1997：6.

② Beauchamp T. Principle of Biomedical Ethics（5th ed）. New York: Oxford Press，2001：26.

③ 玛莎·纳斯鲍姆，悲剧与正义——纪念伯纳德·威廉姆斯．唐文明译．世界哲学，2007，（4）：22-32.

④ Williams B. In Making Sense of Humanity. Cambridge:Cambridge University Press，1977：183.

⑤ Williams B. Ethics and the Limits of Philosophy. London: Fontana Press，1985：1-21.

我们应当如何生活的一个大问题，原因正如苏格拉底说过的那个意思，即未经省察的生活，对人来说是没有意义的。这个问题表明了人希望通过一种典型的哲学理解，用一般的、抽象的、理性的反思来指导自身的生活。①作为研究人生幸福/兴盛的学问，伦理学的主要工作不在于建立规则而在于生活本身，在于人本身。或者说，伦理学就是好的生活的学说：对人类本身而言，“好的生活”的条件——正当的生活是什么，人类之所以成为人类的生活方式是什么。而从康德主义和功利主义来看，其最大多数人的最大利益也好，绝对命令也好，都是具有普遍性的规则，但这一普遍性规则陷入了理论的规范化误区，根本上就无法具有强大的力量指导实践，无从告诉我们如何更好地行动和生活。一言以蔽之，正如以威廉姆斯所倡导的，以现实生活重构德性的探讨，在当前的影响如日中天，体现着回归古典伦理主张的强劲未来。

第三节　鼎足而立：规范伦理学的正确发展之路

综上所述，对康德主义和功利主义的拒斥是德性伦理学复兴的契机，是德性伦理学人的一致所向。实际上，当代德性伦理学也就是通过批评规则伦理学而兴起的。概言之，还是我们在前文中已经讨论过的，德性伦理学拒斥规则伦理学的关键在于：它要立足于“行为者”而不仅仅是行为来对规则（或道德）伦理学作一个德性论的“还原”，它要把行为者看作是一个统一的人性整体，从而给行为评价提供前道德的评价依据。反之，规则伦理学是从某种抽象的人性论前提出发致力于规约行为的正确与否，由此忽视了作为一个整体的行为者自身。或者反过来说，规则伦理学关于行为的道德评价中的行为反映的仅仅是某种抽象的人性侧面，而不是行为者全部。②德性伦理学的总体特征则表现为：“它更多地是以行为者为中心而不是以行为为中心；它更多地关注‘是什么’而非‘做什么’；它更多地追问‘我应当成为怎样的人’而不是‘我应当采取怎样的行动’；它更多地采用特定的德性论概念（如好、优秀、美德）而不是义务论概念（如正当、义务、职责）；它反对将伦理学化归为某些提供特定行为指导的规则或原理。”③当然，也有

---

① 对伦理生活的本质和复杂性的阐释，威廉姆斯试图利用内在理由和实践必然性的概念强化：伦理生活必须是从一个人第一人称的观点来过的生活，而人类伦理生活的本来面目和复杂性是不容曲解和低估的。我们所生活的世界中最重要的东西并不处于理性的控制下，甚至并不处于人类的控制下，而是我们的生活在各个层面上都受到了情感、境遇和运气的影响。所以，当理性主义的道德哲学家把理性提升到最高的地位，用一个纯粹的理性意志来作为伦理生活的支柱时，他们就忽略了人类价值的多样性和异质性这么一个不可避免的事实，并错误地认为道德价值是不受运气支配的。详见：〔英〕伯纳德·威廉姆斯，道德运气．徐向东译．上海：上海译文出版社，2007：144-161，176-185.

② 方德志．德性复兴与道德教育——兼论亚里士多德的德性论对德性伦理复兴的启示要求．伦理学研究，2010（3）：63-68.

③ Hursthouse R. On Virtue Ethics. New York: Oxford Press, 1999：25.

批评德性伦理天真幼稚的声音，如认为它在某些解释方面是不够完整的；它无法充分地解决在应用伦理学中出现的悖论，如堕胎问题；它不提供一个需要禁止的行为的细化列表，而是聚焦于一个好人的一般观念，对特殊的事实却几无言说，尤其在复杂的境况中不能为行动者提供行为指导，更甚至于为了解决理性的狂妄而很有可能造成非道德主义。然而，德性伦理学或结果主义抑或义务论等在当代社会中都是不可以单独涵盖人类生活的方方面面的。现实的出路，不能为德性伦理寻找其实践依据，也不能为规则伦理辩护，而只能是客观地评价两者的功能，依托不同的生活领域，界定两种类型伦理学所应关涉的范围。只是，德性伦理学作为一种规范伦理学①，它的研究摆脱了唯科学的理性主义的束缚，走出了“唯科学”的误区，回归到丰富多彩的“生活世界”中来，由此从某种意义上来说，它显得比规则伦理学所显露的那种律法气质更为优雅和从容，但同时它又并不能撇开规则伦理学而独自撑起规范伦理学体系，它只能是规范伦理学的一个必要的组成部分。因为健全的规范伦理学体系的功能及其功能实现的方式应当是多元的。它不仅要有规约功能、行为的道德评价功能，还要有教化功能、道德主体的自我完善功能等。其中，规约功能是德性伦理学与规则伦理学都具有的，不过它们履行这一功能的方式不同，德性伦理学主要是通过道德主体的自我完善来实现，而规则伦理学则主要是通过道德规则对道德主体产生的道德要求来实现。②所以只能这么说，就道德地位高低而言，德性伦理高于规则伦理；但就道德建设次序而言，规则伦理则先于德性伦理。这也是由于文化传统的多样性及不可通约性，自然就不可能为世界建立起一种统一的绝对的道德规范。换言之，人们对道德规范的遵循有可能是通过一些不同的进路：或信念，或理性，或直觉，或感情，或习惯，或对赏罚的预期，或有关因果，来世，天堂，地狱的观念，或对上帝的爱，或上述进路的某种结合，那么究竟是否需要考虑一种道德上的多轨制呢？③康德主义、功利主义和德性伦理学三者是否应该求同存异而和谐发展？

答案是肯定的。本章作为全书的结语，所欲表达的观点，即我们不能在康德主义、功利主义和德性伦理三者之间作一种非此即彼的选择，因为恪守对他人及社会的义务与实现自我完满的伦理生活都是道德主体完整的道德生活的应有之义，即便它们之间在境界上存在差别与对立，但并不具有根本性的意义，这种对立始

① 德性伦理学通过德性来展示规范性，它与结果主义和义务论同属于“规范伦理学”。把德性伦理学理解为一种“规范伦理学”（具有规范性的伦理学），这种提法可参见：Roth J K. International Encyclopedia of Ethics. London: Fitzroy Dearborn Publishers,1995：621-622；Copp D，Sobel D. Morality and virtue: an assessment of some recent work in virtue ethics, Ethics, 2004, 114: 514；Solomon D. Internal objection to virtue ethics// Statman D, Virtue Ethics: 166-167；Louden R B. Kant’s virtue ethics// Statman D, Virtue Ethics:286. Hursthouse R, On Virtue Ethics: 1. 反之，若德性思想不能理论化而成为一门学科，整个德性伦理学就变成威廉姆斯所说的传统和无思想的经验。这只能是日常生活的“令人痛苦的肤浅”、多数日常生活经验所包含的“歪曲”。

② 伦理学的功能有许多，也不尽相同。这里只是列举论析了一些主要的并与本书意图相关的几个功能。

③ 何怀宏．道德哲学的可能性与限度．复旦学报（社会科学版），2006（4）：60-65.

终是被限定在一定的范围之内，而且是统一于现实的伦理生活中的。或者说，我们就应该采取一种温和并暧昧的所谓“折中”态度，客观地认为德性是对规则的一种必要纠正，双方平起平坐，相互依存、补充，在人类生活的不同领域（层面）各司其职。同时，也只有将彼此融合起来，才能提供对于人类道德生活的完备解释。在实践生活中，德性伦理从个体的整体人格入手，对人们更深的精神层次予以伦理关怀，从而达到理想的道德实践之目的；规则伦理则通过为社会提供规则向导，以保证基本的社会生活秩序。实际上，德性伦理与规则伦理都是从各自特殊的视角来理解复杂的现实道德生活，沉迷于各自的“单极化”霸业中，企图用一种“独大”的理论样态统领伦理学，力争找到对手的致命弱点从而置之于死地。然而，规则学人与德性学人都没有意识到他们所强调的伦理活动都只不过是复杂的道德生活中的一部分，但这些部分之间又是无法相互还原的。再换言之，德性虽然可以保证社会合作的有效实现，但它不是社会合作的必要条件，因而是现代社会的柔性需要。道德规则作为社会制度原则的伦理基础，它是现代社会生活的有序性所必须诉诸的可能性条件，是现代社会的刚性需要。而这两者都是现代伦理学不可规避的话题。虽然德性是人们的社会生活所需要的，但它并不是人们普遍而必需的欲求，而只是可供人们自由选择的选项。但这并不意味着德性在现代社会只是一个可有可无的价值。德性作为人类潜在的、本质性的、目的性的存在维度是我们的自我实现不可或缺的价值目标。道德规则在现代社会背景下也是不可取消的，它们是我们料理现代社会生活的基本方式。社会道德规则所规定的社会成员的权利虽然在不同时代具有不同的内容，但这些权利都是不同时代的人们所普遍欲求的，如果这些权利不能得到保障，社会生活将面临崩溃。所以，就现实道德生活而言，德性是我们作为具有目的性的存在物追求自身卓越的理想价值，是我们作为有能力不断自我完善的存在物的生存之美；道德规则是我们为了保证社会生活的秩序而产生的自我约束、防止伤害的概念工具，是我们作为社会性存在物的实践标准。很显然，我们的生活既需要秩序也向往卓越，我们不仅需要规则也憧憬德性。[①] 规则与德性，犹如我们生活中的阳光和雨露，其作用不言自明。

归根究底，我们要明白德性伦理学和规则伦理学不是相互排斥的，而是互相补充和协作的。无论是德性还是规则，都是我们道德生活中所关注的基本方面，它们相互之间是等阶而不能替代的。尽管两者采取了不同的理论致思路径来探索人们的道德生活方式和途径，但最后还是殊途同归的。若非要强行用其中某一概念来解释整个道德生活的话，那么这种解释必将是对道德生活的人为歪曲。哪怕这种解释体系具有严密的理论结构，但它肯定也不是我们道德生活的真实镜像，充其量只不过是一种怪异的幻象和一种无意义的概念游戏。归根究底一句话，德性伦理学与规则伦理学应该共同支撑规范伦理学，两套理论之间应当融通共同推

---

① 李义天．关于伦理多样性的论证与辩护．清华大学博士学位论文，2006：233-240.

进道德文明的健康、有序、稳步、向前地发展。而事实上，当前已经有越来越多的国内外德性伦理学人开始意识到这一点，他们已经摆脱了德性伦理学发展初期那种一味地批评现代道德哲学、要求复兴德性伦理的肤浅心态，开始严肃地审视德性伦理的局限，构想一种更现实的伦理整合方案。在不久前出版的《论德性伦理学》一书中，罗莎琳德·荷斯特豪斯（Rosalind Hursthouse）一方面承认她的理论仍是一种“新亚里士多德主义”，另一方面也认为，德性伦理学、康德义务论与结果（功利）主义这三种伦理学间的界限由于最近的发展而变得有些模糊，但荷斯特豪斯中肯地指出，让德性伦理学唯我独尊不是她的目的。“其实，我更希望未来的、在所有这三种流派中培养出来的道德哲学家们，能够不再感兴趣把他们自己分类列属于这一流派或是另一流派。那样的话，三种标签便只具有历史上的兴趣了。”①的确，德性伦理与规则伦理之间将会有更多的交融而不是对抗，我们相信这一理论趋势将会继续下去。万俊人也曾指出，“个体德性伦理和普遍（社会）规范伦理都只是人类道德生活的一面，两者的相互补充、相互攀援，才是对人类道德生活意义图像的完整揭示”②，毋庸置疑，只有当德性伦理学、康德主义和功利主义三足并举，规范伦理学这只大鼎才能真正立挺起来。虽然“期望任何可行的伦理学体系能够在每一方面投合我们的天性和情感，是一种不切实际的奢望”③，但我们不妨把这一奢望当作伦理学事业的一个理想，我们只有在规则和德性理论之间进行协调，使它们互补和贯通，才可能不断地趋近这一理想，顺利地走上规范伦理学发展的正确之路。赘言至此，至于德性伦理与规则伦理这两者的共同错误，④还有它们是否可能建成一种全面的或综合的规范伦理学草图，以及它们之间如何协同合作。这些都还需要太多的澄清和论证，显然已超出了本书研究的范围，有待于学界进一步研究和探索。

---

① Hursthouse R. On Virtue Ethics. New York: Oxford Press, 1999：5.

② 万俊人. 美德伦理的现代意义——以麦金太尔的美德理论为中心. 社会科学战线，2008，(5)：225-235.

③ 斯马特 J J C，威廉姆斯 B. 功利主义：赞成与反对. 北京：中国社会科学出版社，1992：69.

④ 关于这一共同错误，简言之就是德性伦理与规则伦理的论战基调为双方都试图找到彼此的致命弱点从而置对方于死地。不料彼此的“阿喀琉斯之踵”（Achilles' heel，原指阿喀琉斯的脚跟，因是其唯一一个没有浸泡到神水的地方，是他唯一的弱点。后来在特洛伊战争中被人射中致命，现指致命的弱点、要害。）竟然也是自己难以摆脱的梦魇。比如，其中的共同错误之一：德性伦理和规则伦理都存在动机与理由之间不一致的“精神分裂”现象，即人们道德行为的实际动机是复杂、多样的，有时候我们是出于天然的同情心，有时候我们是出于发自内心的高尚情怀，有时候是为了自身的利益，而有时候则是为了不那么光明正大的目的，也即上文所述的人们对道德规范所遵循的进路有很多种。但其道德理论在提供道德标准时只能规定一种规范性动机，所以人们的实际动机不可能总是与规范性动机保持一致。

主要参考文献

阿佩尔 . 1997. 哲学的改造 . 孙周兴，等译 . 上海：上海译文出版社 .

奥诺拉・奥尼尔 . 2006. 迈向德性与正义：实践理性的建构性解释 . 应奇，等译 . 北京：东方出版社.

芭芭拉・赫尔曼 . 2006. 道德判断的实践 . 陈虎平译 . 北京：东方出版社 .

柏拉图 . 1997. 理想国 . 郭斌和，张竹明译 . 北京：商务印书馆 .

包尔生 . 1988. 伦理学体系 . 何怀宏，等译 . 北京：中国社会科学出版社 .

陈刚 . 2008. 亚里士多德的心灵哲学 . 哲学动态，（8）：77-82.

陈根法 . 2002. 论德性的意义和价值 . 复旦学报，（3）：104-107.

陈根法 . 2004. 德性论 . 上海：上海人民出版社 .

陈嘉明，等. 2001. 现代性与后现代性. 北京：人民出版社.

陈启伟 . 1992. 现代西方哲学论著选读 . 北京：北京大学出版社 .

陈泽环 . 2008. 多元视角中的德性伦理学 . 道德与文明，（3）：32-36.

陈真 . 2005. 亚里士多德美德伦理学思想述评 . 江海学刊，（6）：33-38.

陈真 . 2006. 当代西方规范伦理学 . 南京：南京师范大学出版社 .

陈真 . 2006. 道德研究的新领域：从规范伦理学到元伦理学 . 学术月刊，（10）：47-53.

陈真 . 2006. 美德伦理学和道德建设 . 江苏社会科学，（6）：60-64.

陈真 . 2006. 苏格拉底真的认为“美德即知识”吗？ . 伦理学研究，（4）：47-53.

崔宜明 . 2002. 德性论与规范论 . 华东师范大学学报（哲学社会科学版），（5）：95-99.

崔宜明 . 2006. 道德哲学引论 . 上海：上海人民出版社 .

达斯 . 2004. 美德伦理学和正确的行动 . 陈真译 . 求是学刊，（2）：15-24.

戴茂堂，江畅 . 2003. 传统价值观念与当代中国 . 武汉：湖北人民出版社 .

戴茂堂 . 1998. 超越自然主义 . 武汉：武汉大学出版社 .

戴茂堂 . 2002. 西方伦理学 . 武汉：湖北人民出版社 .

戴茂堂 . 2008. 伦理学史研究的情感之维 . 湖北大学学报（社会科学版），（5）：10-14.

戴茂堂 . 2010. 当今中国伦理学的现象学还原 . 道德与文明，（4）：21-24.

戴木才. 2003. 时代性“道德裂变”及其道德哲学拯救. 江西师范大学学报（哲学社会科学版），（1）：11-18.

邓安庆 . 2005. 西方伦理学概念溯源：亚里士多德伦理学概念的实存论阐释 . 中国社会科学，（4）：77-86.

邓晓芒 .2004 . 康德道德哲学的三个层次：《道德形而上学基础》述评 . 云南大学学报（社会科学版），（4）：19-28.

方德志 . 2010. 德性复兴与道德教育——兼论亚里士多德的德性论对德性伦理复兴的启示要求 . 伦理学研究，(3)：63-68.

方熹，浦虹 . 2013. 从规范伦理到德性伦理——当代道德教育哲学基础的本真回归 . 学校党建与思想教育，(4)：49-51.

方熹，江畅 . 2012. 威廉姆斯对传统规范伦理学的“颠破”. 伦理学研究，(3)：66-72.

方熹，江畅 . 2013. 三种道德运气观述要 . 哲学评论，(12)：212-221.

方熹，李红专 . 2013. 思想政治教育的实质、关键和出路 . 学术探索，(1)：153-156.

方熹，张能 . 2013. 古希腊智者派“怀疑论”与庄子怀疑论比较分析 . 中南大学学报（社会科学版)，(4)：138-142.

方熹，朱必法 .2014. 从“本体论”到“伦理学”——西方形而上学的本真转向 . 学术探索，(1)：24-27 .

方熹 . 2013. 近年国内威廉姆斯伦理思想研究述要 . 湖北科技学院学报，(12)：77-79.

方熹 . 2013. 威廉姆斯对“不道德者”意蕴的厘定 . 重庆科技学院学报，(5)：29-31.

方熹 . 2013. 威廉姆斯伦理思想国外研究概况述略 . 文山学院学报，(5)：89-92.

方熹 . 2013. 威廉姆斯批判康德主义的是与非 . 曲靖师范学院学报，(5)：80-83.

冯友兰 . 2000. 中国哲学史（上、下). 上海：华东师范大学出版社 .

弗兰克纳 . 1987. 伦理学 . 关键译 . 北京：生活 • 读书 • 新知三联书店 .

弗兰西斯 • 哈奇森 . 2009. 论激情和感情的本性与表现以及对道德感官的阐明 . 戴茂堂，等译 . 杭州：浙江大学出版社 .

高国希 . 1994. 麦金太尔对当代西方道德哲学的批判 . 社会科学战线，(4)：76-82.

高国希 . 1996. 走出伦理困境——麦金太尔道德哲学与马克思主义伦理学研究 . 上海：上海社会科学院出版社 .

高国希 . 2004. 当代西方的德性伦理学运动 . 哲学动态，(5)：30-33.

高国希 . 2005. 道德哲学 . 上海：复旦大学出版社 .

高国希 . 2007. 道德理论形态：视角与会通 . 哲学动态，(8)：10-16.

高国希 . 2009. 康德的德性理论 . 道德与文明，(3)：4-10.

龚群 . 1998. 回归共同体主义与拯救德性——现代德性伦理学评介 . 哲学动态，(6)：6-8.

龚群 . 2002. 当代西方道义论与功利主义研究 . 北京：中国人民大学出版社 .

龚群 . 2003. 当代西方伦理学的发展趋势 . 教学与研究，(9)：16-18.

龚群 . 2003. 道德乌托邦的重构 . 北京：商务印书馆 .

龚群 . 2003. 德性思想的新维度——评麦金太尔的《依赖性的理性动物——为什么人需要德性》. 哲学动态，(7)：26-28.

龚群 . 2009. 德性伦理学的特征与维度 . 道德与文明，(3)：66-69.

何怀宏 . 2002. 伦理学是什么？ . 北京：北京大学出版社 .

何怀宏 . 2004. 良心与正义的探求 . 哈尔滨：黑龙江人民出版社 .

何怀宏 . 2006. 道德哲学的可能性与限度 . 复旦学报（社会科学版)，(4)：60-65.

何元国 . 2005. 亚里士多德的“德性”与孔子的“德”之比较 . 中国哲学史，(3)：47-55.

胡祎赟 . 2008. 西方德性伦理传统批判 . 中南大学博士学位论文 .

江畅 . 2000. 理论伦理学 . 武汉：湖北人民出版社 .

江畅 . 2003. 现代西方价值哲学 . 武汉：湖北人民出版社 .

江畅 . 2005. 幸福与和谐 . 北京：人民出版社 .

江畅 . 2005. 自主与和谐 . 武汉：武汉大学出版社 .

江畅 . 2009. 价值论与伦理学研究 . 北京：中国社会科学出版社 .

江畅 . 2009. 情感与人生：伦理学视野的审视 . 伦理学研究，(4)：3-9.

江畅 . 2010. 比照与融通：当代中西价值哲学比较研究 . 武汉：湖北人民出版社 .

江畅 . 2010. 德性论与伦理学 . 道德与文明，(4)：8-15.

江畅 . 2010. 论德性 . 伦理学研究，(4)：6-10.

江畅 . 2011. 德性论 . 北京：人民出版社 .

江畅 . 2013. 对“元论理学难题”的一种尝试性回答 . 山东社会科学，(9)：5-11.

江畅 . 2013. 西方古典德性思想的特点及其价值 . 伦理学研究，(5)：9-15.

江畅 . 2013. 社会德性研究与个人德性研究并重——价值哲学研究的回顾与展望 . 马克思主义与现实，(3)：10-16.

金春峰 . 2007. “德”的历史考察 . 陕西师范大学学报 (哲学社会科学版)，(6)：5-12.

康德 . 2002. 道德形而上学原理 . 苗力田译 . 上海：上海人民出版社 .

康德 . 2003. 实践理性批判 . 邓晓芒译 . 北京：人民出版社 .

康德 . 2004. 纯粹理性批判 . 邓晓芒译 . 北京：人民出版社 .

寇东亮 . 2003. “德性伦理”研究述评 . 哲学动态，(6)：17-20.

李晔 . 2010. 伦理规范的“基础”问题——后形而上学时代伦理规范的合理性与合法性 . 中山大学博士学位论文 .

李娜 . 2012. 批判与追寻——麦金泰尔德性伦理学研究 . 吉林大学博士学位论文 .

李家莲 . 2010. 道德的情感之源：弗兰西斯・哈奇森道德情感思想研究 . 湖北大学博士学位论文 .

李建华 . 2009. 胡伟赞 . 德性伦理的现代困境 . 哲学动态，(5)：34-39.

李义天 . 2006. 当代美德伦理学的国内研究综述 . 南京政治学院学报，(2)：122-124.

李义天 . 2006. 当代美德伦理学研究：关于伦理多样性的论证与辩护 . 清华大学博士学位论文 .

李义天 . 2006. 论现代性中的合理性 . 清华大学学报 (哲学社会科学版)，(4)：69-74.

李义天 . 2009. 基于行为者的美德伦理学可靠吗？——对迈克尔・斯洛特的分析与批评 . 哲学研究，(10)：82-89.

李义天 . 2009. 斯洛特的美德伦理学及其心理学预设 . 伦理学研究，(3)：81-85.

刘丙元 . 2010. 从规范到德性：当代道德教育哲学的本真回归 . 理论导刊，(1)：34-42.

刘福森 . 2005. 西方文明的危机与发展伦理学 . 南昌：江西教育出版社 .

刘福森 . 2007. 发展合理性的追寻——发展伦理学的理论实质与价值 . 北京师范大学学报

（社会科学版），（1）：130-136.

刘莉 . 2002. 麦金太尔的德性论及其道德启示 . 广西社会科学，（6）：39-41.

吕耀怀，等 . 2001-9-26. 走向德性伦理 . 光明日报 .

吕耀怀 . 2009. 规范伦理、德性伦理及其关联 . 哲学动态，（5）：29-33.

罗尔斯 . 2003. 正义论 . 何怀宏，等译 . 北京：商务印书馆 .

罗素 . 2003. 西方哲学史（上、下卷）. 何兆武，李约瑟译 . 北京：商务印书馆 .

玛莎•纳斯鲍姆 . 2007. 悲剧与正义—纪念伯纳德•威廉姆斯 . 唐文明译 . 世界哲学，（4）：22-32.

麦金太尔 . 1995. 德性之后 . 龚群，等译 . 北京：中国社会科学出版社 .

麦金太尔 . 1999. 三种对立的道德探究观 . 万俊人，等译 . 北京：中国社会科学出版社 .

麦金太尔 . 2003. 伦理学简史 . 龚群译 . 北京：商务印书馆 .

麦金太尔 . 2003. 追寻美德 . 宋继杰译 . 南京：译林出版社 .

苗力田 . 1999. 亚里士多德选集•伦理学卷 . 北京：中国人民大学出版社 .

摩尔 . 1983. 伦理学原理 . 长河译 . 北京：商务印书馆 .

潘小慧 . 2005. 托马斯“实践智慧”及“智德”思想的意义与价值 . 哲学动态，（2）：8-12.

秦越存 . 2008. 追寻美德之路：麦金太尔对现代西方伦理危机的反思 . 北京：中央编译出版社 .

沈建平 . 2008. 趣味与德性——康德论审美自主及其与道德的关系 . 浙江大学博士学位论文 .

宋希仁 . 2004. 西方伦理思想史 . 北京：中国人民大学出版社 .

孙道进 . 2004. 扬弃异化文化的生态伦理向度：对史怀泽 < 文化和伦理 > 的文本解读 . 探索（4）：63-66.

孙君恒 . 2001. 西方美德伦理学的复兴 . 广西大学学报（哲学社会科学版），（6）：13-20.

唐凯麟 . 2000. 西方伦理学名著提要 . 南昌：江西人民出版社 .

唐热风 . 2005. 亚里士多德伦理学中的德性与实践智慧 . 哲学研究，（5）：70-79.

田海平 . 2006. 麦金泰尔道德合理性思想研究 . 东南大学博士学位论文 .

托马斯•阿奎那 . 2003. 亚里士多德十讲 . 苏隆编译 . 北京：中国言实出版社 .

万俊人 . 1995.“德性伦理”与“规范伦理”之间和之外 . 神州学人，（12）：21-26.

万俊人 . 1995. 道德类型学及其文化比较视境：兼及现代伦理问题与罗尔斯和麦金太尔对话 . 北京大学学报（哲学社会科学版），（6）：29-36.

万俊人 . 2001. 儒家美德伦理及其与麦金太尔之亚里士多德主义的视差 . 中国学术，（2）：151-158.

万俊人 . 2001. 寻求普世伦理 . 北京：商务印书馆 .

万俊人 . 2002. 现代性的伦理话语 . 哈尔滨：黑龙江人民出版社 .

万俊人 . 2008. 美德伦理的现代意义——以麦金太尔的美德理论为中心 . 社会科学战线，（5）：225-235.

汪子嵩 . 2002. 要重视对亚里士多德的研究 . 清华大学学报（哲学社会科学版），（3）：1-7.

王国银 . 2006. 德性伦理研究 . 长春：吉林人民出版社 .

王艳秀 . 2008. 道德客观性及其限度——后形而上学时代的良善生活问题研究 . 吉林大学博士学位论文 .

西季威克 . 1993. 伦理学方法 . 廖申白译 . 北京：中国社会科学出版社 .

向玉乔 . 2005. 西方元伦理学解析 . 南昌大学学报（人文社会科学版），（4）：44-49.

向玉乔 . 2007. 西方元伦理学与规范伦理学的争鸣与融合 . 道德与文明 .（3）：39-43.

休谟 . 2001. 道德原则研究 . 曾晓平译 . 北京：商务印书馆 .

休谟 . 1980. 人性论（上卷）. 关文运译 . 北京：商务印书馆 .

休谟 . 1980. 人性论（下卷）. 关文运译 . 北京：商务印书馆 .

休谟 . 2001. 道德原则研究 . 曾小平译 . 北京：商务印书馆 .

徐长福 . 2004. 论亚里士多德的实践概念——兼及与马克思实践思想的关联 . 吉林大学社会科学学报，（1）：53-63.

徐向东 . 2005. 自由主义、社会契约与政治辩护 . 北京：北京大学出版社 .

徐向东 . 2006. 道德哲学与实践理性 . 北京：商务印书馆 .

徐向东 . 2007. 美德伦理与道德要求 . 南京：江苏人民出版社 .

徐向东 . 2007. 自我、他人与道德——道德哲学导论 . 北京：商务印书馆 .

徐宗良 . 2009. 德性与伦理规范刍议 . 伦理学研究，（3）：75-80.

亚里士多德 . 2004. 尼各马克伦理学 . 廖申白译 . 北京：商务印书馆 .

杨豹 . 2009. 当代西方德性伦理的思想特色 . 道德与文明，（3）：21-26.

杨豹 . 2011. 探寻理论化的德性伦理思想的复兴之路 . 道德与文明，（2）：68-75.

杨国荣 . 2003. 道德系统中的德性 . 中国社会科学，（3）：18-31.

杨岚 . 2002. 人类情感论 . 天津：百花文艺出版社 .

叶秀山 . 1986. 苏格拉底及其哲学思想 . 北京：人民出版社 .

衣俊卿 . 2000. 回归生活世界的文化哲学 . 哈尔滨：黑龙江人民出版社 .

尹怀斌 . 2009. 论道德的本质与人的价值——基于西方两种道德传统的思考 . 理论与改革，（1）：101-104.

尹怀斌 . 2010. 论康德的德性理论与道德教育思想 . 复旦大学博士学位论文 .

尹怀斌 . 2010. 论康德的德性理论与个人品德建设 . 思想理论教育，（13）：44-49.

余纪元 . 2003. 亚里士多德论幸福：在柏拉图的（国家篇）之后 . 朱清华译 . 世界哲学，（3）：94-105.

约翰·密尔 . 1957. 功用主义 . 唐钺译 . 北京：商务印书馆 .

曾志 . 2005. 道德判断与伦理学的非形而上学化 . 中国人民大学学报，（1）：42-47.

詹世友 . 2001. 对道德德性的哲学分析 . 人文杂志，（2）：48-53.

詹世友 . 2006. 论美德的特征及其意义 . 道德与文明，（2）：31-36.

张传有 . 2006. 伦理学引论 . 北京：人民出版社 .

张光华 . 2009. 赫斯特豪斯德性伦理思想研究 . 武汉大学博士学位论文 .

张继选 . 2001. 道德运气与道德责任问题 . 香港社会科学学报，（21）：11-18.

赵敦华 . 1996. 中西传统人性论的公度性 . 北京大学学报（哲学社会科学版），（2）：16-28.

赵汀阳 . 1994. 论可能生活 . 北京：生活·读书·新知三联书店 .

赵永刚 . 2010. 美德伦理学 : 作为一种道德类型的独立性 . 中南大学博士学位论文 .

郑宇健 . 2004. 道德运气与规范性 . 世界哲学，（6）：66-72.

朱清华 . 2009. 海德格尔对亚里士多德实践智慧（Phronesis）的存在论诠释 . 现代哲学，（6）: 60-67.

朱贻庭 . 1989. 中国传统伦理思想史 . 上海：华东师范大学出版社 .

Annas J. 1993. The Morality of Happiness. New York: Oxford University Press.

Anscombe G E M. 1981. The Collected Philosophical Papers of G. E. M. Anscombe: Ethics, Religion, and Politics. Oxford: Basil Blackwell.

Anscombe G E M. 1997. Modern moral philosophy// Roger Crisp and Michael Slote .Virtue Ethics.New York：Oxford University Press.

Ashford E. 2000. Utilitarianism, integrity and partiality.The Journal of Philosophy，97（8）：96-106.

Beauchamp T. 2001. Principle of Biomedical Ethics (5th ed). New York: Oxford University Press.

Browne B. 1992. Asolution to the problem of moral luck.The Philosophical Quarterly,（5）：53-59.

Carr D. Steutel J. 1999. Virtue Ethics and Moral Education. New York：Routledge.

Carr S. 1976. The integrity of a utilitarian.Ethics，86（4）：61-68.

Dancy J. 2004. Ethics Without Principled.New York: Oxford University Press.

Dworkin G. 1975. Review of utilitarianism: for and against.Philosophical Review,84（7）：120-128.

Halfon M S. 1989. Integrity：a Philosophical Inquiry. Philadephia：Temple University Press.

Harman G. 1977. The Nature of Morality. Oxford: Oxford University Press.

Hursthouse R. 1999. On Virtue Ethics. New York: Oxford University Press.

Julia A . 1993. The Morality of Happiness，New York：Oxford University Press.

Michael S. 1983. Goods and Virtues.Oxford: Clarendon Press.

Michael S. 1985. Common-Sense Morality and Consequentialism，London: Routledge & Kegan.

Michael S. 1992. From Morality to Virtue.New York：Oxford University Press.

Michael S. 1994. Reply to commentators.Philosophy and Phenomenological Research，54（3）：709-719.

Michael S. 2000. Virtue ethics.// La Follette H . The Blackwell Guide to Ethical Theory.Malden: Blackwell Publishers.

Michael S. 2001. Morals From Motives.New York：Oxford University Press.

Noggle R. 1999. Integrity，the self，and desire-based accounts of the good.Philosophical Studies，96（12）.

Richards N. 1986. Luck and desert. Mind，New Series，（4）：25-29.

Roger C. 1996. How Should One Live? Essays on the Virtues. New York: Oxford University Press.

Roger C. 1996. Utilitarianism and the life of virtue.The Philosophical Quarterly，42（167）：139-160.

Rosalind H. 1997. Virtue ethics and the emotions // Statman D. Virtue Ethics.Washington: Georgetown University Press.

Rosalind H. 1999. On Virtue Ethics.New York：Oxford University Press.

Rosebury B. 1995. Moral responsibility and moral luck.The Philosophy Review,（10）：79-86.

RothJ K. 1995. International Encyclopedia of Ethics.London: Fitzroy Dearborn Publishers.

Scheffler S. 1994. The Rejection of Consequentialism.Oxford: Oxford University Press.

Singer P. 1993. How are We to Live：Ethics in an Age of Self-interest. Oxford：Oxford University Press.

Smith A. 2002. The Theory of Moral Sentiments，See Editorial Introduction by Kund Haakonssen.Cambridge: Cambridge University Press.

Tnagel T. 1982. Moral luck// Watson G. Free Will.New York：Oxford University Press.

Trianosky G. 1986. Moral integrity and moral psychology.Journal of Value Inquiry,（20）：11-16.

Williams B. 1995. Making Sense of Humanity and Other Philosophical Papers 1982—1993. Cambridge: Cambridge University Press.

Williams B. 2002a. Truth & Truthfulness. Princeton University Press.

Williams B. 2002b. Why philosophy needs history. London Review of Books, 24（20）: 7-9.

Williams B. 2005. Descartes：the Project of Pure Enquiry. London: Routledge Press.

Williams B. 2005. In the Beginning was the Deed.Princeton University Press.

Williams B. 2006a. Philosophy as a Humanistic Discipline.Princeton University Press.

Williams B. 2006b. The Sense of the Past：Essays in the History of Philosophy.Princeton University Press.

Zimmerman M J. 1987. Luck and Moral Responsibility.Ethics，（1）：3-6.

威廉姆斯著作一览表

Williams B. 1972. Morality：An Introduction to Ethic. Harper & Row.

Williams B. 1973a. Utilitarianism: For and Against. Cambridge: Cambridge University Press.

——威廉姆斯 .1992. 功利主义：赞成与反对 . 牟斌译 . 北京：中国社会科学出版社 .

Williams B. 1973b. Problems of the self：Philosophical Papers 1956—1972，Cambridge: Cambridge University Press.

Williams B. 1951. Moral Luck：Philosophical Papers 1973—1980. Cambridge: Cambridge University Press.

——威廉姆斯 . 2007. 道德运气 . 徐向东译 . 上海：上海译文出版社，2007.

Williams B. 1981b. Philosophy // The Legacy of Greece：a New Appraisal. Finley M，Oxford: Oxford University Press.

Williams B. 1985. Ethics and the Limits of Philosophy. Harvard: Harvard University Press.

Williams B. 1993. Shame and Necessity. California: University of California Press.

Williams B. 1995. Making Sense of Humanity and Other Philosophical Papers 1982—1993. Cambridge: Cambridge University Press.

Williams B. 2002a. Truth & Truthfulness.Princeton University Press.

Williams B. 2002b.Q & A: carrying the torch for truth philosopher calculates the moral cost of rejecting the concept// Baker K. The San Francisco Chronicle.

Williams B. 2005. Descartes: The Project of Pure Enquiry. London: Routlege Press.

Williams B. 2005. In the Beginning was the Deed.Princeton University Press.

Williams B. 2006a. Philosophy as a Humanistic Discipline. Princeton University Press.

Williams B. 2006b. The Sense of the Past：Essays in the History of Philosophy.Princeton University Press.

Williams B. Alan M. 1966. British Analytical Philosophy. London: Routledge & Kegan Paul Ltd.

Williams B. 1983. The uses of philosophy. An interview with Bernard Williams，The Centre Magazine，November/December 1983: 40-49.

Williams B. 1999. Seminar with bernard williams. Ethical Perspectives, 6 3/4: 43-265.

相关网站 http://en.wikipedia.org/wiki/Virtue.

后记

拙作是江畅教授主持的2011年度国家社科基金重点项目《西方德性伦理思想研究》（批准号：11AZX009）的成果之一。这一研究成果是在我的博士学位论文的基础上进行加工、修改、深化、扩展、完善之后完成的。

2010年9月，我有幸正式拜在全国著名伦理学家、教育部“长江学者”计划特聘教授江畅先生门下，清楚地记得那时候对于先生的著作《德性论》初稿几乎一窍不通，听课的感觉也是“云里雾里”的，因为自己本科读的是计算机专业，硕士读的是高等教育学专业，所以基本上没有什么哲学伦理学专业底蕴可言。甚至于，至今对我来说主要还只能算是一个“洗脑”的过程，哲学所谓“万学之王”或科学的“皇后”，确实比其他一些专业难多了，有时候一个问题甚至是一句话能让人不禁“抓狂”甚至是有点想“发疯”的冲动。前几年我就一直被“哲学究竟是什么”这个问题困扰着。当然，直到现在也还没有找到答案，只是理解了哲学就是反思，哲学就是批判，哲学就是时代的声音……

近几年的读书和科研训练，让我有感于哲学的博大精深和所谓学术研究的坚刚，目前感觉收获最大的便是开阔了心胸和视野，更多地了解了这个社会，更深地明白了一些事理，更好地认知了自己，但总结和反省的同时也发现了自己文化底蕴的薄弱，求学功力的混杂，努力程度的不够。不过，从最初的自认为是在做我个人并不喜欢的，但绝不想认输的这个所谓的“科研”，到现在我已经慢慢地对哲学伦理学研究产生了兴趣、积累并升腾了情感。特别是在江畅先生等老师的指引和启发下，慢慢地让我体悟到，为思想而思想，为自由而自由，思考的人生其实也是幸福的，另一个浩瀚而更为丰富的精神世界是我这个天性愚钝的哲学小学徒也拥有的，那么多无法割断的“思”耕种着生命的春暖情意……

回首往事，常常觉得自己走上哲学之路是一件十分偶然的事情——也许偶然之中也有必然吧——分不清是哲学遭遇了自己，还是自己遭遇了哲学……在中原湖北和高原云南之间来回奔波的学习、工作、生活8年有余，可谓艰辛而幸福，艰辛来自学业的重担与工作及生活的压力，幸福源于亲人、师友、同窗的关心与帮助，也可以说，这是我生命中最值得留恋的一段记忆。8年寒暑，即将从我人生岁月中消逝，而从此铭记的，将是在“小翠湖”和“沙湖河畔”往来匆匆的身影，那份年轻的激情和不灭的梦想……含辛茹苦抚育我30余年的父亲、母亲，在我漂泊的求学路上，他们的爱化成我面对生活诘难的勇气与坚韧，永不后退！姑妈、哥哥、姐姐等家人给予我无尽的关怀与疼爱永远难以报答，只有继续努力才不辜负他们的期望。“父母在，不远游，游必有方”，愿他们与我一起分享这份拙作，也以此自勉。

拙作之所以能够呈现出如今的面貌，要特别感谢恩师江畅先生一直以来对我的教诲和帮助。在与先生平时的交谈中，他豁达的性格、对问题审视的入木三分，以及对生活的超然态度，都让我感受到他智慧的非凡。这份拙作的形成，从选题、构思到写作，无不渗透着先生的智慧与心血。先生的悉心指导使我这个半路出家的哲学小学徒少走了很多弯路，并让我感受到一个哲学研究者不乏赤子之心的严谨、睿智、深邃。中南财经政法大学刘可凤教授、中国社会科学院孙伟平教授、武汉大学吴根友教授、武汉大学储昭华教授、湖南师范大学王泽应教授，以及湖北大学戴茂堂教授、陈道德教授、强以华教授、冯军教授、高乐田教授、舒红跃教授、姚才刚教授等对拙作的修改和完善提出了一系列宝贵的建议和意见，还有云南师范大学的鼎力支持、湖北大学学友、云南师范大学同事的热情帮助，在此一并致以诚挚的谢意！

时至今日，虽已尽力，但拙作中许多缺点及不足之处在所难免，总还有着许多不尽如人意的地方，这离笔者和江畅先生的要求也还有一定距离。对于拙作撰写过程中参阅到的国内外大量文献资料的相关作者也要特别表示感谢！同时，由于本人天性愚钝、知识肤浅，其中的一些观点、看法难免与这些资料的作者的本意有些出入，若有片面、不妥之处，诚请各位专家学者和同仁们批评指正，并恳请广大读者多提宝贵意见，以便今后笔者加以修改和完善。最后，科学出版社的樊飞先生为拙作的出版付出了大量的心血，万分感谢！

方 熹

2013年10月5日于云南师范大学

编后记

2004年，为振兴和发展湖北大学的哲学事业，我们两个人（江畅、戴茂堂）分别从湖北大学政治教育系和《湖北大学学报》编辑部调到湖北大学哲学研究所，当时我们信心满满地想建立中国哲学的“沙湖学派”。从那时到今天，已经整整20年了。20年来，沙湖学派从小到大，从弱到强——从当时的几位老师和几位学生，到今天的几十位老师和几百位毕业生和在校生；从没有一个学位点，到今天拥有本科、硕士、博士学位点，以及博士后流动站；从没有任何重点学科到今天具有省级一级哲学重点学科；从当时单二级学科的西方哲学或伦理学研究到今天的作为一级学科的哲学研究，以及更广范围的文化研究，搭建起了湖北大学基础文科的文化发展研究平台。我们正在组织出版五本集刊（《德国哲学》、《价值论与伦理学研究》、《文化发展论丛》（中国卷、世界卷、湖北卷）和三本蓝皮书（《文化建设蓝皮书：中国文化发展报告》、《世界文化蓝皮书》、《湖北文化蓝皮书》）；正在组织有关中国、世界、湖北文化发展的学术论坛。今天，沙湖学派已经成为中国哲学和文化研究的一支重要力量。我们希望本丛书能以更突出的个性特色为沙湖学派的发展壮大、为我国哲学与文化的繁荣昌盛做出一份贡献！

在2000年开始出版的“价值论与伦理学丛书”的总序中，我们第一次明确宣告了沙湖学派的宗旨，即：“以关注和研究人类（特别是中国）价值与道德问题为宗旨，以个体自主和整体和谐为旗帜，以重反思、重批判、重对话为指针，以出思想、出观点、出理论为使命，力求在哲学和伦理学上有所突破，有所创新，形成独树一帜的‘沙湖学派’，以成为哲学百花园中的一簇充满生机和活力的鲜花。”我们还阐明了出版丛书的基本思路，即：“从广义上理解伦理学，把道德问题作为其中的一部分并放到更广泛的价值问题中去审视和探讨，使伦理学与价值论沟通、统一起来。从哲学的高度研究伦理学，使伦理学成为幸福哲学、价值哲学、人生哲学，成为能为社会和个人观念构建、反思、更新提供一般价值原则和基本行为准则的真正意义的哲学”；“立足中国当代现实，着眼人类未来发展，借鉴现代世界文明，弘扬中国传统文化。不拘一格，广泛吸纳人类已有的一切有价值的思想理论成果，在批判、选择、综合的基础上创新，构建一种理论与应用内在一致的，具有兼容性、开放性、创新性的动态伦理学体系”。在2002年创办的《价值论与伦理学论丛》（后改名为《价值论与伦理学研究》）的发刊词中，我们又强调了这些沙湖学派的基本观念。

上述观念仍然是本丛书的基本观念，我们还会将这些观念进一步运用于文化问题的研究。文化问题的核心是价值问题，价值问题的难题是道德问题。我们将着眼于文化问题研究道德和价值问题，以解决道德问题为突破口破解价值问题和文化问题，以价值问题的研究加强道德问题与文化问题之间的关联，使道德问题、价值问题与文化问题贯通起来，融为一体。我们希望通过我们持续不解的学术探索为我国主流价值观和主流价值体系构建提供理论支持和智库服务。

江　畅
（湖北大学高等人文研究院院长、教育部“长江学者”特聘教授）
戴茂堂
（湖北大学哲学学院院长）
2014年10月